Jochen Michels (Hrsg.)

Rancé - "Erfinder" der Trappisten

Jochen Michels (Hrsg.)

Rancé - "Erfinder" der Trappisten

A.J. Krailsheimer: "Rancé and the Trappist Legacy" - das englische Orginal und die deutsche Übersetzung

Fromm Verlag

Impressum / Imprint
Bibliografische Information der Deutschen Nationalbibliothek: Die Deutsche Nationalbibliothek verzeichnet diese Publikation in der Deutschen Nationalbibliografie; detaillierte bibliografische Daten sind im Internet über http://dnb.d-nb.de abrufbar.

Bibliographic information published by the Deutsche Nationalbibliothek: The Deutsche Nationalbibliothek lists this publication in the Deutsche Nationalbibliografie; detailed bibliographic data are available in the Internet at http://dnb.d-nb.de.

Coverbild / Cover image: www.ingimage.com

Verlag / Publisher:
Fromm Verlag
ist ein Imprint der / is a trademark of
OmniScriptum GmbH & Co. KG
Bahnhofstraße 28, 66111 Saarbrücken, Deutschland / Germany
Email: info@omniscriptum.com

Herstellung: siehe letzte Seite /
Printed at: see last page
ISBN: 978-3-8416-0580-1

Cistercian Studies Series: Number Eighty-Six

RANCÉ – “Erfinder der Trappisten”

Deutsche Fassung von

RANCÉ - AND THE TRAPPIST LEGACY

by J. Krailsheimer

Übersetzung: J. Michels

Cistercian Publications Kalamazoo, Michigan 1985

Die kirchliche Druckerlaubnis wird für die
Veröffentlichung erteilt.
Köln, den 16. April 2015

Jr. Nr. 106 250 I 90 Dr. Dominik Meiering, Generalvikar

Krailsheimer: Rancè and the Trappist Legacy

Vorwort des Übersetzers

Als etwa 2008 mit der Übersetzung des großen Werkes "De la Sainteté et des Devoirs de la Vie Monastique" von Abbé de Rancé begonnen wurde, war mir über die Person wenig mehr bekannt, als was in Wikipedia damals zu finden war.

Gleichwohl stellte sich aufgrund der Inhalte des Werkes bald heraus, dass es sich um eine eigenwillige und bei allen hohen geistlichen Ansprüchen persönlich demütige Persönlichkeit handeln musste. Da verunsicherten die Äußerungen deutscher Ordensleute schon sehr, die ihn als „erledigt, abgehakt" bezeichneten. Da es aber bislang noch keine deutsche Fassung gab, konnten manche Urteile kaum auf Kenntnis beruhen. Sie stammten wohl eher aus Überlieferungen aufgrund Texten von zweiter oder dritter Seite. Ein Übriges taten die Verweise auf die entstellenden, sensationell-romantischen Schilderungen des 19. Jahrhunderts, vor allem von Chateaubriand.

Doch auch damals bemerkte schon ein Kenner, dass „ohne Rancé das ganze abendländische Ordensleben mit Napoleon sein Ende gefunden" hätte.

Über die Trappistinnen aus Clairefontaine, Belgien, die bei der Modernisierung des alten Französisch mitwirken, kam dann aber ein anderes Bild zustande, das durch die Arbeiten von Krailsheimer professionell bestätigt wird. Überraschend war dann auch, dass dieser Forscher das Werk „De la Sainteté…" so stark in den Mittelpunkt des Vermächtnisses von Rancé stellt.

So ergab sich, dass auch eine deutsche Fassung dieses Lebensbildes von Nutzen sein könnte, wenn sich jemand näher mit dem Reformator befassen will.

Zu betonen ist, dass es sich nicht um eine Übersetzung mit wissenschaftlichem Anspruch handelt, sondern um den Versuch, die Inhalte deutschsprachigen Interessenten erst einmal überhaupt zugänglich zu machen.

Ohne Zweifel lässt sich sagen, dass Krailsheimer, wiewohl man ihm die Hochachtung und Wertschätzung des Reformators an vielen Stellen anmerkt, es an der kritischen Wertung der Gesamtperson nicht fehlen lässt. Das macht sein Buch ausgewogen und vertrauenswürdig.

Sein Buch vermittelt einen umfassenden und sehr wohl zuverlässigen Einblick in die Person des grossen Reformators Rancé, der zwar nicht den Namen wohl aber die Lebensweise „erfunden“ hat.

Jochen Michels

FOREWORD

WHEN I FIRST BEGAN to study Rancé, some twenty years ago, my concern was primarily historical, and the nature of my research into archive material so specialised that my first book on the results of that research (A.J.de Rancé, Oxford, 1974) was mainly addressed to scholars. By the time I had finished my second book devoted to Rancé, an edition of his letters, I had come to realise that the subject was much more relevant to the interests of non-specialists than I had originally believed. This was brought home to me in the most convincing way during a tour I made in 1982 of a number of Cistercian houses in Canada and the United States, where I gave a series of conferences on Rancé (usually five or six in each house). Further conferences delivered in English and French monasteries only confirmed the North American experience. It is now clear beyond all doubt that ordinary Cistercian (and other) monks and nuns, who would never describe themselves as intellectuals, find the revelation (the word is hardly too strong) of Rancé's real character, life, and work not only fascinating but relevant to many of their own religious preoccupations. Simply reading out one or two of his letters to monastic audiences was a remarkable experience for me; it was as if a quite new person was being revealed under a name all too familiar to the older religious and largely unknown, or antipathetic, to the younger. Everywhere I have been I have been encouraged, and often requested, to put in book form what I had tried to communicate in my talks. This book is the result.

There is a limit to how far one can simplify a fairly remote historical topic, but I have tried to cater for those,

VORWORT

ALS ICH ANFING, Rancé zu studieren, vor etwa zwanzig Jahren, hatte ich hauptsächlich Interesse an Geschichte und meine Forschung so sehr auf Archivmaterial spezialisiert, dass mein erstes Buch mit Ergebnissen dieser Forschung (A. J.de Rancé, Oxford, 1974) hauptsächlich an Gelehrte gerichtet war. Bis ich mein zweites Rancé gewidmetes Buch, eine Ausgabe seiner Briefe, beendet hatte, konnte ich feststellen, dass die Person für Nichtspezialisten viel wichtiger war, als ich ursprünglich geglaubt hatte. Dies wurde mir auf überzeugendste Art klar während einer Besuchsreise, die mich 1982 zu einigen Zisterzienserhäusern in Kanada und den Vereinigten Staaten führte. Dort hielt ich mehrere Vorträge über Rancé (meist fünf oder sechs in jedem Haus). Weitere Konferenzen in englischen und französischen Klöstern bestätigten nur die nordamerikanische Erfahrung. Nun ist über jeden Zweifel klar, dass gewöhnliche Zisterzienser- (und andere) Mönche und Nonnen, die sich niemals als Intellektuelle bezeichnen würden, die Enthüllungen (kein zu starkes Wort!) des wirklichen Charakters und Lebens von Rancé nicht nur faszinierend, sondern auch bedeutend für ihre eigenen religiösen Situation finden. Einfach nur ein oder zwei seiner Briefe dem klösterlichen Publikum vorzulesen war eine bemerkenswerte Erfahrung für mich; es war, als ob eine ganz neue Person in den Blick trat, ein allzu vertrauter Namen für die Älteren, völlig unbekannt oder missliebig für die Jüngeren, Überall hat man mich gedrängt und oft gefordert, in Buchform zu bringen, was ich versucht hatte, im Gespräch mitzuteilen. Dieses Buch ist das Ergebnis.

Ein historisch ziemlich weit entferntes Thema kann man nur begrenzt vereinfachen, aber ich habe versucht, die große Mehrheit

the vast majority, who know neither the French language nor French history, whose knowledge of monastic life is mainly contemporary, and who know no more than the broad outlines of religious history. At the same time one cannot usefully present Rancé except in a historical context, and his life only makes sense when related to people and events of his own day of whom few now have even heard. Inevitably I have interpreted the man and his work as I see them; in particular the reaction of so many Cistercians to my talks has led me to offer some very personal opinions, especially in the last two chapters, as to what people of today might learn from Rancé and La Trappe.

It is easy to forget that Rancé is much closer to us in time than he was to St. Bernard, three hundred years as against five hundred, and even more that St. Bernard was actually closer to Rancé than to the Desert Fathers of the fourth and fifth centuries, but it seems a little perverse of modern Cistercians to by-pass the seventeenth century in their understandable quest for their roots. Perhaps all remoteness lends charm, and the greater the distance, the greater the charm, but I for one do not find Rancé remote, least of all in his own monastery of la Trappe. At the very least he is a vital link in the Cistercian chain. A man who gave so much to men and women of all kinds in his own day and at the same time bequeathed a durable legacy to future generations of religious surely offers a serious and rewarding subject for study. He asked the right questions, even though many of his answers now seem out of tune with modern thinking and feeling. My hope is that this book, as well as providing reliable information, may also prompt some readers to follow up for themselves some of the questions posed by Rancé.

anzusprechen, die weder Sprache noch Geschichte der Franzosen kennt, deren Wissen vom Klosterleben vor allem zeitgenössisch ist und die nur Umrisse der Ordensgeschichte kennen. Gleichzeitig kann man aber Rancé nur im historischen Zusammenhang sinnvoll vorstellen, und sein Leben ist nur in Beziehung zu Menschen und Ereignissen seiner Tage verständlich, von denen heute kaum jemand etwas weiß. Unvermeidlich habe ich Mann und Werk aus meiner Sicht interpretiert; insbesondere hat die Reaktion so vieler Zisterzienser auf meine Gespräche dazu geführt, besonders in den letzten zwei Kapiteln meine ganz eigene Meinung wiederzugeben, was heutige Menschen von Rancé und La Trappe lernen könnten.

Man übersieht leicht, dass Rancé viel näher zu unserer Zeit lebte, als zu der des hl. Bernhard, dreihundert Jahre verglichen mit fünfhundert und noch leichter, dass St. Bernhard viel näher zu Rancé war als zu den Wüstenvätern der vierten und fünften Jahrhunderte. Doch scheint es ein wenig pervers, wenn moderne Zisterzienser bei der verständlichen Suche nach ihren Wurzeln das 17. Jahrhundert einfach ausblenden. Viellicht verleiht alle Ferne Zauber und je größer der Abstand, desto größer ist dieser. Meinerseits finde ich Rancé keineswegs fern, am allerwenigsten in seinem eigenen Kloster von La Trappe. Zumindest ist er ein wesentliches Glied in der Zisterzienserkette. Einer, der Männern und Frauen aller Art in seinen Tagen soviel gab und gleichzeitig zukünftigen Ordens-Generationen ein zeitloses Vermächtnis anbietet, ist gewiss wert, sich mit ihm ernsthaft zu befassen. Er stellte die rechten Fragen, obwohl viele seiner Antworten heute nicht im Einklang mit modernem Denken und Empfinden zu stehen scheinen. Meine Hoffnung ist, dass dieses Buch neben der Vermittlung zuverlässiger Informationen, vielleicht auch einige Leser anregt, für sich einigen der Fragen nachzugehen, die durch Rancé gestellt werden.

HISTORICAL BACKGROUND[1]

THE WORLD INTO WHICH RANCÉ was born in 1626 defined both the possibilities and the limitations of its inhabitants to a very precise degree. When he died in 1700, what the French call le grand siècle (the great century), the age of Louis XIV, had technically fifteen years to run, but to all intents and purposes had reached its final form. The French Revolution was nearly a century away, and the Ancien Regime (old order) naturally changed in detail during the decades preceding its abrupt extinction, but even today the visual reminders of seventeenth century grandeur are to be found throughout France. The hold on the national imagination of that legendary golden age is as persistent as ever; the age has been aptly entitled one of grandeur and illusion. In this soil the roots of the Trappist reform are firmly planted, even if its most familiar outline comes from the Romantic and post-Romantic flowering of the nineteenth century. While it is always pointless to speculate on what would have happened if this or that historical figure had been born in a different age or a different place, it is essential to identify the effect of specific coordinates of time and space on the founders of human institutions still surviving and developing

[1] Among the innumerable books on the background of seventeenth-century France, two of the most useful in English are Antoine Adam, Grandeur and Illusion (London, 1972) on society and letters, and Roland E. Mousnier, The Institutions of France under the Absolute Monarchy 1598-1789 (Chicago, 1979),an invaluable guide to legal, social and political matters.

HISTORISCHER HINTERGRUND[2]

DIE WELT, IN DIE RANCÉ im Jahre 1626 geboren wurde definierte Möglichkeiten und Grenzen ihrer Einwohner sehr genau. Als er 1700 starb, hatte, was die Franzosen das „große Jahrhundert" nennen, das Zeitalter von Louis XIV., technisch noch fünfzehn Jahre vor sich, aber in jeder Hinsicht seine endgültige Form erreicht. Die Französische Revolution war noch fast ein Jahrhundert entfernt, und das Ancien-Regime änderte sich während der Jahrzehnte, die seinem plötzlichen Ende vorausgehen, zwar im Detail aber sogar heute noch kann man in Frankreich die sichtbaren Erinnerungen an die Herrlichkeit des 17. Jahrhunderts finden. Das Festhalten an der nationalen Idee dieses legendären goldenen Zeitalters ist so hartnäckig wie je; es wurde zutreffend als eins der Herrlichkeit und der Illusion betitelt. Auf diesem Boden ist die Trappistenreform fest verwurzelt, selbst wenn ihr bekanntester Entwurf aus der Blüte der Romantik und nachromantischer Zeit des 19. Jahrhunderts stammt. Zwar ist es immer sinnlos, zu spekulieren, was geschehen wäre, wenn diese oder jene historische Persönlichkeit zu einer anderen Zeit oder an anderem Ort geboren wäre, doch ist wesentlich, die Wirkung bestimmter Koordinaten von Zeit und Raum auf die Gründer solcher menschlicher Institutionen zu erkennen, die heute noch bestehen und sich insgesamt unter Umständen

[2] Unter den unzähligen Büchern über Hintergründe des Frankreich im 17. Jahrhundert sind die zwei nützlichsten in Englisch: Antoine Adam, Herrlichkeit und Illusion (London, 1972) über Gesellschaft und Briefe, und Roland E. Mousnier, Die Institutionen in Frankreich unter der absoluten Monarchie 1598-1789 (Chicago, 1979), ein unschätzbarer Führer der legalen, sozialen und politischen Dinge.

under circumstances wholly different from those of their origins. Rancé and la Trappe are products of the seventeenth century in France and can only be understood in that context.

Even at the end of the century France was geographically smaller than it is today, but the major expansion of the national frontiers to the north, at the expense of the Spanish Netherlands (now Belgium) and to the East (Franche-Comte, also from Spain, and Alsace and Lorraine from the so-called Holy Roman Empire of the Habsburgs) had been completed. The acquisition of Corsica, Savoy (down to the sea at Nice) and other bits of territory came much later. Within those frontiers it is estimated that the population in 1700 was about nineteen million, or less than half what it is today (about forty-nine million in rather larger frontiers).

That population was divided into groups with recognizable identity, indeed legal existence, but subject to considerable mobility across social boundaries. In very rough terms it is reckoned that the nobles numbered about 400,000 and the clergy, including religious of both sexes, rather fewer, while the vast bulk of the population were either bourgeois, that is townsfolk including artisans, or, by far the most numerous, peasants. It is quite misleading to speak of a class system in modern socio-economic terms, though something like the 'station in life to which God has been pleased to call us' offers a partial alternative. The economy remained overwhelmingly agrarian until the Revolution and after it, but there were centres of industry—especially textiles in Lyon and the North, and also of mining, shipbuilding, and armaments.

entwickeln, die ganz anders sind als bei ihrem Ursprung. Rancé und La Trappe sind Produkte des 17. Jahrhunderts in Frankreich und können nur in diesem Zusammenhang verstanden werden.

Selbst am Ausgang des Jahrhunderts war Frankreich geographisch kleiner als heute, aber die bedeutende Erweiterung der nationalen Grenzen, nach Norden auf Kosten der spanischen Niederlande (heute Belgien), nach Osten (Franche-Comté ebenfalls von Spanien, sowie Elsass-Lothringen vom sog. Heiligen Römischen Reich der Habsburger) war abgeschlossen. Der Erwerb von Korsika, Savoyen (bis hinunter zum Meer bei Nizza) und anderer kleinerer Gebiete kam viel später. Innerhalb dieser Grenzen schätzt man die Bevölkerung im Jahre 1700 auf etwa neunzehn Millionen, weniger als die Hälfte der heutigen ca. 49 Mio. in deutlich größeren Grenzen.

Diese Bevölkerung war unterteilt in Gruppen klarer Identität und rechtlicher Existenz, doch von beträchtlicher Mobilität über soziale Grenzen hinweg. Sehr grob gesagt rechnet man den Adel mit ungefähr 400.000, den Klerus einschließlich Orden beider Geschlechter etwas weniger, während die große Masse der Bevölkerung entweder Bürger, d.h. Städter und Handwerker, oder weitaus am zahlreichsten, Bauern waren. Es wäre ganz falsch, von einem Klassensystem im aktuellen sozioökonomischen Sinn zu sprechen, obgleich der 'Lebensstand, zu dem Gott beliebte, uns zu berufen‘ teilweise zutreffen mag. Die Wirtschaft blieb bis zur Revolution und danach überwiegend landwirtschaftlich, aber es gab industrielle Zentren – insbesondere Textil in Lyon und im Norden und des Bergbaus, des Schiff- und Waffenbaus.

A very small number of people enjoyed, and expected to enjoy, all the power and wealth, but since nobles were legally prohibited from engaging in trade, a decline in agricultural revenues relative to trade and commerce led by the end of the century to the emergence of financiers, often of humble origins but great influence. Indeed, such moneylenders were even received at court. The century also saw a huge increase in the power and prestige of magistrates, lawyers, and officials, many of whom entered the ranks of the nobility as noblesse de robe (aristocracy of the gown) as distinct from the original feudal nobility, noblesse d'epee (aristocracy of the sword). The fortunes of these gens de robe, or robins as they were called, constituted a crucial factor in social development during the century.

An inevitable corollary of the agrarian economy was the decisive effect of good or bad harvests. When the harvest failed, the peasants could seldom afford enough seed-corn to tide them over, and the results were often disastrous. Particularly bad harvests are recorded for the years 1660-63, 1675-79 and 1693-94, and mortality rates shot up in those years to as much as thirty percent. Chronic deficiencies of diet (especially of protein) and hygiene led to major epidemics of plague and fever, and infant mortality remained high throughout the period. Comparison with Third World countries of today may, for cultural reasons, be inappropriate, but it is fair to say that France was a rough and primitive place for most of its inhabitants most of the time, particularly in comparison with the elegant picture of the age so often taken as typical, but in fact drawn by and for a tiny elite.

Alles an Macht und Reichtum war nur sehr wenigen Menschen vorbehalten, die erwarteten, dass dies so blieb. Da aber der Adel gesetzlich vom Handel ausgeschlossen war, führte gegen Ende des Jahrhunderts die Abnahme landwirtschaftlicher Erträge im Verhältnis zu denen aus Handel und Gewerbe zum Aufkommen von Geldverleihern, oft aus bescheidener Herkunft aber mit großem Einfluss. Solche Geldverleiher wurden sogar bei Gericht gehört. Das Jahrhundert erlebte auch eine enorme Zunahme von Macht und Ansehen der Richter, Rechtsanwälte und Beamten. Viele davon wurden nobilitiert und bildeten den Dienstadel, der sich vom ursprünglichen Feudaladel, dem Schwert-Adel unterschied. Das Vermögen dieses „Roben-Adels", auch „Robin – Rotkehlchen" genannt, bildeten einen entscheidenden Faktor für die soziale Entwicklung in diesem Jahrhundert.

Unvermeidlich logische Folge der Agrarwirtschaft war der einschneidende Effekt von guten oder Missernten. Bei einer schlechten Ernte hatten die Bauern oft nicht genug Saatgetreide, um den Einbruch zu überbrücken - mit oft verhängnisvollen Folgen. Besonders schlechte Ernten sind für die Jahre 1660-63, 1675-79 und 1693-94 bekannt, die Sterblichkeit schoss in jenen Jahren auf bis zu dreißig Prozent nach oben. Chronische Mängel der Ernährung (besonders an Protein) und der Hygiene führten zu bedeutenden Epidemien, Pest und Fieber, die Kindersterblichkeit blieb während dieser Zeit hoch. Der Vergleich mit Drittweltländern heutiger Zeit mag zwar aus kulturellen Gründen unpassend sein, aber man kann sagen, dass Frankreich für die meisten Einwohner fast immer rau und primitiv war, besonders wenn man es mit dem eleganten Bild dieser Zeit vergleicht, das häufig als typisch genommen wird, aber in Wahrheit nur von einer kleinen Elite gezeichnet und bestimmt wurde.

That said, the seventeenth century still marked a vast improvement on the sixteenth. For more than thirty years (1562-94) the civil war known as the Wars of Religion devastated the country, both sides frequently committing atrocities of which the St. Bartholomew's Day (1572) massacre is only the best known. The firm and sensible rule of Henri IV effectively began in 1594 (although he actually succeeded in 1589) but was ended by his assassination in 1610. The minority of his son, Louis XIII, saw a return to instability and prepared the way for the Bishop of Luçon, later Cardinal, Richelieu to acquire power. He became chief minister in 1624, and when he died in 1642, a few months before Louis XIII, he had built up a system of government and a set of policies which formed a solid foundation for the future. His protégé and successor, the Italian Mazarin, a layman who was also created Cardinal, was a very different character, but he made up in ingenuity what he lacked in public respect, and on the whole ruled France successfully during the minority of Louis XIV. The series of insurrections and civil wars known as the Fronde (1648-52) temporarily unseated him, but the incurable divisions among his enemies enabled him very soon to return, stronger than before. Mazarin completed the task begun by Richelieu of ensuring that the nobles could never again defy the central power with their private armies. When Louis XIV took all power into his own hands in 1660, shortly before Mazarin died (1661), he announced that henceforth he would have no minister but himself, but without the skill and foresight first of Richelieu and then of Mazarin, the Sun-King would never have shone forth in splendour. It is important to realize that it was the recent, prolonged experience of anarchy and revolt,

Dennoch bot das 17. Jahrhundert eine riesige Verbesserung gegenüber dem 16. Dreißig Jahre (1562-94) lang verwüstete der Bürgerkrieg, „die Hugenottenkriege", das Land, wo beide Seiten häufig Grausamkeiten begingen, deren bekannteste das Massaker zur Bartholomäusnacht (1572) ist. Die feste und verständige Regierung Heinrichs IV. fing tatsächlich erst 1594 an (obgleich er schon 1589 Thronfolger war), ging aber durch seine Ermordung 1610 zu Ende. Durch die Minderjährigkeit seines Sohns, Louis XIII., ergab sich wieder Instabilität, die dem Bischof von Luçon, später Kardinal Richelieu, den Weg zur Macht bereitete. Dieser wurde 1624Premierminister, und als er 1642 starb, einige Monate vor Louis XIII., hatte er eine Staatsform und ein Politiksystem aufgebaut, die eine feste Grundlage für die Zukunft bildeten. Sein Schützling und Nachfolger, der Italiener Mazarin, der als Laie auch zum Kardinal ernannt wurde, war von ganz anderem Charakter, besaß aber an Genialität, was ihm an öffentlicher Achtung fehlte, und regierte Frankreich während der Minorität Louis des XIV. im allgemeinen erfolgreich. Die Abfolge von Aufständen und Bürgerkriegen, bekannt als Fronde (1648-52), warf ihn vorübergehend vom Thron, aber die unheilbare Zerstrittenheit seiner Feinde ermöglichte ihm schon bald, stärker als vorher zurückzukommen. Mazarin vollendete die von Richelieu begonnene Aufgabe, so dass der Adel mit seinen privaten Armeen die Zentralmacht nie wieder herausfordern konnte. Als Louis XIV. 1660 alle Macht in seine eigenen Hände nahm, kurz bevor Mazarin 1661 starb, kündigte er an, dass er künftig keinen Minister ausser sich selbst haben würde, doch ohne die Fähigkeiten und Voraussicht von Richelieu und dann von Mazarin hätte der Sonnen-König niemals so strahlend geglänzt. Wichtig festzuhalten ist, dass die Sehnsucht nach Ordnung und Absolutismus durch die ausgedehnte Erfahrung mit Anarchie

paralleled by events in England (where the widow of the executed Charles I was Louis XIV's aunt) which dictated the passion for order and absolutism so typical of the age, not some hypothetical threat or fear of future trouble.

A consequence of this systematic centralization of authority was first the elimination of all rival sources of power—like the nobles or the Protestants (finally expelled in 1685)—and second the increase in number and influence of royal officials in Paris and the provinces. This trend also affected the Church, where the bench of bishops was filled with royal nominees, mostly members of the same families which managed secular affairs, and where benefices (abbeys, priories, canonries) were regularly offered as financial rewards to objects of royal favour. Since these benefices were usually held by absentees, often in plurality, it is hardly necessary to add that spiritual qualities played a quite secondary role in preferment.

With the growing strength of the central government at home went a foreign policy which at first brought real gains but ended in disaster. Wars against various enemies filled up most of the century: between 1618 and 1659 the longest period of peace lasted five years, and the same is true of the period 1672-1697. Territorial expansion perhaps made the incessant fighting seem worthwhile to some, but by the end of the century the price in devastated frontier provinces, loss of agricultural manpower and, above all, debilitating taxes had become impossibly high. Louis XIV much enjoyed campaigning, and took his court along to watch,

und Revolten diktiert wurde, die parallel auch in England herrschten (wo die Witwe des umgebrachten Charles I. die Tante Louis‘ XIV. war) und nicht durch eine hypothetische Drohung oder Furcht vor zukünftigem Problemen.

Eine Folge dieser planvollen Zentralisierung von Macht war zunächst die Beseitigung aller rivalisierenden Machtquellen – wie des Adels oder der Protestanten (schließlich im Jahre 1685 vertrieben) — und an zweiter Stelle die Zunahme königlicher Beamter in Paris und den Provinzen an Zahl und Einfluss. Dieser Trend beeinflusste auch die Kirche, wo die Bischofsbank mit Kandidaten des Königs besetzt wurde, größtenteils Mitglieder derselben Familien, die auch weltliche Angelegenheiten verwalteten und wo den Objekten königlicher Gunst Benefizien (Abteien, Klöster, Priestertum) regelmäßig als finanzielle Vergütung gewährt wurden. Da diese Benefizien, oft mehrere, meist von Abwesenden gehalten wurden, braucht man kaum zu erwähnen, dass geistliche Werte bei der Beförderung eine ziemlich untergeordnete Rolle spielten.

Mit der wachsenden Stärke der Zentralregierung ging zu Hause eine Außenpolitik einher, die zunächst echten Gewinn brachte, dann aber im Unglück endete. Kriege gegen verschiedene Feinde füllten den größten Teil des Jahrhunderts aus: zwischen 1618 und 1659 dauerte die längste Friedenszeit fünf Jahre und ebenso war es zwischen 1672 und 1697. Die territoriale Erweiterung machte die unaufhörlichen Kämpfe wohl für Manche lohnend, aber zu Ende des Jahrhunderts war der Preis in Form verheerter Grenzprovinzen, des Verlusts an Landarbeitskräften und vor allem der lähmenden Steuern unmöglich hoch geworden. Louis XIV hatte Gefallen an Feldzügen und nahm seinen Hof mit, sie zu betrachten, Militärs standen hoch in seiner Gunst

and military men stood high in his favour (as long as they won and did not argue), but glory does not feed hungry subjects.

As if that were not bad enough, the construction of Versailles and other royal residences, requiring rivers to be diverted, hundreds of acres of forest landscaped, and lavish entertainment frequently provided, consumed an immense amount of money for the ultimate benefit of just one man and his favourites. The scale of royal extravagance makes the visitor to Versailles gasp even today, but the wretched hovels in which most of Louis' subjects lived no longer stand to catch the eye in shocking contrast. Louis XIII had begun building a royal residence, but his son disliked the Louvre in Paris (then the largest royal palace in Europe) and went on embellishing the original hunting lodge until in 1682 he officially moved his court and capital some fifteen miles from Paris to Versailles. The concentration of so many nobles in a small town, the need to be constantly in the royal eye if one were to win or continue to enjoy favour, led to an atmosphere of claustrophobic intrigue and role-playing. This was the context in which every kind of governmental decision, including those affecting Church affairs, was made, and it must be remembered that bishops like Bossuet or Fenelon, as well as so-called abbés de cour (courtier clergy), were expected like everyone else to dance attendance on His Majesty.

Because of the disruption caused by the Wars of Religion, the Counter-Reformation and the implementation of the decrees of the Council of Trent hardly began to touch France until the seventeenth century was under way, but when it came the spiritual tide flowed strongly. In Richelieu's lifetime, and largely at his instigation,

(solange sie gewannen und nicht argumentierten), aber mit Ruhm ernährt man keine hungrigen Untertanen.

Als wäre das nicht schlimm genug waren, erforderte der Bau von Versailles und anderer königlicher Wohnsitze, dass Flüsse umgeleitet wurden, hunderte Morgen Wald umgewidmet wurden, und die häufig gebotene verschwenderische Unterhaltung unermessliche Finanzen zum Nutzen gerade mal nur eines Menschen und seiner Günstlinge. Das Ausmaß königlicher Extravaganz macht Besucher in Versailles noch heute atemlos, aber die armseligen Hütten, in denen die meisten Untertanen Louis‘ lebten, existieren nicht mehr und können das Auge heute nicht mehr schockieren. Louis XIII. wollte einen königlichen Wohnsitz errichten, aber sein Sohn lehnte den Louvre (damals der größte königliche Palast in Europa) in Paris ab und fuhr fort, das vormalige Jagdhaus zu verschönern bis er 1682 offiziell Hof und Hauptstadt ca. fünfzehn Meilen von Paris nach Versailles übersiedelte. Die Konzentration so vieler Adligen in einer Kleinstadt, die Notwendigkeit, ständig im königlichen Auge zu sein man, um Gunst zu erringen oder zu erhalten, führten zu einem Klima klaustrophobischer Intrige und der Ränkespiele. In dieser Umgebung wurden alle Regierungsentscheidungen getroffen, auch die zu Kirchenfragen, und man muss bedenken, dass von den Bischöfen Bossuet oder Fenelon wie auch von den so genannten Hofpriestern (höfischer Klerus) erwartet wurde, dass sie wie jeder sonst zur Aufwartung Seiner Majestät tanzten.

Wegen der Unterbrechung durch die Hugenottenkriege haben die Gegenreformation und die Umsetzung der Beschlüsse des Trienter Konzils Frankreich vor dem Beginn des 17. Jahrhunderts kaum berührt, aber als sie kamen, waren die geistlichen Wogen stark. Zu Richelieus Lebenszeit und weitgehend auf seine

reform of most religious orders was initiated, clerical discipline tightened, and diocesan seminaries set up. New orders or associations like the Oratory of Cardinal Berulle, the Lazarists of Vincent de Paul, the Sulpicians, the Doctrinaires, and many others undertook an active apostolate with schools, charities, and missions, while a whole range of orders sprang up for women, enclosed like the extremely strict Carmelites or the Annonciades, active in works of mercy like the Sisters of Charity of Vincent de Paul, or somewhere in between, like the Visitandines founded by François de Sales and Jeanne de Chantal. Almost as important as all these put together were the Jesuits, who by the first decades of the century ran the best schools in France, attracted high-born men and women to their churches, and established themselves as royal confessors. Considerable as their numbers were (fifteen thousand members world wide when they celebrated their centenary in 1640), their influence, real or symbolic, was still greater.

Rightly or wrongly the Jesuits came to be taken for the inventors and principal exponents of two sets of ideas which their enemies tended to describe together as Molinism. Towards the end of the sixteenth century the Jesuit theologian Molina had propounded a theology of grace which accorded an unusually large part to man's free will in effecting salvation. Meant to offer an alternative to Protestant theology, which allowed man little or no free will and saw grace as a free gift of God bestowed only on the chosen few, the elect, the much more optimistic views of Molina came much closer temperamentally to the more favourable view of human nature professed by humanists from Erasmus(d.1536)

Veranlassung, wurden Reformen der meisten Ordensgemeinschaften eingeleitet, die Disziplin des Klerus gestrafft und diözesane Seminare eingerichtet. Neue Orden oder Gemeinschaften wie das Oratorium des Kardinals Berulle, die Lazaristen des hl. Vincent von Paul, die Sulpizianer, die Doktrinäre und viele andere begannen das aktive Apostolat mit Schulen, Caritas und Missionen. Für Frauen entstand eine ganze Reihe Orden, klausuriert, wie die sehr strengen Karmeliten oder die Anonciaden, aktiv in Werken der Barmherzigkeit, wie die Schwestern der tätigen Liebe von Vincent von Paul oder irgendwie dazwischen wie die Visitandinnen/Salesianerinnen, gegründet von Franz von Sales und Johanna von Chantal. Fast so wichtig wie alle diese zusammen, waren die Jesuiten, die ab den ersten Jahrzehnten des Jahrhunderts die besten Schulen in Frankreich betrieben, Männer und Frauen von hoher Geburt in ihre Kirchen zogen, und königliche Beichtväter wurden. So bedeutend sie schon der Zahl nach waren (bei ihrem Hundertjähriges 1640 zählten sie weltweit bereits fünfzehntausend Mitglieder), ihr wirklicher oder symbolischer Einfluss war noch größer.

Zu Recht oder Unrecht wurden die Jesuiten als Erfinder und Hauptexponenten zweier Ideengebäude angesehen, die ihre Feinde üblicherweise als Molinismus beschreiben. Gegen Ende des 16. Jahrhunderts hatte der jesuitische Theologe Molina eine Theologie der Gnade vorgeschlagen, die der Willensfreiheit des Menschen einen ungewöhnlich großen Anteil an der Erlösung zuschrieb. Gedacht als eine Alternative zur protestantischen Theologie, die dem Menschen wenig oder keine Willensfreiheit zugestand und Gnade als ein freies Geschenk Gottes für nur wenige Auserwählte ansah, war der viel optimistischere Ansatz Molinas dem Gefühl nach der günstigeren Sicht menschlicher Natur viel näher die von Humanisten, angefangen von Erasmus (+1536), bekannt wurden

onwards, and is still the official teaching of the Jesuits. At the same time, Jesuit pastoral activities encouraged them to evolve their own moral theology and code of penitential practice, that is, the way of dealing with sins confessed to their priests. Two features became associated with this moral theology and practice: probabilism and casuistry. In other words, the Jesuits were thought by their critics to make things so easy for the sinner that absolution would be given for what were normally regarded as mortal sins. Thus what was called laxism was widely imputed to the Jesuits, and the terms Molinist and laxist were used almost interchangeably by their enemies to describe the Society. In such matters it is not so much the reality of the charge as the image it created that is significant.

There can be no doubt that the strongly Augustinian flavour of much Protestant theology was a major factor in provoking the kind of reaction just described, and it is still less doubtful that Molinism and Laxism in their turn provoked a swing back to Augustinianism. The most vociferous enemies of the Jesuits were those who from 1640 or so came to be called Jansenists, but it is a gross distortion of history to represent that extremist minority as the main party opposed to the new trends. In the first place innovation, modernism, was then as now opposed by traditionalists on principle. Just because the Protestants often appealed to Augustine and other early Fathers, there was no reason for Catholics to forsake such venerable authority. Indeed the Protestant appeal to the Bible, as to the Fathers, could only be countered by returning still more

und ist noch heute die offizielle Lehre der Jesuiten. Gleichzeitig ermutigten die jesuitischen pastoralen Aktivitäten sie, ihre eigene Moraltheologie und Regeln der Bußpraxis zu entwickeln, d.h. wie man mit den Sünden umgeht, die ihren Priestern gebeichtet wurden. Zwei Eigenheiten wurden mit dieser moralischen Theologie und Praxis verbunden: Probabilismus und Kasuistik. Das heißt, die Jesuiten wurden von ihren Kritikern verdächtigt, die Dinge für den Sünder so einfach zu machen, dass selbst für Taten, die man normalerweise als Todsünden betrachtete, Absolution gegeben würde. So wurde das, was man Laxismus nannten, weitgehend den Jesuiten zugeschrieben, und die Begriffe Molinist und Laxist wurden von ihren Feinden fast austauschbar verwendet, um die Gesellschaft (Jesu) zu beschreiben. In solchen Dingen ist nicht so sehr die wirkliche Beschuldigung von Bedeutung, als das Bild, das sie schuf.

Zweifellos war die stark augustinische Variante eines Großteils protestantischer Theologie ein bedeutender Auslöser der gerade beschriebenen Reaktion und noch weniger zweifelhaft ist, dass Molinismus und Laxismus ihrerseits einen Rückschwung zum Augustinismus erregten. Die heftigsten Feinde der Jesuiten waren ab etwa 1640 die sog. Jansenisten, doch wäre es grobe Geschichtsklitterung, diese extreme Minderheit als Hauptpartei gegen die neuen Tendenzen darzustellen. Damals wie heute wurden Innovation und Modernismus von den Traditionalisten zuerst aus Prinzip abgelehnt. Nur weil die Protestanten sich oft auf Augustinus und andere frühe Väter beriefen, war dies kein Grund für Katholiken solch ehrwürdige Autorität aufzugeben. Tatsächlich konnte das Berufen der Protestanten auf die Bibel und die Väter nur gekontert werden, indem man noch eifriger zu jenen Grundlagen des

zealously to those foundations of the Christian faith which Protestants were thought to have distorted or misunderstood.

It was in exactly that sense that Cornelius Jansen, Bishop of Ypres in Flanders, prepared a weighty commentary called *Augustinus*, which was published in 1640, two years after his death. His close friend and associate in France, the abbé de Saint Cyran (d.I643), published works of a less dogmatic, more spiritual kind, and was director, after 1635, of the originally Cistercian abbey of Port-Royal, where the nuns fully implemented his teaching. Between them the two friends stood for a coherent body of doctrine and practice: St. Augustine as the chief authority on grace, a deep sense of human unworthiness coupled with increased devotion to the Blessed Sacrament, only to be received after very conscientious preparation, hostility to the Jesuits as a society threatening episcopal authority through its centralised organisation, ruled by a General in Rome and bound by a special vow of obedience to the pope, and undermining devotion with a casual attitude to sacramental discipline, typified by their laxism. In addition they and their first followers stood for simplicity of life and worship as against baroque ostentation, and for active works of charity as against tolerance of worldliness. In moral theology they were rigorists, regarding man's nature as so inherently sinful that the appropriate response to God's mercy in Christ was unqualified repentance alone, not a search for ingenious excuses. On all these points they spoke for a very large body of the faithful, and throughout the century these, or similar, views were probably held by a majority of clergy and laity alike,

christlichen Glaubens zurückkehrte, die durch Protestanten vermuteterweise verzerrt oder missverstanden worden seien.

Genau in dieser Richtung hat Cornelius Jansen, Bischof von Ypern in Flandern, einen gewichtigen Kommentar namens „*Augustinus*“ vorbereitet. Er wurde 1640 veröffentlicht, zwei Jahre nach seinem Tod. Sein enger Freund und Mitarbeiter in Frankreich, Abt von Saint Cyran (+I643), veröffentlichte Arbeiten einer weniger dogmatischen, mehr geistlichen Art und war nach 1635 Direktor der früheren Zisterzienserabtei Port-Royal, in der die Nonnen seine Lehre vollständig einführten. Die zwei Freunde standen unter sich für ein kohärentes Gebäude aus Lehre und Praxis: der hl. Augustinus als oberste Autorität in Fragen der Gnade, ein tiefes Gefühl menschlichen Unwerts, verbunden mit erhöhter Hingabe an das Heiligste Sakrament, das nur nach sehr gewissenhafter Vorbereitung zu empfangen war, Feindseligkeit gegen Jesuiten als eine die bischöfliche Autorität durch zentralisierte Organisation bedrohende Gesellschaft, die, regiert von einem General in Rom und an den Papst gebunden durch ein spezielles Gehorsamsgelübde, die Hingabe durch Beliebigkeit in der sakramentalen Disziplin untergräbt und durch ihren Laxismus symbolisiert. Außerdem standen sie und ihre ersten Nachfolger für Einfachheit des Lebens gegenüber barocker Prahlerei und für aktive Taten der Nächstenliebe bei Ablehnung jeder Toleranz für Weltlichkeit. In der moralischen Theologie waren sie Rigoristen und betrachteten die menschliche Natur als in sich so sündig, dass für sie die passende Antwort auf die Gnade Gottes in Christus allein die uneingeschränkte Busse war, nicht etwa die Suche nach scharfsinnigen Entschuldigungen. In allen diesen Punkten sprachen sie für einen sehr großen Anteil des Gläubigen und während des ganzen Jahrhunderts waren diese oder ähnliche Ansichten vermutlich die der Mehrheit des Klerus

though support for the Jesuits and their more modern and flexible views was never less than considerable.

What turned these fundamentally orthodox attitudes into Jansenism, a heresy supported by a small but militant sect, was an ever increasing degree of doctrinal and partisan polarisation, and above all the personality of Antoine Arnauld, who became principal spokesman for the party on Saint-Cyran's death. Youngest of a family of twenty, Arnauld had six sisters at Port-Royal, an abbey near Versailles which moved to Paris before moving back again; his eldest brother, Arnauld d'Andilly, had left court to live as a solitary nearby, and a tightly knit clan formed the nucleus of a movement which offered stubborn (some would say heroic) resistance to the end in the face of all efforts to make them compromise. Censured in 1656 by the Sorbonne, the faculty of theology at Paris, and forbidden to teach, Arnauld continued his struggle with fluctuating fortunes until 1679, when he chose exile rather than submission. From an early stage of the conflict the point at issue became readiness to obey lawful authority (the bishops) even if this meant signing (or orally assenting to) documents which one believed to contain false statements, as against uncompromising refusal to go against conscience.

The passions generated by the successive stages of this controversy continued into the eighteenth century, leading to the schism of the Dutch Old Catholic Church, and it permeated all classes of society. Although the Jansenists were eventually condemned by the Pope, so too were the worst of the laxists, but in the long run the dispute did enormous harm to the cause of religion by prolonging and poisoning

und der Laien, obgleich die Unterstützung für Jesuiten und ihre moderneren und flexibleren Ansichten immer beträchtlich war.

Diese im Grunde rechtgläubige Haltung wurde zum Jansenismus, zu einer durch eine kleine, militante Sekte gestützten Ketzerei, durch das ständig steigende Ausmaß an Polarisation in Lehre und Parteiung und vor allem die Persönlichkeit von Antoine Arnauld, der nach Saint-Cyran's Tod zum Hauptsprecher für die Partei wurde. Als Jüngster in einer zwanzig-köpfigen Familie hatte er sechs Schwestern in der Abtei Port-Royal nahe Versailles, die nach Paris und wieder zurück verlegt wurde; sein ältester Bruder, Arnauld d'Andilly, hatte den Hof verlassen, um als Einsiedler in der Nähe zu leben, und ein engverwobener Klan bildete den Kern einer Bewegung, die störrischen (manche sagten „heroisch“) Widerstand gegen alle Kompromisse leistete. Zensuriert 1656 durch die theologische Fakultät der Sorbonne, mit Lehrverbot belegt, setzte Arnauld seinen Kampf mit wechselnden Erfolgen fort, bis er 1679 das Exil der Unterordnung vorzog. Schon früh in dem Konflikt wurde die Bereitschaft zum Gehorsam gegenüber der legalen Autorität (der Bischöfe) zur Streitfrage, selbst wenn dies bedeutete, Dokumente zu unterzeichnen (oder mündlich zuzustimmen), die vermutlich falsche Aussagen enthielten, anstatt mit kompromissloser Ablehnung die gegen das Gewissen ginge.

Die Leidenschaften, die durch die aufeinander folgenden Stadien dieser Kontroverse erzeugt wurden, reichten bis ins 18. Jahrhundert und führten zum Schisma der niederländischen Altkatholischen Kirche und durchdrangen alle Klassen der Gesellschaft. Zwar wurden die Jansenisten schließlich vom Papst verurteilt, wie auch die schlimmsten Laxisten, aber langfristig schadete die Debatte der Sache der Religion, weil sie Widersprüche

disagreements which are perennial. A complication was added in the shape of Gallicanism. Always jealous of its autonomy, the Church in France throughout the ages has strongly reacted against interference from Rome. As part of his policy of centralisation and national aggrandisement, Louis XIV adopted a more than usually intransigent line towards the papacy. In this the Jesuits were clearly instruments of Rome, while Jansenists tended to be Gallican. The intrigue and suspicion arising from these controversies fortunately did not prevent huge strides being made in the task of teaching and evangelising at home and abroad, but the Church in France can rarely have been so divided since the days of the medieval schism of the papacy. Admittedly, the opposing parties were no longer massacring and burning each other as in the previous century, admittedly too the violence of the disputes was a sign of vigour rather than decay, but the unscrupulous use of calumny meant that no one, least of all those enjoying some fame or authority, was left alone to get on with his duty of serving God and neighbour. Religious orthodoxy and loyalty to the Crown were always liable to be questioned, with the risk of disastrous consequences.

The last, and least important, element in the religious background was constituted by the Protestants, known in France as Huguenots. The edict of Nantes, promulgated in 1598, granted them tolerance and a degree of local autonomy in certain designated towns, but severe repression began under Richelieu, who would not contemplate any state within the state and continued with increasing ferocity until Louis XIV formally revoked the Edict in 1685. After twenty or thirty years of discrimination,

auf Dauer überhöhte und vergiftete. In Form des Gallikanismus gab es eine weitere Komplikation. Immer eifersüchtig besorgt um ihre Autonomie, reagierte die Kirche von Frankreich durch die Jahrhunderte immer heftig auf Einwirkungen von Rom. Als Teil seiner Zentralisierungspolitik und der nationalen Vergrößerung verfolgte Louis XIV. eine ungewöhnlich harte Linie gegenüber dem Pontifikat. Dabei waren die Jesuiten klare Werkzeuge Roms, während die Jansenisten zum Gallikanismus neigten. Intrigen und Misstrauen aus diesen Kontroversen verhinderten glücklicherweise nicht enorme Fortschritte bei den Aufgaben des Unterrichtens und der Evangelisierung im In- und Ausland. Aber die Kirche in Frankreich war seit den Tagen des mittelalterlichen Schismas wohl selten so gespalten. Zugegeben, die Gegenparteien massakrierten und brandschatzten sich nicht mehr, wie im vorhergehenden Jahrhundert, auch war die Wucht der Debatten eher ein Zeichen der Stärke als des Zerfalls, aber der skrupellose Gebrauch von Verleumdungen bedeutete, dass niemand, am allerwenigsten die mit etwas Ruhm oder Autorität Ausgestatteten, in Ruhe ihren Aufgaben des Dienstes an Gott und den Nächsten nachgehen konnte. Rechtgläubigkeit und Loyalität zur Krone waren immer in Gefahr, hinterfragt zu werden, mit dem Risiko verhängnisvoller Konsequenzen.

Das letzte und unbedeutendste Element im religiösen Hintergrund stellten die Protestanten dar, bekannt in Frankreich als Hugenotten. Das Edikt von Nantes, verkündet im Jahre 1598, bewilligte ihnen Toleranz und eine gewisse lokale Autonomie in bestimmten Städten. Doch schwere Unterdrückung begann unter Richelieu, der keinen Staat im Staate zulassen wollte und die Grausamkeiten steigerte bis Louis XIV. den Erlass im Jahre 1685 formal widerrief. Nach zwanzig, dreißig Jahren Diskriminierung,

persecution, and forced conversion, there still remained 200,000 Protestants who were driven into exile, mostly to England, Holland or America. A much smaller number stayed precariously in France, practising their faith as best they could under the most appalling conditions. The absorption of tens of thousands of ostensible but resentful converts caused serious problems in some regions, and when, for example, France and England went to war following the expulsion of James II by William of Orange, there were not wholly unjustified fears that political allies might be found for Protestant powers in formerly Protestant regions. The seriousness with which Protestants took their religion was a standing challenge to Catholics. Apart from the dwindling number of French Protestants, there was the very real problem posed by those countries—England, Holland, Scandinavia, parts of Germany—where Protestantism had become the state religion. The phenomenon of a rival brand of Christianity—Eastern Orthodoxy was always remote—thriving near at hand was novel and could not be ignored. Such leading churchmen as Bossuet, and indeed Arnauld, were drawn into polemics with Protestants of great distinction, like Leibnitz. It was only too evident that Roman Catholicism had lost its monopoly in the West, and was in danger of losing its supremacy. In only one respect did the old concept of Christendom survive; when the Turks reached the gates of Vienna in 1683 they provided a salutary reminder that even the map of Europe could change colour.

Much more deadly enemies than Turks or heretics were scepticism and free thought (libertinage in French). A legacy of the disillusionment which followed the Wars of Religion, scepticism ranged from the cosy fideism of Montaigne,

Verfolgung und Zwangskonversion, blieben immer noch 200.000 Protestanten, die ins Exil getrieben wurden, größtenteils nach England, Holland oder Amerika. Eine viel geringere Zahl blieb verarmt in Frankreich und praktizierte ihren Glauben, so gut es ging unter entsetzlichen Bedingungen. Die Aufnahme zehntausender unwilliger Schein-Konvertiten ergab ernste Probleme in einigen Regionen. Als zum Beispiel Frankreich und England infolge der Vertreibung James' II. durch Wilhelm von Oranien in den Krieg zogen, gab es die nicht ganz unberechtigte Furcht, dass politische Verbündete für protestantische Mächte in den früher protestantischen Gebieten gefunden würden. Dass die Protestanten ihre Religion ernst nahmen, war eine ständige Herausforderung für die Katholiken. Abgesehen von der schwindenden Zahl französischer Protestanten, gab es das sehr realistische Problem durch England, Holland, Skandinavien, Teile Deutschlands, wo der Protestantismus zur Staatsreligion geworden war. Das Phänomen einer Konkurrenz-Marke des Christentums ganz nahe bei – die östliche Orthodoxie war immer weit weg – war neu und konnte nicht ignoriert werden. Führende Kirchenleute wie Bossuet und auch Arnauld, wurden in Polemik mit Protestanten großen Formats, wie Leibniz, hineingezogen. Es war nur zu offensichtlich, dass der römische Katholizismus sein Monopol im Westen verloren hatte und seine Vorherrschaft zu verlieren drohte. Nur in einem Aspekt überlebte das alte Konzept des Christentums; als die Türken 1683 die Tore Wiens erreichten, sorgten sie für eine heilsame Mahnung, dass selbst die Europa-Karte ihre Farbe ändern könnte.

Viel tödlichere Feinde als Türken oder Häretiker waren Skepsis und Freidenkertum (libertinage). Als Vermächtnis der Ernüchterung, das den Religionskriegen folgte, reichte der Skeptizismus vom bequemen Fideismus des Montaigne, der im Namen

who in the name of conformism gave a blank cheque to Church authorities in matters of faith, to the atheism and radical materialism of such as Cyrano de Bergerac. Free thought was smart, and great nobles like the Prince de Condé, the King's cousin, played with it often, before a conversion in later life. Ironically it was to combat this movement that Rene Descartes was originally invited by Cardinal Berulle and the Papal Nuncio to compose a formal philosophical defense of Christianity. The result, the first fruits of which appeared in his Discourse on Method of 1637, arguably did more to undermine religious faith than the sceptics ever did. Cartesianism (as Descartes' system is called) involves an irreconcilable dualism: on the one hand is the material universe, including human bodies, which is determined by mathematical and mechanical laws, as if it were programmed for all time by a master computer set in motion by God, who does not thereafter interfere with its working; on the other hand is the immaterial world of souls or spirits (including minds) in which each individual spirit is autonomous and wholly undetermined. The nature of the union between soul and body was never very satisfactorily explained, and Descartes' successors were more interested in exploring the material than the spiritual. In the development of rationalism, Descartes is without a doubt a key figure.

Besides what is called philosophy nowadays - logic, ethics, metaphysics - seventeenth-century philosophers usually concerned themselves with science, especially physics, and here again Descartes was a leading figure. By writing in French, and in simpler language than had his predecessors, he contributed to an amazing advance both of scientific knowledge and its reception by educated non-specialists.

des Konformismus den Kirchenbehörden einen Blankoscheck in Glaubenssachen gab, bis zum Atheismus und radikalen Materialismus à la Cyrano von Bergerac. Freidenkertum war "toll" und große Adlige wie der Prinz von Condé, Vetter des Königs, spielten oft damit, bevor man später konvertierte. Ironischerweise wurde René Descartes ursprünglich von Kardinal Berulle und dem päpstlichen Nuntius eingeladen, eine formell-philosophische Verteidigung des Christentums zu verfassen um diese Bewegung zu bekämpfen. Das Ergebnis, dessen erste Früchte in seinem Methodendiskurs von 1637 erschienen, trug wohl mehr dazu bei, den Glauben zu untergraben, als jemals die Skeptiker. Der Kartesianismus enthält einen unversöhnlichen Dualismus: einerseits existiert das materielle Universum, darunter die Leiber der Menschen, welches durch mathematische und mechanische Gesetze bestimmt wird, als ob es für alle Zeiten durch einen Supercomputer programmiert sei, der von Gott in Bewegung gesetzt wurde, der dann nicht mehr in sein Arbeiten eingreift. Andererseits gibt es die immaterielle Welt der Seelen oder Geister (einschließlich des Verstandes) in denen jeder einzelne Geist autonom und ganz unvorbestimmt ist. Die Natur der Verbindung zwischen Seele und Leib wurde nie zufriedenstellend erklärt und Descartes' Nachfolger waren interessierter am Materiellen als am Geistlichen. Für die Entwicklung des Rationalismus ist Descartes zweifellos eine Schlüsselfigur.

Außer dem, was man heute Philosophie nennt – Logik, Ethik, Metaphysik - befassten sich die Philosophen des 17. Jh. meist mit Naturwissenschaft, besonders Physik, und hier war Descartes wieder eine führende Persönlichkeit. Da er auf französisch in einfacherer Sprache schrieb als seine Vorgänger, trug er zu einem erstaunlichen Fortschritt wissenschaftlicher Erkenntnisse und ihrer Aufnahme durch gebildete Nichtspezialisten bei.

Blaise Pascal, his younger contemporary (d. 1662), made similarly important contributions both in mathematics and experimental physics, but it is of course to others, less gifted as writers but equally distinguished intellectually, that the main credit goes. The invention, and then diffusion, of telescope and microscope, the adoption of modern mathematical notation, discoveries in chemistry, medicine and mechanics revolutionized the relationship between man and his physical environment. As early as 1637 Descartes had held out to practitioners of his method the promise that they would become 'masters and possessors of nature', and by the end of the century this no longer looked like a pipe-dream. Scientific progress and rationalism together produced the Enlightenment, the first gleams of which can be seen in the last decade or two of the seventeenth century and which dominated the eighteenth.

It should be added that in arts subjects, notably history and classics, the work of Renaissance humanists continued unabated and what is now called the scientific method produced monumental results in the seventeenth century. The labours of Jean Mabillon and the Maurists is one example, the beginnings of biblical exegesis another. All educated men (and those relatively few women who were educated) were brought up on Latin and Greek; Latin was the universal learned language for universities and academies, as well as for the Church, but it was a neo-Classical Latin, vastly different from that of the Scholastics, let alone the dog-Latin of students, and the modern distinction between training in arts and sciences did not exist. Both Descartes, an early pupil of the Jesuits,

Blaise Pascal, sein jüngerer Zeitgenosse (+1662), brachte ähnlich wichtige Beiträge in Mathematik und Experimentalphysik. Doch haben selbstverständlich andere das Hauptverdienst, die als Schreiber weniger begabt aber intellektuell ebenso hervorragend waren. Die Erfindung und Verbreitung des Teleskops und Mikroskops, die Annahme moderner mathematischer Notation, Entdeckungen in Chemie, Medizin und Mechanik revolutionierten das Verhältnis vom Menschen zu seiner materiellen Umwelt. Schon 1637 hatte Descartes den Praktikern seiner Methode das Versprechen gegeben, dass sie 'Meister und Besitzer der Natur' werden würden,und gegen Ende des Jahrhunderts schien dies nicht länger ein Luftschloss. Wissenschaftlicher Fortschritt und Rationalismus zusammen ergaben die Aufklärung, deren erste Schimmer man in den letzten ein oder zwei Jahrzehnten des 17. Jahrhunderts sehen konnte und die das achtzehnte beherrschte.

Man sollte hinzufügen, dass in den Künsten, vornehmlich in Geschichte und Klassik, die Arbeit der Renaissancehumanisten unvermindert weiterging und dass im 17. Jahrhundert monumentale Ergebnisse mit der heute so genannten „wissenschaftlichen Methode“ erreicht wurden. Die Arbeiten von Jean Mabillon und den Mauristen sind ein Beispiel, die Anfänge der biblischen Exegese ein weiteres. Alle gebildeten Männer (und die relativ wenigen gebildeten Frauen), wurden auf Latein und Griechisch erzogen; Latein war die allgemeine Gelehrtensprache an Universitäten und Akademien sowie in der Kirche. Es war jedoch ein neoklassisches Latein, sehr verschieden von dem der Scholastik, zu schweigen vom Küchenlatein der Studenten, und die moderne Unterscheidung zwischen dem Studium der Künste und dem der Wissenschaften existierte nicht. Descartes, ein früher Jesuitenschüler und Pascal,

and Pascal, taught at home by his father, wrote Latin works on scientific and mathematical subjects.

At a humbler level universal education was still far away, but professional and administrative needs meant that more and more boys were literate and numerate. One has only to compare handwriting of the mid-sixteenth century with that of a hundred or even fifty years later to realise the change for the better. Apart from schools for the elite, run by Jesuits and Oratorians, and the excellent school run for a time at Port-Royal, junior seminaries began to be founded, and, as we mentioned earlier, teaching Orders attracted more and more recruits. At a higher level, learned academies, of which the French Academy (1635) is the most famous, were established so that men of learning could share and discuss the latest advances. The Academy of Sciences in Paris (1666) and the Royal Society in London (1662) merely put an official stamp on informal gatherings of scientists dating back twenty or thirty years.

In this connection a principal feature of seventeenth-century social life must be mentioned: the salon. The first of these, literally 'drawing rooms,' was opened in 1610, but by mid-century, society in Paris and major provincial centres was almost co-terminous with the by then numerous salons. Originally conceived by a noblewoman, the marquise de Rambouillet, for her woman friends as an alternative meeting place to the male-dominated, generally uncouth, court, the salon developed essentially as an institution always presided over by women, to which men were welcome on women's terms,

von seinem Vater zu Hause unterrichtet, schrieben lateinische Arbeiten zu wissenschaftlichen und mathematischen Themen.

Auf einem bescheideneren Niveau fehlte noch weitgehend Allgemeinbildung, aber der Bedarf an Professionellen und Verwaltungsleuten bewirkte, dass immer mehr Jungen lesen, schreiben und rechnen konnten. Man muss nur einmal eine Handschrift von Mitte des 16. Jh. mit der von hundert oder auch nur fünfzig Jahren später vergleichen, um die Verbesserung zu erkennen. Abgesehen von Elite-Schulen der Jesuiten und Oratorianer und der ausgezeichneten Schule, die für einig Zeit bei Port-Royal bestand, fing man an Juniorseminare zu gründen und, wie schon erwähnt, fanden die Schulorden mehr und mehr Nachwuchs. Auf einem höheren Niveau wurden gelehrte Akademien gegründet, deren berühmteste die Académie Française (1635) ist, so dass gelehrte Männer die neuesten Fortschritte teilen und besprechen konnten. Die Akademie der Wissenschaften in Paris (1666) und die königliche Gesellschaft in London (1662) gaben den schon seit zwanzig oder dreißig Jahre bestehenden informellen Versammlungen der Wissenschaftlern lediglich den offiziellen Stempel.

In diesem Zusammenhang muss eine wichtige Einrichtung des Soziallebens des 17. Jh. erwähnt werden: der Salon. Der erste, buchstäblich ein ‚Wohnzimmer' wurde 1610 eröffnet, und bis Mitte des Jahrhunderts, war die Gesellschaft in Paris und bedeutenden Zentren der Provinz fast gleichbedeutend mit den damals zahlreichen Salons. Ursprünglich erfunden durch eine Adlige, Marquise von Rambouillet, für ihre Freundinnen als alternativer Treffpunkt zu dem männerdominierten, meist raubeinigen Hof, entwickelte sich eine Einrichtung, der immer eine Frau vorsaß, zu denen Männer nach Vorgabe der Frauen willkommen waren,

in effect, so long as they behaved like gentlemen and were politely entertaining, and in which a whole range of cultural activities took place, though inevitably gossip played a major part. From the first, social graces and intelligence, not noble blood, were the passport to these assemblies, and while many courtiers attended salons, the cultural and intellectual life of the drawing room always distinguished it from the stifling protocol of court.

In various salons great writers, like Pierre Corneille, would read their newest tragedy, discussions on philosophical or scientific novelties might include experiments; Bossuet is reputed to have tried out early sermons, at the height of the Jansenist controversy, Pascal's Provincial Letters (1656-7) were read out as they appeared and were enthusiastically received. Fashionable clergy, diplomats, and magistrates would meet artists, writers, and men about town, but always in the context of a female dominated society. Such friends and correspondents of Rancé as Mme de Sable, Mme de La Sabliere, and Mme de La Fayette were leading figures in salon life. Some salons were avowedly sympathetic to Jansenism, some against it, most were concerned more with wit than piety, but the salons, perhaps even more than the court, represented worldly values at their most elegant. lndeed the contemporary French expression for social debut, entry into the salons, was to ‘enter the world’ 'le monde' meant polite society, 'mondain' meant its standards. By the same token withdrawal from that society to one's country estate or even town house, was spoken of as leaving the world.

solange sie sich wie Gentlemen benahmen und höflich unterhielten. Hier fand eine ganze Reihe kultureller Aktivitäten statt, obwohl Klatsch natürlich eine grosse Rolle spielte. Von Beginn an boten gesellschaftliche Umgangsformen und Intelligenz, nicht edles Blut, Zugang zu diesen Versammlungen, und wenn auch viele Höflinge an Salons teilnahmen, unterschied das kulturelle und Geistesleben sie immer vom beengenden Protokoll des Hofes.

In verschiedenen Salons lasen Schriftsteller, wie Pierre Corneille, ihre neueste Tragödie, Diskussionen über philosophische oder wissenschaftliche Neuigkeiten umfassten auch Experimente; Bossuet soll dort auf der Höhe des Jansenistenstreits frühe Predigten erprobt haben, Pascals Briefe aus der Provinz (1656-7) wurden vorgelesen, wie sie erschienen und wurden begeistert begrüßt. Moderner Klerus, Diplomaten und Magister trafen Künstler, Schriftstelle und Lebemänner, aber immer im Rahmen einer frauenbeherrschten Gesellschaft. Freunde und Korrespondenten von Rancé, wie die Frauen de Sable, de La Sabliere und De La Fayette waren führende Persönlichkeiten im Salonleben. Einige Salons waren dem Jansenismus zugetan, andere dagegen; die meisten hielten es mehr mit Geist als mit Frömmigkeit, aber die Salons stellten weltliche Werte am elegantesten dar, vielleicht mehr als der Hof. So war der damalige französische Ausdruck für den Eintritt ins gesellschaftliche Leben, in die Salons, der „Eintritt in die Welt“ 'Le Monde' bedeutete höfliche Gesellschaft, 'mondän' bezeichnete deren Standards. Aus dem gleichen Grunde wurde der Rückzug aus dieser Gesellschaft zum Landsitz oder Stadthaus als das „Verlassen der Welt“ bezeichnet.

Before the invention of coffee houses at Paris towards the end of the century, these 'At Homes,' as we might say, in the drawing rooms of a quite small number of hostesses, by no means all noble, brought together the members of the cultural (rather than the ruling) elite, so that everyone in that relatively small world knew, or certainly knew of, everyone else. it must be remembered too that these people met again and again at such public occasions as the theatre, concerts, or fashionable sermons. When Rancé and others speak of worldliness it is to this ceaseless round of social activities that they allude, not just to the pursuit of power, wealth, or even pleasure.

Vor der Erfindung der Cafés in Paris gegen Ende des Jahrhunderts, brachten diese ‚Zuhause,' wie man sagen könnte, in den Salons einer recht kleinen Zahl Gastgeberinnen, keineswegs immer adlig, die Mitglieder der kulturellen (nicht der herrschenden) Elite zusammen, so dass in dieser verhältnismäßig kleinen Welt jeder von jedem – sicherlich - Bescheid wusste. Zu erinnern ist auch daran, dass die gleichen Leute sich immer wieder bei so allgemeinen Anlässen wie Theater, Konzerten oder modischen Predigten trafen. Wenn Rancé und andere von Weltlichkeit sprechen, spielen sie auf diesen endlosen Reigen sozialer Aktivitäten an, nicht etwa nur auf das Streben nach Macht, Reichtum oder sogar Vergnügen.

RANCÉ: FAMILY AND LIFE TO CONVERSION [3]

THE FAMILY into which Armand-Jean Bouthillier de Rancé was born on 9 January 1626 was very much in the ascendancy, and very much indebted to the great Cardinal Richelieu. Towards the end of the sixteenth century the Bouthilliers, then a family of lawyers at Angouleme, were able to help the Du Plessis, Richelieu's family, and a generation later the service was amply repaid. Rancé's father, Denis, held posts in Dijon, the home both of his mother and his wife, and in Paris, as secretary to Marie de Medicis, widow of Henri IV and, for a time, Regent to her son, Louis XIII. His elder brother Claude was a secretary of state, as was Claude's son Leon, comté de Chavigny, an intimate of Gaston d'Orleans, the brother of Louis XIII. A second brother, Sebastien, had died as Bishop of Aire in 1625, and a third, Victor, became Bishop of Boulogne at the end of 1626, going on in 1630 to become coadjutor and then, in 1640, Archbishop of Tours. One sister became Abbess of the Cistercian abbey of Saint-Antoine at Paris, two were Capuchins, one a Carmelite, and one married. Thus out of four boys and five girls recorded, six entered religion. In the very year of Armand-Jean's birth his recently widowed grandmother, Claude Machecop, then aged seventy, entered the Visitation convent in Paris to join one of her nieces. She died there four years later.

[3] Despite all its many faults, an indispensable source for Rancé's biography remains abbé Dubois, Histoire de l'abbé de Rancé, 2 vols, (Paris, 1866). My own A-J de Rancé, Abbot of la Trappe, (Oxford, 1974) is the most recent study in English, and, I hope, the most reliable (despite some regrettable errors in transcribing dates).

FAMILIE UND LEBEN BIS ZUR BEKEHRUNG[4]

DIE FAMILIE, in die Armand-Jean Bouthillier de Rancé am 9. Januar 1626 geboren wurde, befand sich stark im Aufstieg und war dem großen Kardinal Richelieu sehr verpflichtet. Gegen Ende des 16. Jahrhunderts konnten die Bouthilliers, damals eine Familie von Rechtsanwälten in Angoulême, den Du Plessis, Richelieus Familie, helfen, und eine Generation später wurde dieser Dienst reichlich erwidert. Rancés Vater, Denis, bekleidete Posten in Dijon, der Heimat seiner Mutter und seiner Frau, und in Paris als Sekretär für Maria von Medici, der Witwe Henri IV. und zeitweise als Regent für ihren Sohn, Louis XIII. Sein älterer Bruder Claude war Staatssekretär, wie auch Claudes Sohn Leon, comté de Chavigny, ein Intimus von Gaston-d'Orleans, dem Bruder von Louis XIII. Ein zweiter Bruder, Sebastian, war als Bischof von Aire im Jahre 1625 gestorben, und ein Dritter, Viktor, wurde Ende 1626 Bischof von Boulogne, dann im Jahre 1630 Koadjutor und 1640 Erzbischof von Tours. Eine Schwester wurde Äbtissin der Zisterzienserinnenabtei vom Hl. Antonius in Paris, zwei waren Kapuzinerinnen, eine Karmelitin, und eine heiratete. So traten von vier Jungen und fünf Mädchen sechs in Orden ein. Im Geburtsjahr von Armand-Jean trat seine kurz zuvor verwitwete Großmutter, Claude Machecop, mit siebzig Jahren in das Visitandinnenkloster Paris ein, und traf dort mit einer ihrer Nichten zusammen. Sie starb dort vier Jahre später.

---

[4] Trotz seiner vielen Fehler bleibt eine unentbehrliche Quelle für Rancés Biografie: Abbé Dubois, Histoire de l' abbé de Rance, 2 vols, (Paris, 1866). Mein Buch A-J de Rancé, Abt von La Trappe, (Oxford, 1974) ist die neueste Studie auf Englisch und ich hoffe die zuverlässigste (trotz einiger bedauerlicher Fehler bei der Datenübertragung).

This blend of civil and ecclesiastical vocation, and success, was typical not only of successive generations of Bouthilliers, but of the large class of originally modest legal officials to which they belonged, and which by the end of the century was to include some of the most powerful families in France.

Denis Bouthillier had married Charlotte Joly in Dijon in 1619. Through her he was connected with the Bossuet family, also magistrates at Dijon. The couple had eight children who survived infancy, and whose names and dates are incorrectly stated in all the sources. First came Denis, in 1620, a sickly child who died in 1637. Then in 1622 came Claude-Catherine, who became an Annonciade in 1637 under the name of Dorothee and died in 1680. Next seems to be Therese, born in 1622 or 1623 (just possibly 1627), who became a Cistercian at les Clairets at an unknown date and died there in 1684. Marie followed in 1624; she married rather late, in 1658, François de Rochemonteix, seigneur de Vernassal in Auvergne, and died in 1665, leaving a daughter and two sons, the only male issue of any of the Rancé children. Charlotte was born in 1625, married very young (in 1639) and had two children by the comte de Belin before he was murdered at the end of 1642; her son died young, but the daughter married her own cousin and in turn became comtesse de Belin. In 1644 Charlotte remarried, Gilbert d'Albon, comte de Chazeul, and had three daughters, one of whom, Louise-Henriette, became a Visitandine and had an important correspondence with Rancé, her uncle.

After the four girls Denis and Charlotte had a second son, Armand-Jean (1626) and, then in 1630 Louise-Isabelle, who became an Annonciade with her sister in 1647, and died in 1705.

Diese Mischung aus ziviler und kirchlicher Berufung und Erfolg, war nicht nur für einander folgende Generationen der Bouthilliers typisch, sondern auch für die große Klasse der ursprünglich einfachen Beamten, der sie angehörten und die Ende des Jahrhunderts einige der mächtigsten Familien in Frankreich umfassten.

Denis Bouthillier hatte Charlotte Joly in Dijon im Jahre 1619 geheiratet. Durch sie kam er in Verbindung zur Bossuet-Familie, ebenfalls Richter in Dijon. Das Paar hatte acht Kinder, die das Kleinkindalter überlebten und deren Namen und Daten in allen Quellen falsch verzeichnet sind. Zuerst kam Denis 1620, ein kränkliches Kind, das im Jahre 1637 starb. Dann kam 1622 Claude-Catherine, die 1637 Annonciade unter dem Namen Dorothee wurde und 1680 starb. Die Nächste scheint Therese zu sein, wohl 1622 oder 1623 geboren (oder vielleicht auch 1627), die in les Clairets zu unbekanntem Datum Zisterzienserin wurde und dort 1684 starb. Marie folgte 1624; sie heiratete 1658, ziemlich spät, François de Rochemonteix, seigneur de Vernassal in Auvergne und starb 1665. Sie hinterließ eine Tochter und zwei Söhne, die einzigen männlichen Nachkommen aller Rancé-Kinder. Charlotte wurde 1625 geboren, heiratete sehr jung (1639) und hatte zwei Kinder vom comte de Belin, bevor er Ende 1642 ermordet wurde; ihr Sohn starb jung, aber die Tochter heiratete ihren eigenen Vetter und wurde daher comtesse de Belin. Im Jahre 1644 heiratete Charlotte erneut, Gilbert-d'Albon, comte de Chazeul und hatte drei Töchter, eine davon, Louise-Henriette, wurde Visitandine und führte eine wichtige Korrespondenz mit Rancé, ihrem Onkel.

Nach den vier Mädchen hatten Denis und Charlotte einen zweiten Sohn, Armand-Jean (1626) und Louise-Isabelle 1630, die mit ihrer Schwester 1647 Annonciade wurde und 1705 starb.

Last came Henri, in 1633, known as the chevalier de Rancé, and apparently the first to add 'Le' to Bouthillier, as this was thought to sound more distinguished. As a Knight of Malta (whence the 'chevalier' title) he never married and by the time he retired in 1720, aged eighty-seven, he was by far the senior serving officer in the French navy; in recognition of his long service he received the unprecedented honour of promotion to Lieutenant-General surplus to establishment, that is, additional to the number normally permitted to hold the rank. He died in 1726 at the home of his Vernassal nephews, one by then a Knight of Malta like himself, the other soon to be promoted Lieutenant-General in the army.

Dubois, writing in 1866—before the Paris parochial archives were destroyed by fire—mentions a Françoise, born in 1627, who could be the same as Therese, and a Philippe, in 1628, who must have died in infancy, but the rest of his information is neither accurate nor complete.

It will be seen that three sisters entered religion, while the two others moved upwards socially by marrying into the landed nobility. Originally Denis was to have continued the family tradition of ecclesiastical preferment, but his poor health and early death meant that Armand-Jean had to take his place. Henri's long military career was probably all that the family could afford, but it is a little odd that he was not encouraged to perpetuate the family name by marrying. All in all the Rancé children reflect the balance of worldly and ecclesiastical careers characteristic of their class at the time.

Als letzter kam 1633 Heinrich, bekannt als Ritter de Rancé und anscheinend der erste, der das 'Le' dem Bouthillier hinzufügte, weil er dies für vornehmer hielt. Als Malteserritter (daher der Titel), heiratete er nicht und als er 1720 mit 87 in den Ruhestand ging, war er bei weitem der dienstälteste Offizier der französischen Marine; in Anerkennung seines langen Dienstes erhielt er die nie dagewesene Ehre der Beförderung zum Generalleutnant über die normalerweise begrenzte Zahl der Titelträger hinaus. Er starb 1726 im Haus seiner Neffen Vernassal, einer davon war Malteserritter wie er, der andere wurde bald zum Generalleutnant in der Armee befördert.

Dubois, schreibt 1866 – bevor das Pfarrarchiv Paris durch Feuer zerstört wurde - und erwähnt dabei eine Françoise, geboren 1627, die mit Therese identisch sein könnte, und einen Philipp im Jahre 1628 der als Kind gestorben sein muss, aber der Rest seiner Informationen ist weder genau noch vollständig.

Wir sehen, dass drei Schwestern in Orden eintraten, während die zwei anderen sozial aufstiegen, indem sie in den Landadel heirateten. Ursprünglich hätte Denis die Familientradition der kirchlichen Karriere fortsetzen sollen, aber seine schlechte Gesundheit und früher Tod bewirkten, dass Armand-Jean seinen Platz nehmen musste. Heinrichs lange Militärkarriere war vermutlich das Höchste, was die Familie sich leisten konnte, aber seltsam ist, dass er nicht bewogen wurde, durch Heirat den Familiennamen weiterzugeben. Insgesamt spiegeln die Rancé-Kinder eine Ausgewogenheit von weltlichen und kirchlichen Karrieren, die charakteristisch für ihre Klasse zu jener Zeit ist.

Like many children of the upper classes Armand-Jean never went to school, but was instructed at home by tutors. One of them, Jean Favier, remained a lifelong friend and correspondent, actually surviving his pupil. As a result of this education Rancé became most proficient in Greek and Latin, and in 1639, at the age of thirteen, published an edition and commentary of the Greek poet Anacreon, which he dedicated to his godfather, Cardinal Richelieu, for whom he had been named Armand-Jean. His mother was not alive to enjoy this precocious triumph, for she had died the previous year.

At about the same time (1637) Rancé's father bought a fine country house at Veretz, near Tours, and lost his eldest son, Denis. From an early age Denis had borne the title of commendatory superior of five monastic houses, that is to say, the income as abbot or prior was his, but he was not required to reside, or even to visit these houses. When in 1635 his health left no hope of improvement, these revenues and dignities passed to Armand-Jean, who duly received the tonsure (the lowest ecclesiastical order) to that end. Thus the erudite boy of twelve could already style himself 'abbé de Rancé,' abbot, among other houses, of la Trappe.

Still in his early teens, as was normal at the time, Armand Jean joined the College d' Harcourt of the University of Paris, and duly took his MA in 1643. 1642 was a sad year; his sister lost her husband and Rancé his godfather, Richelieu, within a few days in December. Richelieu's replacement by Mazarin, the death of Louis XIII in May 1643, and the Regency of his widow, Anne of Austria,

Wie viele Kinder der oberen Klassen ging Armand-Jean nie zur Schule, sondern wurde von Hauslehrern unterrichtet. Einer von ihnen, Jean Favier, blieb ihm ein lebenslanger Freund und Korrespondent, der seinen Schüler sogar überlebte. Infolge dieser Erziehung wurde Rancé in Griechisch und Latein sehr tüchtig und veröffentlichte 1639 mit dreizehn Jahren eine kommentierte Ausgabe des griechischen Dichters Anacreon, die er seinem Paten, Kardinal Richelieu, widmete nach dem er Armand-Jean genannt worden war. Seine Mutter hat diesen frühreifen Triumph nicht mehr erlebt, denn sie war das Jahr zuvor gestorben.

Etwa zur gleichen Zeit (1637) kaufte Rancés Vater ein feines Landhaus bei Veretz, nahe Tours und verlor Denis, seinen ältesten Sohn. In jungen Jahren schon hatte Denis den Titel eines Kommendatar-Abtes von fünf klösterlichen Häusern. Das heißt, er hatte das Einkommen eines Abtes oder Priors, hatte aber keine Residenzpflicht und brauchte sie nicht einmal zu visitieren. Als im Jahre 1635 seine Gesundheit keine Hoffnung auf Besserung zuliess, gingen diese Einkommen und Würden auf Armand-Jean über, der zu diesem Zweck ordnungsgemäß die Tonsur empfing (den niedrigsten kirchlichen Rang). So konnte sich der gelehrte Zwölfjährige bereits mit 'abbé de Rancé,' anreden lassen, unter anderen Klöstern eben auch von La Trappe.

Wie zu der Zeit üblich immatrikulierte sich Armand Jean schon als junger Teenager im College d'Harcourt der Universität von Paris und machte ordnungsgemäß seinen MA im Jahre 1643. 1642 war ein trauriges Jahr; seine Schwester verlor ihren Ehemann und Rancé seinen Paten Richelieu innerhalb weniger Tage im Dezember. Richelieus Nachfolge durch Mazarin, der Tod Louis' XIII. im Mai 1643 und die Regentschaft seiner Witwe,

who was dominated by Mazarin, heralded bad times for the Bouthilliers. Uncle Claude and his son Leon were soon dismissed, and Rancé could no longer rely on protection in high places. He was, however, mixing with youths of his own age whose friendship would last in most cases for fifty years and who were destined for high office in Church and State. Future ambassadors, an Archbishop of Paris (François de Harlay) and the Bishops of Luçon (Henri Barillon), Grenoble (Etienne Le Camus) and Limoges (Louis d' Urfe) were among these early friends.

At the same time he made his entry into society, frequented salons, especially one which assembled Jansenist sympathizers, and made numerous friends among the noble men and women to be found there. A key figure in his social and emotional development was Marie, duchesse de Montbazon (1612-57), third wife of the due, who was Governor of Paris and forty-four years her senior. Their country estate was near Veretz, and though the social rank of the Bouthilliers did not compare with the feudal nobility of the Montbazons, the Archbishop of Tours and a Secretary of State made up in distinction for what the family lacked in antiquity. Especially after the death of Mme de Rancé the Montbazons were very friendly with the young Armand-Jean. His entry into society was undoubtedly eased by the influence of the duchess, a leading social light, even if (or perhaps because) her amorous adventures were legendary.

In 1648 the young abbé received minor orders and the diaconate at the hands of Paul de Gondi, Coadjutor Archbishop of Paris, the future Cardinal de Retz and bitter enemy of Mazarin.

Anne von Österreich, die durch Mazarin beherrscht wurde, kündigten für die Bouthilliers ungünstige Zeiten an. Onkel Claude und sein Sohn Leon wurden bald entlassen, und Rancé konnte nicht länger auf Protektion höheren Orts rechnen. Er pflegte jedoch Umgang mit gleichaltrigen jungen Leuten, deren Freundschaft in den meisten Fällen fünfzig Jahre dauern würde und die für wichtige Stellungen in Kirche und Staat bestimmt waren. Zukünftige Botschafter, ein Erzbischof von Paris (François de Harlay) und die Bischöfe von Luçon (Henri Barillon), Grenoble (Etienne Le Camus) und Limoges (Louis d'Urfe) gehörten zu diesen frühen Freunden.

Gleichzeitig trat er in die Gesellschaft ein, besuchte Salons, besonders einen, in dem sich jansenistische Sympathisanten zusammenfanden, und gewann zahlreiche Freunde unter den adligen Männern und Frauen. Eine Schlüsselfigur in seiner sozialen und emotionalen Entwicklung war Marie, Herzogin de Montbazon (1612-57), dritte Frau des Herzogs, der Gouverneur von Paris und vierundvierzig älter als sie war. Ihr Landsitz war nahe Veretz und obwohl der Stand der Bouthilliers nicht mit dem Feudaladel der Montbazons zu vergleichen war, glichen der Erzbischof von Tours und ein Staatssekretär durch Vornehmheit den Unterschied im Alter aus. Besonders nach dem Tod von Frau de Rancé waren die Montbazons zu dem jungen Armand-Jean sehr freundlich. Sein Eintritt in die Gesellschaft wurde ohne Zweifel durch den Einfluss der Herzogin erleichtert, einer führenden Leuchte der Gesellschaft, selbst wenn (oder vielleicht gerade weil) ihre Liebesabenteuer legendär waren.

Im Jahre 1648 empfing der junge Abt niedere Weihen und das Diakonat aus der Hand von Paul de Gondi, Koadjutor-Erzbischof von Paris, dem zukünftigen Kardinal de Retz und erbittertem

Although contact with Retz soon constituted a serious political liability, it is entirely to Rancé's credit that they too became real friends and remained so until Retz' death. The death of Rancé's father in 1650 left Armand-Jean head of the family, and in need of all the friends he could find. Fortunately Uncle Victor was able to help. In 1651 Rancé was ordained priest by his uncle, and the next year proceeded to his licence in theology, becoming a doctor of the Sorbonne in 1654. By then Retz had been imprisoned by Mazarin for leading rebellion in the Fronde, and though recognised as archbishop by his clergy on the death of his uncle, was never publicly installed. Escaping from prison, he fled into long exile, had to renounce his see and even on Mazarin's death was in his last years only partially and grudgingly pardoned by Louis XIV.

An assembly of the Clergy convoked in 1655 had to deal with the aftermath of the Fronde (1648-52) which had removed the Archbishop of Paris from its proceedings (the newly promoted Cardinal de Retz had fled to Rome) and established Mazarin in a stronger position than ever. It also had to take important decisions regarding the Jansenist dispute, which was entering a critical phase with Arnauld's imminent condemnation. With his doctorate Rancé's studies were completed, and it was a young man highly qualified in Greek, Latin, and theology, wealthy, socially acceptable, and endowed with natural charm and eloquence whom his uncle appointed to one of the two archdeaconries of the diocese of Tours in 1654. For the next step in his ecclesiastical career he needed to appear on a more public stage, and his Uncle Victor therefore contrived, not without opposition, to have Rancé delegated to the Assembly.

Feind Mazarins. Obgleich der Kontakt zu Retz bald eine ernste politische Verantwortung darstellte, spricht es eindeutig für Rancé, dass sie auch echte Freunde wurden und dies bis zu Retz' Tod blieben. Der Tod von Rancés Vater 1650 machte Armand-Jean zum Familienvorstand, und er brauchte alle erreichbaren Freunde. Glücklicherweise war Onkel Victor in der Lage zu helfen. 1651 wurde Rancé durch seinen Onkel zum Priester geweiht, im nächsten Jahr erwarb er seine Lizenz in Theologie und bestand 1654seinen Doktor an der Sorbonne. Inzwischen war Retz durch Mazarin wegen Anführerschaft in der Fronde eingesperrt worden. Obgleich er durch seinen Klerus nach dem Tod seines Onkels als Erzbischof anerkannt war, wurde er nie öffentlich eingesetzt. Er brach aus dem Gefängnis, floh in langes Exil, musste auf seinen Sitz verzichten und wurde selbst nach Mazarins Tod in seinen letzten Jahren nur teilweise und widerwillig von Louis XIV. begnadigt.

Eine 1655 einberufene Klerus-Versammlung musste mit den Nachwirkungen des Fronde (1648-52) umgehen, die den Erzbischof von Paris aus ihren Beratungen entfernt hatte (der neu ernannte Kardinal de Retz war nach Rom geflohen) und Mazarin in gestärkter Stellung aufbaute. Sie musste auch wichtige Entscheidungen im Jansenistenstreit treffen, der mit Arnaulds unmittelbar bevorstehender Verurteilung eine kritische Phase erreichte. Mit seinem Doktorat waren Rancés Studien abgeschlossen und er war ein junger Mann, hochqualifiziert in Griechisch, Latein und Theologie, wohlhabend, gesellschaftlich akzeptabel und begabt mit natürlichem Charme und Beredsamkeit, den sein Onkel 1654 als einen der zwei Erzdiakone der Diözese von Tours ernannte. Für den nächsten Schritt seiner kirchlichen Karriere musste er stärker öffentlich auftreten. Sein Onkel Victor sorgte daher nicht ohne Gegenwind dafür, Rancé in die Versammlung zu entsenden.

His duties as archdeacon had not detained him for long, but there is no reason, except perhaps for his busy social life, to suppose that he would have been anything but the efficient and conscientious administrator the job demanded. The immediate aim was to have him approved as coadjutor with right of succession. On the way Victor managed to have his nephew appointed chaplain to Gaston d'Orleans, Louis. XIV's uncle, as he himself had been, and in June 1656 the Assembly formally recorded its appreciation at the royal favour to one of its members. Early the next year, however, Mazarin brusquely rejected the proposal to make Rancé coadjutor to his uncle, at least partly motivated in his refusal by Rancé's loyalty to Retz.

Though Rancé had so far taken his due part in the deliberations, committees, and deputations of the Assembly, this, one of the longest sessions in history, bored him so much that he went back to Veretz to resume his life as a country gentleman, hunting, riding, and party-going. From time to time he would go back to visit friends in Paris, and on one such occasion, in April 1657, he arrived unannounced at the home of Mme de Montbazon to find her gravely ill. She had contracted scarlet fever, not usually a fatal illness, but after only three or four days was clearly so ill that her life was in danger. No contemporary account of the circumstances of her death is known, and subsequent versions differ in many respects, but several details seem clear: that her condition worsened much more rapidly than anyone had expected; that Rancé was not actually present in her last moments, possibly because he was snatching some sleep at home after long hours at her bedside and that he was also absent from her funeral, which took place some distance from Paris, at Montargis. The story that he arrived to find

Seine Aufgaben als Erzdiakon hatten ihn nicht lange aufgehalten, aber es gab keinen Grund anzunehmen, ausser vielleicht sein reges Gesellschaftsleben, dass er mehr gewesen wäre, als der leistungsfähige und gewissenhafte Verwalter, den der Job verlangte. Das direkte Ziel war, ihn als Koadjutor mit Nachfolgerecht anerkennen zu lassen. Dabei erreichte Viktor die Ernennung seines Neffen als Kaplan für Gaston-d'Orleans, Louis' XIV. Onkel, was er selbst vorher gewesen war. Im Juni 1656 verzeichnet die Versammlung formal ihre Würdigung der königlichen Gunst für eins ihrer Mitglieder. Anfang des Folgejahres jedoch wies Mazarin den Antrag, Rancé zum Koadjutor seines Onkels zu machen, brüsk zurück, mindestens teilweise veranlasst durch Rancés Loyalität zu Retz.

Obwohl Rancé bis jetzt seinen Teil an den Beratungen, Ausschüssen und Abordnungen der Versammlung wahrgenommen hatte, langweilte ihn diese, eine der längsten Sitzungen in der Geschichte, sosehr, dass er zurück nach Veretz ging, sein Leben als Gutsherr mit Jagden, Reiten und Party-Besuchen wieder aufzunehmen. Gelegentlich kehrte er zurück um Freunde in Paris zu besuchen, und bei einer solchen Gelegenheit im April 1657 kam er unangekündigt zum Haus der Frau de Montbazon und fand sie ernstlich krank. Sie hatte Scharlachs, normalerweise keine tödlichen Krankheit, aber nach nur drei oder vier Tage war sie offenbar so krank, dass ihr Leben in Gefahr war. Über ihre Todesumstände ist kein zeitgenössischer Bericht bekannt. Spätere Versionen unterscheiden sich in vieler Hinsicht, aber einige Details scheinen klar: ihr Zustand verschlechterte sich viel schneller als allgemein angenommen; Rancé war in ihren letzten Augenblicken tatsächlich nicht anwesend, vielleicht, weil er nach vielen Stunden an ihrem Bett zu Hause etwas Schlaf finden wollte und auch bei ihrem Begräbnis, das in Montargis in gewisser Entfernung von Paris

her head lying detached from her body, allegedly because the coffin had been made too short, is first found nearly thirty years later in a virulent attack on Rancé's book on monastic life, but has often been repeated since. So gruesome and bizarre an episode could not have escaped the notice of the many scandalmongers of the day, who did not scruple to recount the duchess' sexual adventures in lurid detail. Such absurdity only gained currency when René de Chateaubriand, an author of international renown (1768-1848), published in his old age (1844) a subjective and highly romantic life of Rancé, which added the further absurdity of suggesting that Rancé kept her skull in his cell as a reminder of mortality. As a prosaic footnote to the duchess' death, it should be said that autopsies, involving examination of the severed head, were rather common at the time.

The facts are striking enough without embroidery. A woman at the height of her social fame, only forty-five, dies suddenly and unexpectedly, presumably without time for proper penitence and preparation after a scandalously worldly life: a young priest who has known her from boyhood, and since his mother's death probably had more to do with her than any woman outside the family, is himself witness to the peremptory summons before divine justice just when he is rising in his ecclesiastical career and most absorbed by worldly pleasures and success. That he was infatuated with her is highly probable, that he was socially dependent on her virtually certain, but that they had been lovers at any time remains pure conjecture. In the nature of things such an allegation cannot be disproved,

stattfand, war er abwesend,. Die Geschichte, dass er ankam und ihren Kopf abgetrennt und neben ihrem Rumpf liegend vorfand, weil angeblich der Sarg zu kurz war, findet sich erst fast dreißig Jahre später in einem heftigen Angriff auf Rancés Buch zum Ordensleben, wurde aber häufig wiederholt. Eine so grauenhafte, seltsame Story wäre aber den vielen Lästerern jener Tage nicht entgangen, die auch keine Skrupel hatten, die sexuellen Abenteuer der Herzogin grell und ausführlich zu erzählen. Diese Absurdität gewann erst Beachtung, als René de Chateaubriand, ein Autor internationalen Ansehens (1768-1848), in hohem Alter (1844) eine subjektive und hochgradig romantische Biographie von Rancé veröffentlichte. Er fügte als weitere Absurdität die Vermutung hinzu, dass Rancé ihren Schädel in seiner Zelle als Mahnung der Sterblichkeit bewahrte. Zum Tod der Herzogin ist prosaisch anzumerken, dass Autopsien, einschließlich Untersuchung des abgetrennten Kopfes damals gang und gäbe waren.

Die Tatsachen sind auch ohne solche Schnörkel sonderbar genug. Eine Frau auf der Höhe ihres gesellschaftlichen Ansehens, erst fünfundvierzig, stirbt nach einem skandalös weltlichen Leben plötzlich und unerwartet, vermutlich ohne Zeit zu echter Reue und Vorbereitung: ein junger Priester, der sie vom Knabenalter kannte und seit dem Tod seiner Mutter mit ihr vermutlich mehr umging als mit anderen Frauen außerhalb der Familie, wird Zeuge des endgültigen Rufs vor Gottes Richterstuhl, als er gerade in seiner kirchliche Karriere aufsteigt und durch weltliche Vergnügen und Erfolg intensiv beansprucht ist. Dass er von ihr bezaubert war, ist höchstwahrscheinlich, von ihr gesellschaftlich abhängig war nahezu sicher, aber dass sie jemals Geliebte waren, bleibt reine Vermutung. Naturgemäss kann solch eine Behauptung nicht widerlegt werden,

but were it true, it is strange that the allegation should have been withheld for so long at a time when many people would have been glad to blacken the reputation both of the lady and of Rancé. Whatever the nature of their relationship there is no room for doubt that its violent termination provided the impetus for Rancé's conversion, which may therefore be dated to 28 April, 1657, the day she died.

Rancé went straight back to Veretz, and sought advice first of all from Reverend Mother Louise Rogier, for many years superior of the Visitation at Tours, and also from his aunt, Marie, widow of Claude Bouthillier, who was closely associated with the Visitation. The choice of his aunt, a notably pious and sensible person (incidentally related to dom Le Nain, Rancé's future biographer and sub-prior) is not surprising; that of RM Louise invites comment. Born of respectable parents at Tours in 1616 (and thus ten years older than Rancé), she attracted the attention of Gaston d'Orleans, the brother of King Louis XIII, and through the intermediary of Rancé's cousin Chavigny was talked into the royal bed and exhibited at court as the royal mistress. After two years she was discovered having an affair with a courtier, but was forgiven. She became pregnant, Gaston lost interest, and when the child was born in January 1640, Louise had already been dismissed. She made arrangements for her son (adopted much later by Gaston's daughter) and entered the Visitation, being professed there in 1644. lt says much for her character that she stayed in her hometown where everyone knew of her brief months of glory and her fall from favour. Her election as superior in 1652 (for three years) testifies again to her personal qualities; she was to serve fifteen years in all as superior.

aber wäre sie wahr, wäre es merkwürdig, dass dies so lange unterdrückt blieb, in einer Zeit als viele Leute das Ansehen der Dame und Rancés in den Schmutz zu ziehen. Gleich, welcher Art ihr Verhältnis war, unzweifelhaft ist, dass sein gewaltsames Ende den Anstoß für Rancés Bekehrung gab, die man deshalb auf ihren Todestag, den 28. April 1657 datiert.

Rancé ging sofort zurück nach Veretz und suchte Rat zuerst bei der ehrwürdigen Mutter Louise Rogier, die jahrelang Obere der Visitation in Tours war und auch bei seiner Tante Marie, Witwe von Claude Bouthillier, die der Visitation nahestand. Die Wahl seiner Tante, der bekannt frommen und einfühlsamen Person (übrigens verwandt mit dom Le Nain, Rancés zukünftigem Biografen und Subprior) ist nicht überraschend; die der RM Louise bedarf der Erklärung. Geboren 1616 von geachteten Eltern in Tours (also zehn Jahre älter als Rancé), erregte sie die Aufmerksamkeit von Gaston-d'Orleans, dem Bruder König Louis‘ XIII. Durch Vermittlung von Rancés Vetter Chavigny wurde sie in das königliche Bett bewogen und bei Hofe als die königliche Geliebte gehalten. Nach zwei Jahren wurde eine Affäre mit einem Höfling entdeckt, aber ihr wurde verziehen. Sie wurde schwanger, Gaston verlor das Interesse und als das Kind im Januar 1640 geboren war, war Louise bereits entlassen. Sie traf Vorkehrungen für ihren Sohn (der viel später von Gastons Tochter adoptiert wurde) trat in die Visitation ein, und legte dort 1644 das Gelübde ab. Es spricht sehr für ihren Charakter, dass sie in ihrer Heimatstadt blieb, in der jeder von ihren kurzen Monaten des Ruhmes und ihrem Fall aus der Gunst wusste. Ihre Wahl als Oberin im Jahre 1652 (für drei Jahre) bezeugt ebenfalls ihre persönlichen Qualitäten; insgesamt sollte sie fünfzehn Jahren als Oberin dienen. Offensichtlich machte ihre entschiedene

Evidently her decisive rejection of the world at an early age, and the visibly effective resolve to atone by a life of penitence, made her an ideal confidant for Rancé. She outlived him, dying in 1707, and reliable copies of their extensive correspondence are the best extant source for the early years of his conversion.

The devastating effect of Mme de Montbazon's death and Rancé's choice of two other older women as advisers in his personal crisis are among the rare hints we have as to his affective side before he became a monk, but that evidence is so consistent and, following his mother's early death, so predictable, that his need for a maternal figure (at past thirty) seems beyond question.

The ensuing period of search reveals a very clear pattern. Whatever personal advice RM Louise felt able to offer, she was obviously, as a woman, not in a position to assume direction of Rancé's spiritual life, so she at once passed him on to Oratorian friends in Tours and then in Paris. There at the retreat house known as the Institution of the Oratory, he made a general confession and began a close association both with Nicolas Pinette, one of the laymen responsible for the recent foundation of the house, and a number of priests, including Pasquier Quesnel, later to succeed Arnauld as Jansenist leader in exile. Oratorians were much favoured by Gaston d'Orleans, whose chaplain Rancé remained and whose treasurer Pinette had been, and as a group they represented an important counterweight to the Jesuits in high society.

Shortly afterwards, in July 1657, Rancé went to seek the advice of the eldest brother of Antoine Arnauld, Robert Arnauld dAndilly, a former lawyer who had also belonged

Ablehnung der Welt in jungen Jahren und der sichtbar wirksame Entschluss zu einem Leben in Busse sie zu einer idealen Vertrauten für Rancé. Sie überlebte ihn, starb im Jahre 1707 und verlässliche Kopien ihrer umfangreichen Korrespondenz sind die beste noch zu findende Quelle über die ersten Jahre seiner Bekehrung.

Die verheerende Auswirkung von Frau de Montbazons Tod und Rancés Wahl zweier älterer Frauen als Berater in seiner persönlichen Krise gehören zu den raren Hinweisen, die wir zu seiner affektiven Seite haben, bevor er Mönch wurde. Dieser Beweis ist aber so konsequent und angesichts des frühen Todes seiner Mutter ist es voll einsichtig, dass er (mit etwas über dreißig) fraglos eine mütterliche Person brauchte.

Die folgende Zeit der Suche zeigt ein sehr klares Muster. Welchen persönlichen Rat RM Louise ihm auch anbieten mochte, sie war als Frau offensichtlich doch nicht in der Lage, die geistliche Führung für Rancé zu übernehmen, also übergab sie ihn direkt an befreundete Oratorianer in Tours und dann in Paris. Im dortigen Exerzitienhaus, der „Institution des Oratoriums“, legte er eine Generalbeichte ab, begann eine enge Verbindung mit Nicolas Pinette, einem der verantwortlichen Laien für die vor kurzem erfolgte Gründung, und einiger Priester, darunter Pasquier Quesnel, der später Arnauld als Jansenistenführer im Exil folgte. Oratorianer waren von Gaston-d'Orleans sehr geschätzt, dessen Kaplan Rancé blieb und dessen Schatzmeister Pinette gewesen war, und als Gruppe stellten sie ein wichtiges Gegengewicht zu den Jesuiten in der High Society dar.

Kurz danach im Juli 1657 sucht Rancé den Rat des ältesten Bruders von Antoine Arnauld, Robert Arnauld d‘Andilly,

to Gaston's entourage, but now lived in seclusion at Port-Royal as a layman. Andilly was a close friend of Rancé's aunt, Mme Bouthillier, knew RM Louise, and was recommended by the Paris Oratorians, but he was, as was none of them, an open and influential Jansenist.

There can be no doubt that Andilly and his Jansenist friends did all they could to recruit Rancé as an overt supporter, and it is thus all the more significant that they failed. On the issue of grace and laxism in the running battle with the Jesuits, Rancé's sympathies were unmistakably on the side of Port-Royal, but then and thenceforth he refused to join any party, and in particular refused to compromise his declared obedience to lawful authority. Any form of rebellion, let alone heresy, remained wholly repugnant to him throughout his life, and on doctrinal issues he always scrupulously followed the lead from the bishops, most of whom saw the Jesuits as rivals, even if the Jansenists were rebels.

Under Andilly's direction Rancé systematically studied Church history and, more important, St. Basil and the Desert Fathers, whose works Andilly had recently translated. The record of much of his reading is preserved in a substantial number of original letters to Andilly. If history taught Rancé more about the origins of authority and institutions, Basil and the Desert Fathers introduced him to a spirituality which attracted him irresistibly and permanently. At the same time it must be assumed that close contact with the Oratory made Rancé familiar with the Christocentric theology

eines ehemaligen Rechtsanwalts, der auch zu Gastons Gefolge gehört hatte, aber jetzt als Laie zurückgezogen in Port-Royal lebte. Andilly war ein enger Freund von Rancés Tante, Frau Bouthillier, kannte RM Louise und war durch die Oratorianer von Paris empfohlen, aber er war, im Gegensatz zu den anderen, ein offener und einflussreicher Jansenist.

Es gibt keinen Zweifel, dass Andilly und seine Jansenistenfreunde alles taten, um Rancé als bekennenden Anhänger zu gewinnen und daher ist es umso wichtiger, dass dies nicht gelang. In der Frage von Gnade und Laxismus im laufenden Streit mit den Jesuiten, waren Rancés Sympathien unmissverständlich auf der Seite von Port-Royal. Doch damals und später lehnte er ab, sich irgendeiner Partei anzuschließen und insbesondere, seinen erklärten Gehorsam zur legalen Autorität in Frage zu stellen. Jede Art von Revolte, ganz zu schweigen von Ketzerei, blieb ihm zeitlebens ganz zuwider, und in Lehrfragen folgte er immer skrupulös der Führung der Bischöfe, die mehrheitlich die Jesuiten als Rivalen sahen, selbst wenn die Jansenisten Aufrührer waren.

Unter Andillys Leitung studierte Rancé systematisch Kirchengeschichte und, wichtiger, den hl. Basilius und die Wüsten-Väter, deren Arbeiten Andilly vor kurzem übersetzt hatte. Der Nachweis großer Teile seiner Lektüre ist in vielen Originalbriefen an Andilly erhalten. Wo die Geschichte Rancé mehr über Ursprung von Autorität und Institutionen lehrte, da führten Basilius und die Wüstenväter ihn zu einer Geistlichkeit, die ihn unwiderstehlich und dauerhaft anzog. Gleichzeitig muss man annehmen, das der enge Kontakt mit dem Oratorium Rancé mit der christozentrischen Theologie von Berulle und seinen Schülern vertraut machte,

of Berulle and his disciples, as well as with the generally Augustinian theology of the Congregation and its sacramental discipline.

If all this spiritual nourishment was essential for growth following conversion, it did not in itself provide an answer to the practical question of how to spend the rest of his life. One set of loose ends that had to be tidied up were his five benefices. Neither Jansenists nor Oratorians would tolerate plurality of benefices, four of which would therefore have to go. After spending the winter quietly at Veretz, discouraging visitors as much as possible, Rancé set off in spring 1658 on a tour of his abbeys and priories, which extended from Beauvais, north of Paris, southwest down to Saint-Clementin in Poitou. His visit to la Trappe in July 1658 seems to have been his first there. The immediate problems were to assess the material and spiritual requirements of each house and then to put them in order, so that each could be properly transferred in due course. We know that the three abbeys, Beauvais, le Val (Normandy) and la Trappe, were poor in numbers and discipline, and la Trappe in particular was in physically poor shape, but of the two priories, Saint-Clementin and the Grandmontine house at Boulogne (near Chambord) nothing specific is known.

Meanwhile Rancé continued to discuss his problems with a variety of people, including Bishop Vialart de Herse of Chälons-sur-Marne, a wise pastor, favourable to Jansenists, and the aristocratic Bishop Choiseul of Comminges in the Pyrenees. On two separate occasions priests his own age came to share his mild austerities at Veretz

ebenso wie mit der allgemeinen Augustinischen Theologie der Kongregation und ihrer sakramentalen Ordnung.

Auch wenn diese geistliche Nahrung wesentlich für das Wachstum nach der Bekehrung war, ergab sich daraus noch keine Antwort zur der praktischen Frage, wie er sein weiteres Leben verbringen würde. Ungelöste Fragen, die zu bereinigen waren, boten seine fünf Benefizien. Weder die Jansenisten noch Oratorianer würden mehr als ein Benefiz zulassen, also mussten vier davon abgestossen werden. Nachdem er den Winter ruhig in Veretz verbracht und Besucher möglichst abgewehrt hatte, brach Rancé im Frühjahr 1658 auf eine Reise zu seinen Abteien und Klöstern auf, die sich von Beauvais, nördlich von Paris südwestwärts bis Saint-Clementin in Poitou erstreckten. Sein Besuch in La Trappe im Juli 1658 scheint sein erster dort gewesen zu sein. Die drängenden Aufgaben lagen darin, für jedes Haus die materiellen und geistlichen Anforderungen festzustellen und sie dann zu ordnen, um sie zu gegebener Zeit ordentlich übertragen zu können. Wir wissen dass die drei Abteien, Beauvais, le Val (Normandie) und La Trappe arm an Zahl und Disziplin waren und besonders La Trappe war in physisch schlechtem Zustand; über die zwei Priorate von Saint-Clementin und das Grandmontine-Haus in Boulogne (nahe Chambord) ist nichts Genaues bekannt.

Unterdessen besprach Rancé weiterhin seine Probleme mit einer Vielzahl von Leuten, darunter Bischof Vialart de Herse von Châlons-sur-Marne, einem klugen Hirten, der den Jansenisten zuneigte und dem aristokratischen Bischof Choiseul von Comminges in den Pyrenäen. Bei zwei getrennten Gelegenheiten kamen Priester seines Alters zu ihm nach Veretz, um seine milde Askese

for a week or two, he travelled to visit his aunt or Andilly for a few days, he tried to maintain friendly relations with his uncle, the Archbishop, who in turn attempted to bring pressure to bear on him to resume his so recently promising career, but in vain. A second tour of benefices took place in 1659, but early in 1660 Gaston d'Orleans fell ill at his home in Blois, and died on 2 February, attended by Rancé as chaplain, and Rancé's close friend, the Oratorian Pierre de Monchy. From letters he wrote at the time Rancé seems to have found this formal experience of death affecting, but, as he was there as a priest to give comfort, not harrowing, it left him free to plan his future, with all options now open.

Except in emergency people travelled as little as possible in winter, so Rancé waited until June 1660 before setting out on the next phase of his search. His friend the Bishop of Comminges, and no doubt many others as well, urged him to go down to the Pyrenees, there to consult the saintly Bishop of Alet, Nicolas Pavilion. Very friendly to the Jansenist cause, wholly devoted to his poor and scattered flock in one of the most remote and impoverished dioceses in France, the bishop was a selfless pastor with a reputation for wisdom as well as holiness. It may be added that the rugged beauty of the site at Alet at once impressed Rancé, as it impresses the modern visitor, and provided the ideal setting for a consultation of such moment.

Rancé spent July and August in the Pyrenees, talking to a third local bishop, Etienne Caulet of Pamiers, as well as to Choiseul at Comminges and Pavilion at Alet. The general view seemed to be that he would do well to follow their example

für eine oder zwei Wochen mit zu machen; er besuchte seine Tante oder Andilly für einige Tage, versuchte, die freundschaftlichen Beziehungen zu seinem Onkel, dem Erzbischof fortzuführen. Dieser versuchte nachdrücklich, ihn zur Wiederaufnahme seiner vor kurzem noch so viel versprechende Karriere zu bewegen, aber vergeblich. Eine zweite Reise zu den Benefizien fand 1659 statt, aber Anfang 1660 wurde Gaston-d'Orleans in seinem Haus in Blois krank und starb am 2. Februar, betreut durch Rancé als Geistlichem und Rancés engem Freund, dem Oratorianer Pierre de Monchy. Nach den Briefen Rancés aus dieser Zeit scheint er diese formelle Todeserfahrung bewegend empfunden zu haben, aber da er als Priester Trost, nicht Qual zu spenden hatte, blieb er frei, seine Zukunft zu planen, alle Optionen waren ihm jetzt offen.

Ausser im Notfall reisten die Leute möglichst wenig im Winter, also wartete Rancé mit der nächsten Phase seiner Suche bis Juni 1660. Sein Freund, der Bischof von Comminges und zweifellos viele andere drängten ihn, den heiligen Bischof von Alet, Nicolas Pavilion in den Pyrenäen zu konsultieren. Der Bischof war der Sache der Jansenisten sehr zugetan, widmete sich ganz seiner armen und zerstreuten Herde in einer der abgelegensten und ärmsten Diözesen Frankreichs; er war ein selbstloser Hirte mit hohem Ansehen wegen seiner Klugheit und Heiligkeit. Die schroffe Schönheit des Standorts bei Alet war wohl für Rancé, wie auch für heutige Besucher, direkt beeindruckend und bot die ideale Szene für eine so gewichtige Beratung.

Rancé verbrachte Juli und August in den Pyrenäen und sprach mit einem dritten örtlichen Bischof, Etienne Caulet von Pamiers ebenso wie mit Choiseul in Comminges und mit Pavilion bei Alet. Die allgemeine Ansicht schien, dass er gut tun würde,

of disinterested pastoral zeal and aim at diocesan responsibilities. Close friends of his, Barillon at Luçon, Le Camus at Grenoble, and d'Urfe at Limoges, were soon to do just that, combining personal austerity with pastoral responsibility, and it would have been a perfectly natural choice for Rancé. But still he did not feel that it was what he sought. Perhaps not wholly in earnest, Bishop Choiseul suggested that Rancé might become a monk and thus regular abbot or prior of one of his benefices. Recollecting the suggestion much later (in 1688) the bishop described Rancé's horrified reaction.

Material problems continued to delay a final solution, but in the course of 1661 and 1662 these were reduced one by one. The great estate at Veretz was sold, enabling Rancé to provide other members of his family with a share of the paternal heritage, three of the benefices were at last transferred—Beauvais to his old tutor, Favier—and it looked as though Rancé would choose to reside at Boulogne, but as commendatory, not regular, superior. Such a solution had plenty of precedents, including Rancé's friend, and briefly his companion in retreat, Guillaume Le Roy, who lived at the Cistercian house of Hautefontaine as commendatory abbot. The remaining benefice, la Trappe, still required attention.

On the spiritual side a decisive step was taken when Rancé invited the authorities of the Strict Observance to take over the unedifying assortment of half a dozen monks living in undisciplined squalor. After initial resistance, and even threats of violence, all but one of these monks were dispersed to Common Observance houses with a generous pension (a second returned subsequently)

ihrem Beispiel des selbstlosen Hirtenamtes zu folgen und Diözesanverantwortung anzustreben. Seine engen Freunde, Barillon in Luçon, Le Camus in Grenoble und d'Urfe in Limoges, sollten bald dasselbe tun indem sie persönliche Askese mit Hirtenverantwortung verbanden und dies wäre auch für Rancé absolut passend gewesen. Aber noch fühlte er nicht, dass es das war, was er suchte. Vielleicht nicht ganz im Ernst schlug Bischof Choiseul vor, dass Rancé vielleicht Mönch werden sollte und zwar als regulärer Abt oder Prior in einem seiner Benefizien. Viel später (1688) erinnert sich der Bischof und beschreibt Rancés erschrockene Reaktion.

Die materiellen Probleme standen einer abschließenden Lösung im Wege, wurden aber 1661 und 1662 eins nach dem anderen gelöst. Das große Anwesen bei Veretz wurde verkauft und ermöglichte Rancé, anderen Familienmitgliedern einen Anteil am väterlichen Erbe zu geben. Drei der Benefizien wurden schließlich übertragen - Beauvais seinem alten Tutor Favier - und es sah aus, als würde Rancé beschließen, in Boulogne zu wohnen, und zwar als Kommendatar, nicht als regulärer Abt. Für eine solche Lösung gab es viele Präzedenzfälle, einschließlich Rancés Freund und Begleiter bei der Einkehrzeit, Guillaume Le Roy, der im Zisterzienserhaus von Hautefontaine als Kommendatarabt lebte. Das letzte Benefiz, La Trappe, erforderte weitere Aufmerksamkeit.

Auf der geistlichen Seite war der entscheidende Schritt, dass Rancé die Oberen der strengen Observanz einlud, um die wenig erbauliche Auswahl eines halben Dutzend von Mönchen zu übernehmen, die undiszipliniert im Schmutz lebten. Nach anfänglichem Widerstand und sogar Gewaltandrohungen, wurden alle diese Mönche bis auf einen mit einer großzügigen Pension

six monks from Perseigne, the Strict Observance provincial novitiate a few miles away, took over on 17 August 1662. Intending to spend the winter at Boulogne, Rancé found that the urgent and extensive repair work required at la Trappe could not safely be delegated, and changed his plans so that he could stay on to supervise. He had to live with the agent and his family in cramped and primitive conditions, but there he spent the winter, from September 1662 to January 1663.

If all his consultations of oracles and long journeys had failed to show him the light, these months at la Trappe, away from everyone and everything he knew, enabled him, as he later wrote, 'to see clearly.' By February 1663 he had made up his mind, and in April officially approached Jean Jouaud, Abbot of Prieres, the head of the Strict Observance, for permission to take the Cistercian habit with a view to becoming regular abbot of la Trappe. With his last benefice, Boulogne, disposed of and with royal permission granted in May, he could at last feel that his search had brought him to a goal, previously rejected, but now acknowledged as the right one. On 13 June 1663 Rancé took the Cistercian habit at Perseigne and entered the novitiate, in those days of one year's fixed duration.

That novitiate year passed no more smoothly than any of the time since his initial conversion. The unaccustomed austerities, and no doubt the psychological tension of a previously unknown regime of obedience, made him so ill that he had to return in October to la Trappe for some weeks to be nursed back to health.

auf Häuser der normalen Observanz verteilt (ein Zweiter kehrte später zurück). Sechs Mönche von Perseigne, des einige Meilen entfernten Provinznoviziates der strengen Observanz, übernahmen am 17. August 1662. Entgegen seiner ursprünglichen Absicht, den Winter in Boulogne zu verbringen, fand Rancé, dass in La Trappe die dringenden und umfangreichen Reparaturarbeiten, nicht sicher delegiert werden konnten und änderte seine Pläne, so dass er zur Überwachung bleiben konnte. Er musste mit dem Gerichtsagenten und seiner Familie in beengten, primitiven Verhältnissen leben und so verbrachte er den Winter von September 1662 bis Januar 1663.

Wo ihm alle seine Überlegungen mit Ratgebern und lange Reisen das Licht nicht zeigen konnten, ermöglichten ihm diese Monate in La Trappe fern von Allen und Allem, 'klar zu sehen', wie er später schrieb, Bis Februar 1663 war sein Entschluss gereift und im April trat er offiziell an Jean Jouaud, den Abt von Prieres und Oberer der strengen Observanz heran, und bat um die Erlaubnis, den Zisterzienserhabit anzulegen mit der Absicht regulärer Abt von La Trappe zu werden. Entlastet von seinem letzten Benefiz, Boulogne, und mit im Mai bewilligter königlicher Erlaubnis, konnte er nun endlich fühlen, dass sein Suchen ihn zu einem Ziel geführt hatte, das er vorher zurückgewiesen hatte, nun aber als das rechte erkannte. Am 13. Juni 1663 nahm Rancé die Zisterzienserkokulle in Perseigne an und begann das Noviziat, das damals auf ein Jahr festgesetzt war.

Dieses Lehrjahr verlief nicht glatter als alle anderen Zeiten seit seiner Bekehrung. Die ungewohnten Entbehrungen und zweifelsohne auch die psychologische Spannung durch ein vorher unbekanntes Gehorsamsregime, machte ihn so krank, dass er im Oktober nach La Trappe zurückkehren musste, wo er einige Wochen

Not long after his return to Perseigne he was sent off to restore order at a nearby abbey (Champagne), where his high birth and personality achieved what mere monastic seniority had been unable to do. At last the year, broken and irregular as it had been, was over and on 26 June 1664 Rancé was professed and with his bulls of possession already granted, on 13 July he received episcopal blessing at Seez, in which diocese la Trappe lay, and finally entered his own abbey as regular abbot, the first for more than a century, on 14 July 1664.

When Rancé made his first approach to Jouaud he had outlined his project for restoring as far as possible the primitive observance of Citeaux, that is, a rule still stricter than that practiced by the Strict Observance initiated in the early seventeenth century. The chronology leads inescapably to the conclusion that his decision to become a monk himself was taken at the same time as he conceived his programme of radical reform, that is, in the months spent at la Trappe with the monks newly introduced from Perseigne, whose life, at their invitation, he shared. His interest in the Desert Fathers goes back to the first months of his conversion, if not earlier, but his acquaintance with Cistercian tradition and practice can hardly antedate the negotiations with the Strict Observance which led to the takeover from Perseigne. It seems therefore that these monks and their example must have been primarily instrumental in bringing Rancé to realise just what God wanted of him, and with remarkable precision.

The most obvious option he did not take up, though throughout his life he constantly referred to it; that of living in total obscurity as an ordinary monk,

gesund gepflegt wurde. Kurz nach seiner Rückkehr nach Perseigne wurde er in eine nahe gelegenen Abtei (Champagne) geschickt um die Ordnung wieder herzustellen, wo seine hohe Geburt und Persönlichkeit erreichten, was bloße Ordensseniorität nicht geschaffft hatte. Schließlich war das Jahr, unterbrochen und unregelmäßig, vorbei und am 26. Juni 1664 legte Rancé das Gelübde ab. Mit seinen bereits bewilligten Urkunden empfing er am 13. Juli bischöflichen Segen in Seez, der Diözese für Trappe und trat schließlich am 14. Juli 1664 als erster regulärer Abt seit über 100 Jahren in seine eigene Abtei ein.

Als Rancé sich zuerst an Jouaud wandte, hatte er sein Projekt umrissen, die ursprüngliche Observanz von Citeaux wieder einzuführen, d.h. eine Regel, die strenger ist, als die der strengen Observanz, die im frühen 17. Jahrhundert ins Leben gerufen wurde. Der zeitliche Ablauf führt zwangsläufig zu dem Schluss, dass seine Entscheidung Mönch zu werden, sich gleichzeitig mit dem Entwurf für sein Programm der radikalen Reform herausbildete, das war in den Monaten, die er in La Trappe mit den neu von Perseigne herüber gekommen Mönchen verbrachte und deren Leben er auf ihre Einladung hin teilte. Sein Interesse an den Wüsten-Vätern geht zurück auf die ersten Monate seiner Bekehrung, wenn nicht noch früher, aber seine Bekanntschaft mit Zisterzienser Tradition und Praxis kann kaum alter sein als die Verhandlungen mit der strengen Observanz, die zu der Übernahme von Perseigne führte. Es scheint daher, dass diese Mönche und ihr Beispiel bei Rancé hauptsächlich zu seiner Erkenntnis geführt haben müssen, was Gott von ihm wünschte und zwar mit bemerkenswerter Genauigkeit.

Die nächstliegende Option übte er nicht aus, obgleich er sich zeitlebens darauf bezog; das Leben in vollständiger Unbekanntheit

not as an abbot. There would seem to be two explanations for this: in the first place it was as commendatory abbot that he, and his family before him, had been squandering the revenues of la Trappe for the past twenty-five years, and it was as regular abbot that he could most directly make amends, through proper management of God's resources for God's service; secondly, only at la Trappe during those months alone did he find himself the natural superior of his companions, who deferred to his birth, wealth, and education, and who undoubtedly respected his desire for a holier life and discussed it with him. Moreover in that small group he could as a priest perform those functions for which he had been ordained, solely as a divine service, and not, as previously, as a ritual required by his ecclesiastical career. No one could regard the abbot of a house as poor and rundown as la Trappe as a dignitary, whereas even the humblest diocese conferred on its bishop a degree of local eminence which could easily lead him up the rungs of preferment in the French Church. In turning his back on an ecclesiastical career, Rancé had necessarily renounced the most obvious form of pastoral responsibility. One can see too that the ruined buildings in the forest of la Trappe, in immediate proximity to a series of lakes which made for a cold, damp, foggy climate, far from towns or fashionable centres, provided the nearest thing to the tradition of the desert, or of Clairvaux, that Rancé was likely to find. The penitence he craved to atone for his sins could only be facilitated in such a site.

All this he must have discussed with the monks from Perseigne, nor is it credible that he would have sought to become their leader, and fulfil so unprecedented a programme,

als gewöhnlicher Mönch, nicht als Abt. Es kann zwei Erklärungen dafür geben: an erster Stelle weil er als Kommendatarabt wie seine Familie vor ihm die Einkünfte von La Trappe die letzten fünfundzwanzig Jahre verschwendet hatten, und als regulärer Abt konnte er unmittelbar dafür aufkommen, durch richtige Verwaltung von Gottes Betriebsmitteln zum Dienst an Gott; zweitens: nur in La Trappe fand er sich während jener einsamen Monate als der natürliche Obere seiner Kollegen, die zu seiner Geburt, Reichtum und Bildung aufschauten und die ohne Zweifel seinen Wunsch nach einem heiligeren Leben respektierten und diesen mit ihm besprachen. Außerdem konnte er in dieser kleinen Gruppe jene Aufgaben ausführen, für die er zum Priester geweiht war, und zwar als reiner Gottesdienst, nicht wie vorher als Ritual, das durch seine kirchliche Karriere gefordert war. Niemand konnte den Abt eines so armen und heruntergewirtschafteten Hauses wie La Trappe als Würdenträger ansehen, während sogar die bescheidenste Diözese ihrem Bischof einen gewissen Grad lokaler Würde verlieh, der ihn leicht auf die Sprossen der Beförderung in der französischen Kirche führen konnte. Weil er der kirchlichen Karriere den Rücken kehrte, hatte Rancé konsequent die nächstliegende Form der Hirtenverantwortung abgelehnt. Man sieht auch, dass die verfallenen Gebäude im Wald von La Trappe, in unmittelbarer Nähe zu ein paar Seen mit kalt-feuchtem Nebelklima, fernab von Städten oder modernen Zentren, wohl der von Rancé gesuchten Wüstentradition oder Clairvaux am nächsten kamen. Die Buße, die er für seine Sünden leisten wollte, konnte an solch einem Standort nur erleichtert werden.

All dies muss er mit den Mönchen von Perseigne besprochen haben, und man kann nicht annehmen, dass er ihr Oberer werden und ein solch beispielloses Programm durchführen wollte, wären

had they been anything but willing and eager to put themselves under his guidance. The missionary fervour of the Strict Observance met its perfect complement in the penitential zeal of Rancé, and his experience as de facto head of the community during those months afforded a more powerful argument, with a more specific aim, than the more general advice he had been hearing from his various oracles. Indeed the proof that the departure was quite unexpected is evident in letters he wrote to his aunt and RM Louise among others, in which he anticipates their surprise on learning of his plans.

Conversion had cut him off at a stroke from his worldly life, with all its ambition for a career and its empty triviality; it had brought him face to face with his shameful exploitation of priestly orders for personal ends, and made him fear divine wrath. The death of Mme de Montbazon was a real loss, but even more it was a salutary shock. If sexual transgression was perhaps one of the sins on his conscience—and we shall never know for sure—it weighed certainly less heavily than that of priestly negligence and worldly pride. The whole spiritual itinerary he followed from 1657 to his final step in 1663 is marked out by the options open to a priest, from rural seclusion, to pastoral dedication, to involvement at a distance with monastic life, and finally to acceptance of responsibility for others. Because he consulted so many wise and saintly men and women, and took such infinite pains to identify God's will for him, Rancé's monastic vocation can be recognised as authentic.

sie nicht absolut willens und voll Eifer gewesen, sich unter seine Anleitung zu stellen. Der Missionseifer der strengen Observanz fand seine perfekte Ergänzung im Bußeifer von Rancé und seine Erfahrung als de facto Leiter der Gemeinschaft während jener Monate lieferten ein zwingenderes Argument mit einem spezifischeren Ziel, als die eher allgemeinen Ratschläge seiner verschiedenen Ratgeber. So wird der Beleg dafür, dass der Einstieg ziemlich unerwartet geschah, in den Briefen deutlich, die er unter anderen seiner Tante und RM Louise schrieb, in denen er ihre Überraschung über die Mitteilung seiner Pläne vorwegnimmt.

Die Bekehrung hatte ihn auf einen Schlag von seinem weltlichen Leben, all seinem Ehrgeiz für Karriere und deren leere Bedeutungslosigkeit abgetrennt; sie hatte ihn konfrontiert mit seiner schamlosen Ausnutzung priesterlicher Gebote zu persönlichen Zielen und ließ ihn göttlichen Zorn fürchten. Der Tod von Frau de Montbazon war ein echter Verlust, noch mehr war er ein heilbringender Schock für ihn. Wenn sexuelles Fehlverhalten wirklich eine der Sünden auf seinem Gewissen war - wir werden es nie sicher wissen - wog es zweifellos leichter, als die priesterliche Nachlässigkeit und der weltliche Stolz. Die gesamte geistliche Linie, die er ab 1657 bis zum letzten Schritt 1663 verfolgte, wird durch die einem Priester offenstehenden Möglichkeiten gezeichnet, die von ländlicher Abgeschiedenheit, Seelsorgeberufung, Beteiligung am Ordensleben von Ferne und schließlich der Übernahme von Verantwortung für andere reichen. Weil er so viele kluge und heilige Männer und Frauen konsultierte und so unendliche Mühe investierte um Gottes Willen für sich zu erkennen, kann man Rancés Ordensberufung als echt einschätzen.

RANCÉ AS ABBOT, 1664-75

WITHIN A FEW DAYS of taking over as regular abbot of la Trappe, Rancé wrote, probably to RM Louise, describing how he saw his newly chosen situation. His past sins and present desire to make amends through lifelong penitence constituted the whole of his motivation. It is, however, hardly credible that he presented precisely the same perspective either to the newly installed monks at la Trappe or to the Strict Observance authorities. In his letter, and in many similar letters written later, he speaks only for himself, whereas as author of a specific programme of monastic reform and as canonical superior of the house in which he proposed to implement it, he must have spoken both for those already there (on loan from Perseigne for the most part) and more particularly for those whom he hoped to attract. Conversion is a purely personal affair, and may remain so, but the life which Rancé had finally chosen after long searching was not that of a soloist, so to speak, but of an orchestral conductor. For all his undeniably virtuoso talents, if he failed to recruit and then to control his spiritual players, he would have achieved nothing. The essence of Cistercian life is the combination of the solitary with the communal vocation, and eccentric as his Cistercian ideas have seemed to some critics, Rancé's practical experience at la Trappe and then at Perseigne can have left him with no illusions on that score.

It is important to stress these points, because Rancé is often thought of as being so obsessed with his own sense of guilt as to be insensitive to the quite different experiences of others.

RANCÉ ALS ABT, 1664-75

WENIGE TAGE nach der Amtsübernahme als regulärer Abt von La Trappe schrieb Rancé, vermutlich an RM Louise, und beschrieb seine Sicht der neugewählten Lage. Seine früheren Sünden und jetziger Wunsch, sie durch lebenslange Buße zu bereuen, waren sein ganzer Antrieb. Es ist jedoch kaum anzunehmen, dass er den neu eingezogenen Mönchen in La Trappe oder den Oberen der strengen Observanz genau die gleiche Perspektive darstellte. In seinem und vielen späteren, ähnlichen Briefen, spricht er nur für sich. Als Autor eines besonderen Programms klösterlicher Reform und als kanonischer Oberer des Hauses, in dem er es einführen wollte, muss er immer für die bereits Anwesenden (meist Abgeordnete aus Perseigne) und besonders für die noch zu Gewinnenden gesprochen haben. Bekehrung ist eine rein persönliche Angelegenheit und bleibt so für immer, aber das Leben, das Rancé nach langem Suchen schließlich gewählt hatte, war nicht das eines Solisten, sondern eines Dirigenten. Bei all seinem unleugbaren Virtuosentalent, sein Erfolg wäre nicht gegeben, wenn er seine geistlichen Spieler nicht hätte anwerben und dann auch leiten können. Das Wesen des Zisterzienserlebens ist die Verbindung der Einzel- mit der gemeinsamen Berufung. So exzentrisch, wie seine zisterziensischen Vorstellungen einigen Kritikern geschienen haben, müssen doch Rancés praktische Erfahrungen in La Trappe und später in Perseigne bei ihm keine Illusionen in dieser Hinsicht zugelassen haben.

Diese Punkte zu betonen, ist wichtig, weil von ihm oft gedacht wird, er sei so besessen von seinem eigenen Schuldgefühl gewesen, dass er die recht unterschiedlichen Erfahrungen der Anderen nicht sensibel genug hätte empfinden können.

Indeed, it may be claimed that his decision to take pastoral responsibility for a monastic community living under rule was the most crucial stage in his conversion, because it took the priorities in his daily life away from himself in favour of service to others. One further point needs to be made: as a member of an international, hierarchically controlled order, and specifically of the Strict Observance, Rancé was subject to obedience and moral pressure. Like all Benedictine and Cistercian abbots he exercised a considerable degree of autonomy within his own house, but the survival of the Strict Observance depended on the solidarity of its superiors, and as the most junior of these, Rancé was in no position to ignore the call of duty from his colleagues.

It is easy to imagine the relief and eagerness with which Rancé left Perseigne to begin his new task as abbot. For years yet there was building and other material work to be done, details of the observance had to be elaborated in consultation with monks who might know less about St. John Climacus but knew a great deal more about the facts of community life than their abbot, recruits had to be obtained through contacts in Paris and elsewhere, but drawn by a prospectus rather than a properly functioning way of life. Above all Rancé had to come to terms with himself, and with God, regarding his now irrevocable decision. Five or six weeks had elapsed when he was summoned to Paris to a meeting of Strict Observance superiors, in September 1664. There, to his consternation, he found himself nominated to go to Rome with another, fairly senior, abbot, Dominique Georges of Val-Richer in Normandy, to plead the cause of the Strict Observance against the claims of the Abbot General,

Tatsächlich kann man behaupten, dass seine Entscheidung zur Hirtenverantwortung für eine Mönchsgemeinschaft, die unter klarer Regel lebt, der entscheidendste Schritt seiner Konversion war, weil sie im Alltag die Prioritäten weg von ihm selbst hin zum Dienst an anderen verschob. Als weiterer Punkt muss gesagt werden: als Mitglied eines internationalen hierarchischen Ordens, insbesondere der strengen Observanz, war Rancé dem Gehorsam und moralischem Druck unterworfen. Wie alle Benediktiner- und Zisterzienser-äbte übte er ein ansehnliches Maß Autonomie innerhalb seines eigenen Hauses aus, aber das Überleben der strengen Observanz hing von der Solidarität seiner Oberen ab, und als Junior unter ihnen war Rancé nicht in der Stellung, Ordnungsrufe seiner Kollegen zu ignorieren.

Man kann sich gut seine Erleichterung und Begierde vorstellen, als Rancé Perseigne verließ, um seine neue Aufgabe als Abt anzufangen. Für Jahre war doch mit Bauen und anderen materiellen Arbeiten viel zu tun, Details der Observanz mussten im Einvernehmen mit Mönchen erarbeitet werden, die vielleicht weniger über den hl. Johannes Klimakus, aber sehr viel mehr über die Tatsachen des Gemeinschaftslebens wussten, als ihr Abt. Novizen mussten durch Kontakte nach Paris und anderswo gewonnen werden, und zwar durch eine visionäre Aussicht, statt einer schon praktizierten Lebensweise. Vor allem musste sich Rancé mit sich und mit Gott hinsichtlich seiner jetzt unwiderruflichen Entscheidung ins Reine kommen. Fünf oder sechs Wochen waren im September 1664 vergangen, als er nach Paris zu einer Sitzung der Oberen von der strengen Observanz einberufen wurde. Dort wurde er zu seiner Bestürzung nominiert, mit einen anderen, ziemlich senioren Abt, Dominique Georges von Val-Richer, Normandie, nach Rom zu gehen, um die Sache der strengen Observanz gegen die Ansprüche

Claude Vaussin of Citeaux. Any objections he may have made were overruled, and on 9 September he left la Trappe, whither he had briefly returned to make arrangements for what threatened to be a long absence.

Obviously the nomination of Rancé was due to his personal reputation as a persuasive negotiator, won at the Assembly in 1655-57, and above all to his own and his family's contacts. Chaplain until recently of the King's uncle, nephew of an archbishop, well thought of by the Queen Mother, Anne, personal friend of numerous personalities in Church and State, Rancé's credentials could barely be matched on the social side by anyone except Jouaud himself, whom it was tactically inadvisable to involve in direct confrontation with the Abbot of Citeaux before the Pope. Since the death of Mazarin, in 1661, Rancé had no high-placed enemies—yet—and could without undue presumption appeal to the King directly. All that he could argue against such evident tactical advantages was his personal desire to build up la Trappe according to a programme which most of his colleagues regarded as chimerical, if not expendable.

The reform movement, or Strict Observance, as it came to be known, had originated in a number of French houses even before Rancé was born. Its aim was simply to restore Cistercian life to something closely resembling that of the founding fathers of the twelfth century. To this end the mitigations conceded by successive popes during the Middle Ages were largely to be abolished, in particular the permission to eat meat, which is expressly contrary to the Rule of St. Benedict.

des Generalabts, Claude Vaussin von Citeaux, vorzubringen. Alle Einwendungen, die er mag vorgebracht haben, wurden zurückgewiesen und am 9. September verliess er La Trappe, wohin er kurz zurückgekehrt war, um Vorkehrungen für eine befürchtete lange Abwesenheit zu treffen.

Offensichtlich beruhte die Ernennung Rancés auf seinem persönlichen Ansehen als überzeugender Verhandler, gewonnen in der Versammlung 1655-57 und vor allem auf seinen eigenen Kontakten und denen seiner Familie. Bis vor kurzem Kaplan des Onkels des Königs, Neffe eines Erzbischofs, geschätzt von der Königin Mutter Anne, persönlicher Freund zahlreicher Persönlichkeiten in Kirche und Staat, waren Rancés gesellschaftliche Pluspunkte kaum mit anderen zu vergleichen, ausser mit Jouaud selbst. Es wäre aber taktisch unklug gewesen, diesen in direkte Konfrontation mit dem Abt von Citeaux vor dem Papst einzubeziehen. Seit Mazarins Tod 1661 hatte Rancé - noch - keine hochgestellten Feinde und konnte sich ohne ungehörige Vermutung direkt an den König wenden. Alles, was er gegen solch offensichtliche taktische Vorteile vorbringen konnte, war sein persönlicher Wunsch, La Trappe nach einem Programm aufzubauen, das seine Kollegen zumeist phantastisch, wenn nicht entbehrlich ansahen.

Die Reformbewegung oder die strenge Observanz, wie sie genannt wurde, stammte aus einigen französischen Häusern, bevor Rancé geboren wurde. Ihr Ziel war einfach, das Zisterzienser Leben wieder so ähnlich herzustellen, wie es zuzeiten der Gründerväter des 12. Jahrhunderts war. Zu diesem Zweck sollten die Erleichterungen, die aufeinander folgende Päpste während des Mittelalters zugestanden hatten größtenteils abgeschafft werden, insbesondere, Fleisch zu essen, was der Regel des hl. Benedikt ausdrücklich

This one symbolic item was seized upon by their opponents, who trivialised the issue by calling the reformers Abstinents; they in their turn were called Mitigated. As will be seen in a later chapter two fundamentally opposed views of monastic life were, and continue to be, involved in the dispute, but for the present it is enough to note that initial, and considerable, success had left the Strict Observance disinclined to acquiesce in the current stalemate. They controlled rather more than fifty of the two hundred French Cistercian houses, with nearly half the monks, and the greater number of regular abbots, whose houses were generally larger, belonged to the reform. At one time they had come near to winning Clairvaux, but by 1664 none of the four proto-abbeys (Clairvaux, Morimond, la Ferte, Pontigny) was controlled by the reform, and most were very hostile. What the Strict Observance wanted was virtual autonomy, with their own head, or Vicar General, their own visitors, novitiates and a separate section in the Cistercian college in Paris. They wanted to be free to expand by forcibly incorporating any house in which a majority voted for reform, if necessary expelling the others (as at la Trappe), and they wanted equality of representation in General Chapters so that the Common Observance, including foreign abbots, could not frustrate them. In return they would recognise the primacy of the Abbot of Citeaux and the proto-abbots in their filiations and would seek neither to impose their reform on others nor to split the Order. It is maintained by modern Common Observance historians that the prolonged litigation into which the Strict Observance dragged the whole Order diverted energy from spiritual growth and was ultimately self-defeating.

widerspricht. Dieses symbolische Detail wurde von den Gegnern bagatellisierend herausgegriffen, indem sie die Reformer „Abstinenzler“ nannten; umgekehrt wurden diese die „Gemilderten“ genannt. Wie wir in einem späteren Kapitel sehen werden, lagen und liegen zwei grundlegend gegensätzliche Sichten des Ordenslebens im Streit. Hier reicht es jetzt aus, zu vermerken, dass anfänglich grosser Erfolg die strenge Observanz abgeneigt machte, in den aktuellen Stillstand einzuwilligen. Sie umfasste deutlich mehr als fünfzig der zweihundert französischen Zisterzienserhäuser. Fast die Hälfte der Mönche und der Großteil der regulären Äbte, deren Häuser generell größer waren, gehörten der Reform an. Einmal waren sie nahe dran, Clairvaux zu gewinnen, aber bis 1664 wurde keine der vier Protoabteien (Clairvaux, Morimond, La Ferte, Pontigny) durch die Reform kontrolliert und die meisten waren sehr feindlich. Die strenge Observanz wünschte faktische Autonomie, mit ihrem eigenen Oberen oder Generalvikar, ihre eigenen Visitatoren, Noviziate und eine separate Abteilung im Zisterzienserkolleg in Paris. Sie wollten frei sein, sich zu erweitern, indem sie zwangsweise jedes Haus einbezogen, wo eine Mehrheit die Reform wählte, die anderen sollten dann wechseln (wie in La Trappe), und sie wünschten Gleichheit der Vertretung in den Generalkapiteln, damit die normale Observanz, auch die ausländischen Äbte, sie nicht frustrieren konnte. Als Ausgleich würden sie den Vorrang des Abts von Citeaux und der Protoäbte in ihren Filiationen anerkennen und würden weder versuchen, ihre Reform anderen aufzudrängen, noch den Orden zu spalten. Die modernen Historiker der normalen Observanz behaupten, dass der lange Rechtsstreit, in den die strenge Observanz den ganzen Orden verwickelte, Energie vom geistlichen Wachstum abzog und am Ende selbstzerstörerisch war.

The only answer to that charge is that in a century, and a country, as obsessed with questions of authority as France in the seventeenth century there was no choice but to resort to law for anyone whose conscience did not permit capitulation.

That the mission failed is almost certainly no reflection on the zeal or skill of Rancé and his companion. On his way to Rome Rancé called on Cardinal de Retz, now allowed to live in France, at his country house at Commercy in Champagne, and among other things discussed what line to pursue in Rome, where Retz himself was to come the following June. Rancé called too on dignitaries like the Grand Duke of Tuscany, and arrived in Rome bearing letters of recommendation from numerous royal and other personages. Once in Rome he lost no time in seeking an audience with Pope Alexander VII, and also established good relations with Jean Bona, a French-born Feuillant who had become General of the Italian Bernardine Congregation (as the Feuillants called in Italy) and one of the Pope's closest advisers (he would be created cardinal in 1669). This learned and ascetic man, member of a congregation recently originating from the Cistercians, was an invaluable ally, but the ways of the Curia have never been short or straight, and there were international issues at stake over which Rancé had no control. Vaussin, as Abbot General, maintained authority over houses in German-speaking lands which had not yet, as had those in Spain and Italy (and the Feuillants in France), formed separate congregations, and the secession of the Strict Observance might well have precipitated the centrifugal tendency.

Die einzige Antwort auf diesen Vorwurf ist, dass in einem Jahrhundert und einem Land, das wie Frankreich im 17. Jahrhundert von Fragen der Autorität besessen war, nur der Weg zum Gesetz blieb, wenn einem das Gewissen nicht ermöglichte, aufzugeben.

Dass die Mission fehlschlug, ist fast sicher keine Folge des Eifers oder der Fähigkeit von Rancé und seines Begleiters. Auf seiner Reise nach Rom besuchte Rancé den Kardinal de Retz, der nun in Frankreich leben durfte, in seinem Landhaus bei Commercy, Champagne und besprach unter anderem, welche Linie in Rom zu verfolgen sei, wohin Retz selbst im kommenden Juni kommen sollte. Rancé besuchte auch Würdenträger wie den Großherzog der Toskana und kam in Rom an mit Empfehlungsschreiben von zahlreichen königlichen und anderen Persönlichkeiten. In Rom verlor er keine Zeit, um eine Audienz bei Papst Alexander VII. nachzusuchen und stellte auch gute Beziehungen her zu Jean Bona, einem gebürtigen Franzosen und Feuillanten, der General der italienischen Bernhards-Kongregation geworden war (so hiessen die Feuillants in Italien), und einer der engsten Berater des Papstes (er wurde 1669 zum Kardinal berufen). Dieser gelehrte und asketische Mann, Mitglied einer Kongregation, die kurz vorher aus den Zisterziensern entstand, war ein unschätzbarer Verbündeter, aber die Wege der Kurie waren nie kurz oder gerade und es gab internationale Dinge, auf die Rancé keinen Einfluss hatte. Vaussin, der Generalabt, behielt seine Autorität über die Häuser in den deutschsprachigen Ländern, die noch nicht, wie die in Spanien und Italien (und die Feuillants in Frankreich) separate Kongregationen gebildet hatten und die Abtrennung der strengen Observanz hätte die zentrifugale Tendenz leicht überstürzen können.

Dejected and disillusioned, Rancé left Rome without permission in February 1665, while Abbot Georges remained. But he was intercepted on Jouaud's orders at Lyon and ordered back. Retz' arrival in June brought momentary hopes of success for the Strict Observance cause, but the death of Anne, the Queen mother, in January 1666 removed their most influential supporter, and in February 1666, Rancé at last began his journey home with the mission ended. By the time he arrived in Paris to report to his colleagues, the Pope had issued the brief *In Suprema* which was to regulate relations between the two Observances until the French Revolution of 1789 effectively put an end to both. Apart from their own visitors and special representation on General Chapters the Strict Observance failed to win any of their claims, and were indeed lucky to be left in possession of those houses they already controlled.

There can be no doubt that the mission to Rome, undertaken with such reluctance and ending in such failure, sharpened the issues for Rancé as nothing else could have done. He saw for himself that political considerations were much more important to the Roman authorities than purely monastic questions. He saw the lengths to which the Abbot of Citeaux and his supporters were prepared to go in order to contain the reform movement and preserve the unity of the Order. He saw that legal and historical argument was no substitute for the living witness of daily life in a fervent monastery. The role of spokesman that had been forced on him could easily, and for the same reasons, have been turned into that of leader, which he always resisted. All the lessons learned in Rome pointed to the same truth: only at la Trappe could he realise his vocation as penitent and abbot. Subsequent events served only to reinforce these impressions.

Entmutigt und ernüchtert, verließ Rancé Rom ohne Erlaubnis im Februar 1665, während Abt Georges blieb. Doch wurde er auf Jouauds Anordnung bei Lyon abgefangen und zurückgesandt. Retz' Ankunft im Juni brachte kurzfristige Hoffnung auf Erfolg für die Sache der strengen Observanz, aber der Tod von Königin Mutter Anne im Januar 1666, entfernte die einflussreichste Unterstützung, und im Februar 1666 begann Rancé schließlich seine Heimfahrt bei Ende der Mission. Bis er in Paris ankam, um seinen Kollegen zu berichten, hatte der Papst das Breve *„in Suprema"* herausgegeben, das die Beziehungen zwischen den zwei Observanzen regelte, bis die Französische Revolution von 1789 beide beendete. Abgesehen von ihren eigenen Visitatoren und der besonderen Vertretung bei Generalkapiteln konnte die strenge Observanz keine ihrer Forderungen durchsetzen und war schon glücklich, die bereits zu ihr gehörenden Häuser behalten zu können.

Es gibt keinen Zweifel, dass die Entsendung nach Rom, so widerstrebend angenommen und so erfolglos abgeschlossen, die kritischen Themen für Rancé schärfte wie nichts anderes. Er erkannte für sich, dass politische Erwägungen den römischen Behörden viel wichtiger waren als reine Ordensfragen. Er sah wie weit der Abt von Citeaux und seine Anhänger zu gehen bereit waren, um die Reformbewegung kurz zu halten und die Einheit des Ordens zu bewahren. Er sah, dass legale und historische Gründe keinen Ersatz für den lebenden Beweis im Alltagsleben eines blühenden Klosters waren. Die ihm aufgezwungene Rolle des Sprechers konnte leicht und aus den gleichen Gründen, in die des Führers gewendet werden, der er sich immer widersetzte. Alles in Rom Gelernte zeigte auf die gleiche Wahrheit: nur in La Trappe konnte er seine Berufung als Büßer und Abt verwirklichen. Weiter folgende Ereignisse dienten nur dazu, diesen Eindruck verstärken.

From the beginning of his career as abbot there, Rancé may be said to have been cured in advance of any ambition to direct affairs outside his own abbey.

During his long absence Rancé remained in contact with his monks, as we know from copies of some letters that survive. Though there were difficulties, over fish-eating, for example, sufficient progress was made and sustained to attract recruits. Clearly, though, his presence was essential if the community was really to flourish. When, in May 1666, Rancé at last came home his priorities were domestic.

A further stage in his development was marked in June 1667 when, for the first and last time, he attended the General Chapter at Citeaux. The main item on the agenda was the brief *In Suprema*. Abbot Vaussin's report on proceedings in Rome and his satisfaction at the outcome were at once vigorously challenged by Rancé, and this time it was not only his colleagues of the Strict Observance who had an opportunity to appreciate his rhetorical talents and monastic zeal. The man who had sought humble obscurity in the novitiate at Perseigne had, four years later, established a reputation throughout the Order as well as in Rome. If this Chapter marked the beginning and end of Rancé's formal appearances at Citeaux, it also ensured that his plans for la Trappe should have the widest publicity. Instead of being judged by his evidently impressive personal qualities, Rancé would be judged by his success in an apparently hopeless task.

Vom Anfang seiner Karriere als Abt kann man von Rancé sagen, dass er im Voraus schon von jedem möglichem Ehrgeiz kuriert wurde, Dinge außerhalb seiner eigenen Abtei zu bestimmen.

Während seiner langen Abwesenheit blieb Rancé in Verbindung mit seinen Mönchen, wie wir aus den erhaltenen Kopien einiger Briefe wissen. Obwohl es Schwierigkeiten gab, zum Beispiel über den Verzehr von Fisch, waren die erreichten Fortschritt gut genug, um Novizen anzuziehen. Doch offenbar war seine Anwesenheit wesentlich, wenn die Gemeinschaft wirklich blühen sollte. Als Rancé im Mai 1666 schließlich nach Hause kam, richteten seine Prioritäten sich auf das eigene Haus.

Eine weitere Stufe seiner Entwicklung wurde im Juni 1667 markiert als er zum ersten und letzten Mal am Generalkapitel in Citeaux teilnahm. Hauptpunkt der Agenda war das Breve *in Suprema*. Abt Vaussins Bericht über die Vorgänge in Rom und seine Zufriedenheit mit dem Ergebnis wurden von Rancé sofort kräftig angefochten, und diesmal waren es nicht nur seine Kollegen der strengen Observanz, die seine rhetorischen Talente und den Ordenseifer zu schätzen wussten. Der Mann, der im Noviziat Perseigne bescheidene Unbekanntheit gesucht hatte, hatte vier Jahre später Ansehen im ganzen Orden ebenso wie in Rom gewonnen. Wenn dieses Kapitel Anfang und Ende von Rancés formalem Auftreten in Citeaux darstellte, sorgte es auch dafür, dass seine Pläne für La Trappe breiteste Bekanntheit bekamen. Anstatt ihn aufgrund seiner offensichtlich eindrucksvollen persönlichen Qualitäten zu beurteilen, geschah dies durch seinen Erfolg bei einer anscheinend hoffnungslosen Aufgabe.

Between the introduction of the reform in 1662 and 1667, fifteen choir monks and three lay brothers had been professed at la Trappe and one choir monk had died, making a community of seventeen in all. To these must be added an unknown number of postulants and monks visiting from other houses, often for quite lengthy periods, and also an unknown number of *donnés,* oblates bound by no vows who did work of various kinds, acted as messengers, and had more contact than the monks with outsiders. By the standards of the time this was a fair-sized community, but not yet enough to vindicate Rancé's programme of austerity. The actual numbers, of course, could have been very rapidly increased if Rancé had been willing to compromise on the austerity, but on that he remained wholly intransigent.

Rancé's lack of monastic experience was one of the charges most commonly levelled against him, but there are two sides to any such criticism. It was those with most experience who had so often defended compromise, or dissipated energy in disputes over jurisdiction. Even before the Chapter of 1667 Rancé had won over the young abbot of Septfons, Eustache de Beaufort, to his ideas, and not long afterwards Abbot Charles de Benzeradt of Orval also sought his help; both men were of Rancé's generation, and from the same social stratum. Even more striking, one of the veterans of the reform movement, Abbot Jacques Minguet of Chatillon, resigned in 1669, aged seventy-two, and after pressing Rancé was finally accepted and re-professed at la Trappe in 1674, dying there in 1681. The return to primitive austerity as Rancé practised it had nothing to do with his monastic experience, or lack of it, and appealed to monks of all ages—and others—

Zwischen Einführung der Reform 1662 und 1667 erhielten fünfzehn Chormönche und drei Laienbrüder ihre Profess in La Trappe, ein Chormönch starb, so dass die Gemeinschaft aus siebzehn bestand. Zu diesen muss man eine unbekannte Zahl Bewerber und Mönche zählen, die von anderen Häusern oft für ziemlich lange Zeiträume kamen, und auch eine unbekannte Zahl *donnés*, Oblaten, die nicht durch Gelübde gebunden sind und verschiedene Arbeiten erledigten, als Boten wirkten und mehr Aussenkontakt als die Mönche hatten. Gemessen am Üblichen jener Zeit war es eine ziemlich grosse Gemeinschaft, aber noch nicht genug, um Rancés strenges Programm zu rechtfertigen. Die tatsächlichen Zahlen hätte man selbstverständlich sehr schnell erhöhen können, wenn Rancé bereit gewesen wäre, in Bezug auf die Strenge Kompromisse einzugehen, aber hier blieb er völlig unnachgiebig.

Rancés Mangel an Ordenserfahrung war einer der am häufigsten zu hörenden Vorwürfe gegen ihn. Diese Art Kritik hat aber zwei Seiten. Die mit der meisten Erfahrung hatten besonders häufig für Kompromisse gesprochen oder Energie in den Debatten über der Jurisdiktion verschwendet. Rancé hatte vor dem Kapitel von 1667 sogar den jungen Abt von Septfons, Eustache de Beaufort, für seine Ideen gewonnen, und nicht lange danach suchte Abt Charles de Benzeradt von Orval ebenfalls seine Hilfe; beide Männer waren aus Rancés Generation und der gleichen Gesellschaftsschicht. Noch überraschender trat ein Veteran der Reformbewegung, Abt Jacques Minguet von Chatillon, im Jahre 1669 mit 72 Jahren zurück, und nachdem er Rancé drängte, wurde er schließlich in La Trappe 1674 mit neuem Gelübde aufgenommen und starb dort im Jahre 1681. Die Rückkehr zur ursprünglichen Strenge, wie Rancé sie praktizierte, hatte nichts zu tun mit seiner Ordens-Erfahrung oder dem Mangel daran, und entsprach dem Wunsche vieler Mönche

who heard at last a voice calling them to what they acknowledged as their true vocation. The combination of Rancé's personality and his singleminded commitment to monastic renewal drew support from far and wide, but it also polarised opposition.

When Jean Petit succeeded Vaussin as Abbot of Citeaux in 1670, Rancé was not alone in hoping that a happier phase was about to open in relations between the two observances. A General Chapter was called in 1672, and he set out for it. But after a few hours on the road he fell sick and returned to la Trappe. It remains an open question whether he ever intended to complete the journey, but what is certain is that the legality of the Chapter was at once contested, that Rancé refused the charge of visitor offered to him, and that he commented at length and with painful candour on the sad state of the Order in a letter to Petit which was widely copied and circulated. Thenceforth he remained on terms of formal respect with the Abbot of Clairvaux, his immediate superior, and the Abbot of Citeaux, but played no active part in the affairs of the Order as a whole.

His relations with the Strict Observance before long came to a similar, but more amicable, conclusion. As a document issued in Rome, *In Suprema* could be contested in France so long as the King and Parliament (as supreme court) deferred giving it their authority. Endless intrigues and lobbying in Paris culminated in a formal approach to the King in August 1673. The Strict Observance presented a collective Request to the King, and for some reason Rancé wrote another in his own name, begging the King not to allow

aller Altersstufen - und anderer – die endlich eine Stimme hörten, die sie zu dem rief, was sie als ihre wahre Berufung erkannten. Die Kombination von Rancés Persönlichkeit und seinem zielbewussten Engagement zur Ordens-Erneuerung zog Unterstützung von weit und breit an, polarisierte aber auch Gegenerschaft.

Als Jean Petit Vaussin 1670 Abt von Citeaux wurde, hoffte nicht nur Rancé, dass sich eine glücklichere Phase in den Beziehungen der zwei Observanzen öffnen würde. Ein Generalkapitel wurde 1672 einberufen und er brach dahin auf. Aber nach einigen Stunden des Wegs wurde er krank und kehrte nach La Trappe zurück. Offen bleibt die Frage, ob er überhaupt beabsichtigte, die Reise zu vollenden, aber sicher ist, dass die Legalität des Kapitels sofort bestritten wurde, dass Rancé die ihm angebotene Aufgabe des Visitators ablehnte und dass er ausführlich und mit schmerzlicher Offenheit den traurigen Zustand des Ordens in einem Brief an Petit kommentierte, der kopiert und weit verbreitet wurde. Von da an verblieb er mit dem Abt von Clairvaux, seinem unmittelbaren Vorgesetzten und dem Abt von Citeaux auf Basis eines formalen Respekts, spielte aber keine aktive Rolle in den Angelegenheiten des Ordens als Ganzes.

Seine Beziehungen mit der strengen Observanz kamen bald darauf zu einem ähnlichen, doch freundlicherem Abschluss. Als in Rom verfertigtes Dokument konnte *in Suprema* in Frankreich bestritten werden, solange König und Parlament (als Oberstes Gericht) seine Anerkennung hinausschoben. Endlose Intrigen und Lobbyvorgehen in Paris kulminierten in einem formalen Antrag an den König im August 1673. Die strenge Observanz stellte dem König einen Kollektivantrag, und aus irgendeinem Grund schrieb Rancé einen weiteren im eigenen Namen und bat den König,

all the spiritual benefits of reform within the Order to be nullified by In Suprema. On the King's orders, a strong committee was set up, including several personal friends of Rancé, and there seemed a real chance that victory might at last go to the Strict Observance. Throughout 1673, 1674, and early 1675 urgent assemblies continually demanded Rancé's presence in Paris, but finally in April 1675 the royal commission pronounced in favour of the brief and the battle was finally lost. Some sporadic lobbying went on in Rome for a year or two, but Rancé had done all he could for the cause of the reform, and now, after eleven years, could concentrate on his real task, ruling his abbey. Indeed he announced that he would never again leave its walls, and in the next twenty-five years did so only on the four occasions when he paid canonical visits to the Cistercian nuns at les Clairets.

Thus Rancé's relations with Cistercians of both Observances were, from 1675, conducted entirely by correspondence or through those who paid personal visits to la Trappe (an appreciable number). In this connexion it is relevant to note that the first of a regular series of canonical visits took place in February 1670, when the Abbot of Prieres (Jouaud's successor), as Strict Observance visitor for the western provinces, came to see for himself the situation at la Trappe. Sceptical on arrival, he was edified and fully satisfied by the time the visit was over that the rule and spirit of the house, though unusual, were in no way incompatible with Cistercian principles or in any way objectionable. Rancé can therefore be said to have gone his own way, but within limits acceptable to the authorities of the Strict Observance.

nicht zuzulassen, dass der ganze geistliche Nutzen der Ordens-Reform durch *in Suprema* zunichte gemacht würde. Auf Befehl des Königs wurde ein mächtiger Ausschuss gegründet, der einige persönliche Freunde Rancés enthielt und es sah nach einer echten Chance zum Sieg der strengen Observanz aus. Während 1673, 1674 und anfangs 1675 erforderten dringende Versammlungen ständig Rancés Anwesenheit in Paris, aber im April 1675 entschied schließlich die königliche Kommission zugunsten des Breve und der Kampf war verloren. Gelegentliche Lobbyarbeit wurde noch für ein oder zwei Jahre in Rom betrieben, aber Rancé hatte für die Sache der Reform alles ihm Mögliche getan und konnte sich nun, nach elf Jahren, auf seine wirkliche Aufgabe konzentrieren und seine Abtei leiten. So kündigte er an, dass er nie wieder seine Abtei verlassen würde, und in den folgenden fünfundzwanzig Jahren tat er dies nur in vier Fällen, als er den Zisterzienser Nonnen in les Clairets kanonische Besuche abstattete.

So wurden Rancés Beziehungen mit Zisterziensern beider Observanzen ab 1675 allein durch Korrespondenz oder persönliche Besuche in La Trappe (eine beträchtliche Zahl) gepflegt. In diesem Zusammenhang ist es relevant, zu erwähnen, dass der erste einer regelmäßigen Reihe kanonischer Besuche im Februar 1670 stattfand, als der Abt von Prieres (Jouauds Nachfolger), Visitator der strengen Observanz für die Westprovinzen, kam, um in La Trappe nach dem Rechten zu sehen. Skeptisch bei der Ankunft, war er am Ende seines Besuchs erbaut und völlig zufrieden, dass die Regel und der Geist des Hauses, obwohl ungewöhnlich, keinesfalls mit Zisterzienser Prinzipien unvereinbar und in keiner Hinsicht unzulässig war. Rancé ging somit seinen eigenen Weg, aber in Grenzen, die Oberen der strengen Observanz annehmbar waren.

This independent spirit, which always characterized Rancé, was both strength and weakness. From 1668, when recruitment began to pick up after a brief lull, he began to clash with the superiors of Orders and houses whose subjects presented themselves at la Trappe. In rapid succession he found himself in conflict with the Celestines (then quite numerous, but extinct since the eighteenth century), with the Canons of St. Victor in Paris, and with the Benedictines of the reformed Congregations of St. Maur and St. Vanne. As the years went by the roll of critics came to include the Premonstratensians, the Feuillants, the Antonines, and the Carthusians (though no Carthusian actually entered La Trappe, many tried). The detail of vocations will be examined later, but the principle may be considered now.

Just as in his dealings with the Abbot of Citeaux and the abbots of his own Observance, Rancé preserved the forms of obedience while ignoring the content, so with these other Orders he invoked exactly the same principle. God had called him to a monastic vocation as abbot of la Trappe, that vocation specifically required rejection of all those mitigations and compromises which, though legally permitted, fell short of the original intentions of St. Benedict, St. Bernard, or other monastic founders (as interpreted by Rancé), and therefore any religious who sought a life closer to primitive ideals than that afforded by his present house was entitled, even obliged, to follow the call to 'a more perfect life' as led at la Trappe. Setting aside the question of jurisdiction, ultimately a matter of legal decision,

Dieser unabhängige Geist, der Rancé immer kennzeichnete, war Stärke und Schwäche zugleich. Ab 1668, als die Eintritte nach einer kurzen Pause auflebten, geriet er mit den Oberen der Orden und Häuser aneinander, deren Mönche sich in La Trappe vorstellten. In rascher Folge fand er sich im Konflikt mit den Celestinern (damals ziemlich zahlreich, aber seit dem 18. Jahrhundert ausgestorben), mit den Kanonikern von St. Viktor in Paris und mit den Benediktinern der Reformierten Kongregationen von St. Maur und St. Vanne. Im Lauf der Jahre kam Kritik auch von den Prämonstratensern, den Feuillants, den Antoninern und den Kartäusern (obwohl de facto kein Kartäuser in La Trappe eintrat, haben es viele versucht). Details der Berufungen wollen wir weiter unten untersuchen, aber das Prinzip kann jetzt betrachtet werden.

Ebenso wie in seinem Umgang mit dem Abt von Citeaux und den Äbten seiner eigenen Observanz, wo Rancé die Formen des Gehorsams bewahrte, ohne die Inhalte zu übernehmen, so handelte er mit diesen anderen Orden nach genau dem gleichen Prinzip. Gott hatte ihn zu einem Orden berufen als Abt von La Trappe, diese spezielle Berufung erforderte, alle jene Abschwächungen und Kompromisse abzulehnen, die trotz ihrer offiziellen Erlaubtheit die ursprünglichen Absichten des hl. Benedikt, hl. Bernhard oder anderer Ordensgründer (wie durch Rancé interpretiert) verfehlten. Daher war jedes Ordensmitglied, das ein Leben näher an ursprünglichen Idealen suchte, als in seinem gegenwärtigen Haus möglich war, berechtigt, ja sogar verpflichtet, dem Anruf zu 'einem vollkommenerem Leben' zu folgen, wie man es in La Trappe führte. Wenn man die Frage der Jurisdiktion beiseite lässt, die am Ende eine Sache rechtlicher Entscheidung ist, so zog Rancés Anspruch, dieses 'perfektere Leben' in La Trappe zu bieten,

Rancé's claim to offer that 'more perfect life' at la Trappe attracted postulants in their hundreds but was hardly calculated to win over their superiors. 'Less perfect' can so easily be represented as being imperfect to the point of being defective. In dealing with the problem, Rancé had to face the presence of men who protested that their conscience had driven them to seek salvation in a stricter observance than that which they had left. In fairness to Rancé he does not seem to have instigated defections, and frequently told enquirers to seek permission from their superiors, and to come without such permission only in the last resort, but inevitably he was forced into the extreme position of saying that he and his abbey were, as a matter of verifiable fact, more faithful to monastic ideals than other monasteries. That was not the best way to win him popularity with other Orders.

Yet another factor affecting his external relations was Jansenism. In 1669 a more or less official truce, known as the Peace of the Church, was declared, and leading Jansenists like Arnauld and Nicole were free to come and go as they liked. At all times Rancé had friends, and religious, of known Jansenist allegiance, but from 1662 he had avoided contact with leading militants, even breaking off correspondence with Andilly. The fact that a number of former activists sought refuge as monks of la Trappe, and that leaders like Arnauld came to visit after 1669, caused Rancé difficulties with both parties to the dispute. The undoubted rigour of life at la Trappe, and Rancé's own moral rigorism, automatically made him an object of antipathy for the Jesuits and their friends, an antipathy, it must be admitted, which had always been mutual. On the other hand, the Jansenists were not satisfied with Rancé's scrupulous refusal to take sides,

Postulanten zu Hunderten an, war aber kaum geeignet, ihre Oberen zu gewinnen. 'Weniger perfekt' kann so leicht dargestellt werden, als unvollkommen bis fehlerhaft. Im Umgang mit dem Problem stand Rancé Männern gegenüber, die bekundeten, dass ihr Gewissen sie zur Suche nach Erlösung in einer strengeren Observanz als ihre bisherige getrieben hatte. Um ihm gerecht zu werden: Rancé scheint solches Lossagen nicht angestiftet zu haben und bewog die Nachsuchenden häufig, ihre Oberen um Erlaubnis zu bitten, und ohne solche Erlaubnis nur im äussersten Notfall zu kommen. Unvermeidlich geriet er in die extreme Position zu sagen, dass er und seine Abtei nachweisbar treuer zu den Ordensidealen stand als andere Klöster. Die war nicht die beste Art, bei den anderen Orden Popularität zu gewinnen.

Noch ein Faktor, der seine Aussenbeziehungen beeinflusste, war der Jansenismus. 1669 wurde der mehr oder weniger offizielle Waffenstillstand, bekannt als der „Kirchenfriede" erklärt und führende Jansenisten, wie Arnauld und Nicole konnten frei kommen und gehen. Rancé hatte immer Freunde, auch Ordensleute, deren jansenistische Verbindung bekannt war, aber ab 1662 vermied er Kontakt mit führenden Kämpfern und brach sogar die Korrespondenz mit Andilly ab. Die Tatsache, dass ehemalige Aktivisten Schutz als Mönche von La Trappe suchten und dass Anführer wie Arnauld nach 1669 zu Besuch kamen, brachte Rancé in Schwierigkeiten mit beiden Streitparteien. Die unzweifelhafte Härte des Lebens in La Trappe und Rancés eigener moralischer Rigorismus, machte ihn automatisch zum Gegenstand der Antipathie für die Jesuiten und ihre Freunde, eine Antipathie, die zugegeben immer gegenseitig war. Andererseits waren die Jansenisten nicht zufrieden mit Rancés skrupulöser Weigerung, Partei zu ergreifen und versuchten, seine großzügige Gastfreundschaft und persönliche Güte

and they tried to exploit his generous hospitality and personal kindness to so many of their number in order to claim him as a member of their faction. His indignant, but moderate, assertion of neutrality led more extreme Jansenists eventually to attack him. By 1675 and 1676 the Jansenist issue comes up frequently in Rancé's correspondence, and in 1678 he finally wrote a letter intended for dissemination (and soon published) to his friend the marechal de Bellefonds, stating unequivocally his obedience to lawful authority and rejection of the sectarian views of Jansenists, many of whom nevertheless remained close personal friends. From then on every effort was made by his enemies to brand him as a Jansenist, and even the hostility of Jansenist militants did not exempt him from attacks by Molinist sympathisers.

Happily Rancé's reputation was matched on the credit side by powerful and loyal friends, and by publicity of a less tendentious kind. From the outset of reform at la Trappe some kind of written regulation must have been provided for the guidance of novices, and as the various extant versions of the Strict Observance regulations (essentially an expansion of the Rule of St. Benedict) were never published, there was nothing unusual in the fact that regulations were drawn up for domestic use at la Trappe. These did, however, differ considerably from other versions of Cistercian regulations, being always stricter, and may thus be said to represent a specific departure from the norm. It is not possible to say how often these local regulations were revised in the early years, though they certainly were. In 1671, however, a manuscript fell into the hands of a Paris printer, who published them without authorisation as *Constitutions de la Trappe*. Rancé at once disclaimed the title, denied that he had, or ever would have, authorised publication, but could not deny that the text largely corresponded

gegenüber vielen von ihnen auszunutzen und ihn als Mitglied ihrer Partei zu vereinnahmen. Dass er empört, aber mäßig seine Neutralität versicherte, führte extremere Jansenisten schließlich dazu, ihn anzugreifen. Bis 1675 und 1676 tritt die Jansenistenfrage in Rancés Korrespondenz häufig auf und 1678 schrieb er seinem Freund Marschall de Bellefonds schließlich einen Brief, der zur Verbreitung bestimmt war (und bald veröffentlicht wurde) und unzweideutig seinen Gehorsam zur gesetzlichen Autorität erklärte und die sektiererischen Ansichten der Jansenisten ablehnte. Viele von ihnen blieben dennoch enge persönliche Freunde. Von da an unternahmen seine Feinde alle Anstrengungen, ihn als Jansenisten zu brandmarken, und selbst die Feindseligkeit militanter Jansenisten schützte ihn nicht vor Angriffen der Molinisten-Sympathisanten.

Glücklicherweise wurde Rancés Ansehen auf der Habenseite durch mächtige und loyale Freunde und durch einerweniger tendenziöse Bekanntheit aufgewogen. Vom Beginn der Reform in La Trappe muss eine Art schriftliche Regelung für die Novizen existiert haben, und da die verschiedenen Versionen der Regelungen der strengen Observanz (im Wesentlichen eine Ausweitung der Benedikt-Regel) nie veröffentlicht wurden, war es de facto nicht ungewöhnlich, dass Regeln für den Hausgebrauch in La Trappe aufgestellt wurden. Diese unterschieden sich jedoch stark von anderen Versionen der Zisterzienser-Regeln, da sie immer strenger waren und folglich ein spezifisches Abweichen von der Norm darstellten. Wir wissen nicht, wie oft diese lokale Regel in den ersten Jahren revidiert wurde, was sicher der Fall war. 1671 gelangte jedoch ein Manuskript in die Hände eines Pariser Druckers, der sie ohne Erlaubnis als *Konstitutionen von la Trappe* veröffentlichte. Rancé dementierte sofort den Titel, verneinte auch, dass er die Veröffentlichung autorisiert hätte oder dies überhaupt getan haben würde,

with what went on at la Trappe. Thus from an early date the spirit and letter of Trappist life were available to a wide public. If some were evidently put off by the severity of the Rule, as interpreted by Rancé, the ever increasing numbers who sought admission were obviously attracted by that same severity.

In the same year, 1671, an even more favourable piece of publicity appeared in the form of an account of a visit recently paid to la Trappe by a friend of the duchesse de Liancourt, a well-known Jansenist sympathiser who was curious to know about it. This well written and graphic *Description de 1'abbaye de la Trappe*, probably by Andre Felibien, went through many editions and presented a very sympathetic and impressive picture of Rancé and his monks, without romanticising them. Though Rancé again disclaimed any part in this little book, there is no reason to suppose that he disapproved of what it depicted.

Again on the credit side may be entered the beginning of the long and intimate friendship with the marechal de Bellefonds, a soldier of distinction and deep piety, who first stayed at la Trappe at Easter 1672. Probably about the same time, or a little later, there also began a very close relationship with Elisabeth d'Orleans, duchesse de Guise, widowed daughter of Gaston d'Orleans, whose country seat at Alencon was near la Trappe. The devoted support of these influential persons, whose regular visits gave them first-hand experience of the monastery, and who enjoyed the King's ear, more than matched the envious slanders of opponents.

konnte aber nicht abstreiten, dass der Text weitgehend dem entsprach, was in La Trappe vorging. So wurde Geist und Buchstabe des Trappistenlebens schon früh einer breiten Öffentlichkeit zugänglich. Wenn auch Einige offenbar durch die Strenge der Regel, wie sie durch Rancé interpretiert wurde, abgeschreckt wurden, so wurde die ständig steigende Zahl an Postulanten offensichtlich durch eben diese Strenge angezogen.

Im selben Jahr 1671 ergab sich eine noch günstigere Publizität durch einen Berichts über einen kurz vorher in La Trappe durchgeführten Besuch eines Freundes der Herzogin de Liancourt, einer weithin bekannten Sympathisantin der Jansenisten, die gerne Bescheid wissen wollte. Diese gut geschriebene und grafische *Beschreibung der Abtei la Trappe,* vermutlich durch Andre Felibien, erreichte viele Auflagen und gab ein sehr sympathisches und eindrucksvolles Bild von Rancé und seinen Mönchen, ohne sie zu romantisieren. Obwohl Rancé wieder jede Beteiligung an diesem kleinen Buch dementierte, darf man nicht annehmen, dass er die Darstellung missbilligte.

Weiter auf der Habenseite aufzuführen wäre der Anfang der langen und vertrauten Freundschaft mit Marschall de Bellefonds, einem vornehmen Soldaten von tiefer Frömmigkeit, der zum ersten Mal Ostern 1672 in La Trappe weilte. Vermutlich gleichzeitig oder wenig später fing auch eine sehr enge Beziehung an zu Elisabeth d'Orleans, Herzogin de Guise, verwitwete Tochter von Gaston-d'Orleans, deren Landsitz in Alençon nahe La Trappe war. Die ergebene Unterstützung dieser einflussreichen Personen, denen regelmäßige Besuche die Erfahrung des Klosters aus erster Hand vermittelten und die das Ohr des Königs genossen, wogen die neidischen Verleumdungen von Gegnern mehr als auf.

The passage of time, moreover, had brought several of Rancé's boyhood friends to episcopal office: Barillon at Luçon, and le Camus at Grenoble in 1670; Harlay at Paris the year before. Bossuet, his fellow student whom he had probably not known at all well at the time, became Bishop of Condom in 1670, almost immediately resigning on appointment as tutor to the Dauphin (the heir to the throne). He was later rewarded with the see of Meaux, and soon came to know Rancé well, partly through their mutual friend Bellefonds, and partly in other contexts. Their friendship was to prove of the greatest importance.

Many of these elements of Rancé's early years as abbot converge in one of his earliest and most bitter controversies, the dispute over fictions, as it is known, with Guillaume Le Roy, commendatory abbot of the Strict Observance house of Hautefontaine. Rancé and Le Roy had been sufficiently intimate to have been companions in retreat at Veretz for some weeks soon after Rancé's conversion, and though Le Roy was an openly committed Jansenist the two remained on good terms after Rancé's entry into religion. In 1671 Le Roy paid a visit to la Trappe, and from his own observation and conversation with monks he knew learned that the systematic practice of humiliation formed part of the way of life there. That is to say, any monk, especially any novice, was likely to be reproved for some minor, or even imaginary, fault—like over-emphasis in refectory reading—to exercise his humility. Evidently the gravity, or reality, of such minor transgressions was very much a matter of the superior's, or novice-masters's judgement, and to that extent reproof may be said to have been given sometimes for imaginary faults, but Le Roy

Der Zeitablauf hatte überdies einige der Jugendfreunde Rancés zu bischöflichen Würden aufsteigen lassen: Barillon in Luçon und le Camus in Grenoble im Jahre 1670; Harlay in Paris im Jahr vorher. Bossuet, sein Kommilitone, den er vermutlich damals kaum gekannt hatte, wurde 1670 Bischof von Condom und trat fast sofort zurück, als er zum Tutor des Dauphin (des Thronerben) berufen wurde. Er wurde später mit dem Stuhl in Meaux belohnt und lernte bald Rancé kennen, teils durch ihren gemeinsamen Freund Bellefonds, teils durch andere Kontakte. Ihre Freundschaft würde sich als von größter Bedeutung erweisen.

Viele dieser Elemente aus Rancés frühen Abtsjahren fliessen in einer seiner ersten und bittersten Kontroversen zusammen, bekannt als die Debatte über Erdichtungen mit Guillaume Le Roy, Kommendatarabt des Hauses strenger Observanz von Hautefontain. Rancé und Le Roy waren sich bei ihrer gemeinsamen Einkehr nach Rancés Bekehrung in Veretz für einige Wochen genügend vertraut, und obwohl Le Roy ein öffentlich engagierter Jansenist war, blieben die zwei nach Rancés Eintritt in den Orden in gutem Einvernehmen. 1671 machte Le Roy einen Besuch in La Trappe, und aus eigener Beobachtung wie aus Gesprächen mit ihm bekannten Mönchen lernte er, dass die systematische Praxis der Demütigung dort Teil der Lebensweise war. Das heißt, jeder Mönch, besonders jeder Novize, wurde wahrscheinlich für irgendeine kleinen oder sogar erfundenen Fehler – wie z. B. Überbetonung bei der Tischlesung – getadelt, um ihn in Demut zu üben. Offenbar waren die Schwere oder die Echtheit solcher geringen Übertretungen weitgehend eine Angelegenheit des Urteils des Oberen oder des Novizenmeisters, und insofern wurden Verweise manchmal auch für lediglich vorgebliche Fehler erteilt, und Le Roy deutete dies so,

interpreted this to mean that fictions, inventions, or plain lies were used to humiliate blameless religious.

Presumably Le Roy discussed these points during his visit, but afterwards brooded on the whole question, sought advice and then spent some months composing a dissertation on the use of fictions (as he called them). This he sent to Rancé in July 1672, thereby initiating a war of words which, though ostensibly conducted with courtesy, aroused all the worst feelings of anger, resentment, pride, and self-righteousness in the participants. Charge and counter-charge reverberated between la Trappe and Hautefontaine. Quite clearly against Rancé's wishes one of his more lengthy and intemperate replies was published (probably by André Félibien) and Le Roy for his part organised an extensive opinion poll, mostly among Jansenists, in all parts of France, resulting, as one might expect, in support for his views against those of Rancé. Various friends, in particular Bishop Vialart of Chalons and Bishop Choiseul of Tournai (formerly of Com-minges), were drawn in, as were religious of both sexes, including Rancé's Visitandine niece, and titled men and women. More and more people joined in the quarrel, until in the end friends of both men prevailed on Bossuet to impose a truce on them.

The controversy once more illustrates the exceptional publicity accorded to Rancé and la Trappe, the range of friends, ecclesiastical and lay, who took an interest in his affairs, and the way in which a matter of internal discipline in one abbey could be taken up as a question of public interest by a whole group of people, in this case Jansenist.

dass auch Erdichtungen, Erfindungen oder glatte Lügen verwendet wurden, um an sich tadellose Ordensleute zu demütigen.

Vermutlich besprach Le Roy diese Punkte während seines Besuchs, brütete aber danach über die ganze Frage, suchte Rat und verbrachte dann einige Monate mit einer Abhandlung über den Gebrauch von Fiktionen (wie er sie nannte). Diese sandte er Rancé im Juli 1672 und zettelte damit einen Krieg von Wörtern an, der zwar äusserlich mit Höflichkeit geführt wurde, doch schlimmste Gefühle des Ärgers, Groll, Stolz und Selbstgerechtigkeit bei den Teilnehmern weckte. Angriff und Gegenangriff erhallten zwischen La Trappe und Hautefontaine. Ganz klar gegen Rancés Willen wurde eine seiner ausführlichen und aufgebrachten Antworten (vermutlich von André Félibien) veröffentlicht. Le Roy seinerseits organisierte eine umfangreiche Meinungsumfrage, größtenteils unter Jansenisten, in ganz Frankreich, die wie zu erwarten, als Unterstützung für seine Ansichten gegen die von Rancé ausging. Verschiedene Freunde, insbesondere Bischof Vialart von Chalons und Bischof Choiseul von Tournai (früher Cominges), wurden hinzugezogen, wie auch Ordensleute beiderlei Geschlechts, darunter Rancés Visitandine-Nichte und adlige Männer und Frauen. Immer mehr Leute mischten sich in den Streit, bis am Ende die Freunde beider Männer auf Bossuet einwirkten, einen Waffenstillstand zu verordnen.

Die Kontroverse veranschaulicht wiederum die außergewöhnliche Öffentlichkeit, die Rancé und La Trappe genossen, das Spektrum der Freunde, kirchlicher und Laien, die sich für seine Sache interessierten, und die Art, wie eine interne Disziplinarfrage in einer Abtei als Thema von Staatsinteresse durch eine ganzen Gruppe von Personen aufgefasst wurde, in diesem Fall die Jansenisten.

It is true that Le Roy acted as spiritual director to many individuals, including religious, and clear that he found Rancé's views, as he saw them, dangerous and obnoxious. It is no less true that Rancé explicitly repudiated the use of fictions, for very much the reasons adduced against them by Le Roy, but he claimed with complete justification to have adopted the practice of systematic humiliation from St. John Climacus, whom Le Roy had the temerity to criticise. In fact, the spirituality of the Desert Fathers, especially St. John Climacus, is full of such notions, and if they were unknown or ignored in current monastic practice, this was, in Rancé's eyes, one more argument in favour of just the kind of radical reform he had initiated. Although the choice of St. John Climacus as supreme guide for monastic life was Rancé's own, moreover, enthusiastic acceptance of such a spirituality by his first monks and all who followed was a fundamental component of life at la Trappe.

It is more than probable that in the early days at least such penitential practices were carried out at la Trappe with more zeal than prudence, though ample evidence can be found in Rancé's advice to other superiors that he was well aware of the need for caution, but he never modified his view of the penitential principles involved. Given that the purpose of penitence in Rancé's eyes was to accede to the love of God by eradicating all trace of self-love, one can see the force of his logic, even if one disagrees with the premises. Finally, this dispute shows for the first, but by no means the last,

Zwar war Le Roy für viele Menschen, auch Ordensleute, ein geistlicher Führer, und sicher fand er Rancés Ansichten aus seiner Sicht gefährlich und verwerflich. Ebenso wahr ist aber, dass Rancé den Gebrauch von Fiktionen ausdrücklich ablehnte, weitgehend aus den gleichen Gründen wie Le Roy, aber er behauptete mit vollem Recht, die Praxis der systematischen Demütigung des hl. Johannes Klimakus übernommen zu haben, den Le Roy kühn kritisierte. Tatsächlich ist die Spiritualität der Wüste, besonders des hl. Johannes Klimakus, voll solcher Begriffe, und wenn sie in der heutigen Ordenspraxis unbekannt sind oder ignoriert werden, war dies, in Rancés Augen, ein weiteres Argument zugunsten eben der radikalen Reform, die er eingeleitet hatte. Obgleich Rancé den hl. Johannes Klimakus als obersten Richtunggeber für das Ordensleben selbst gewählt hatte, war die begeisterte Annahme solcher Geistlichkeit durch seine ersten Mönche und deren Nachfolger ein Grundbestandteil des Lebens in La Trappe.

Es ist äusserst wahrscheinlich, dass mindestens am Anfang solche Bußpraxis in La Trappe mit mehr Eifer als Besonnenheit durchgeführt wurde, obwohl in Rancés Rat an andere Obere ausreichende Beweise gefunden werden können, dass ihm sehr bewusst war, dass man Vorsicht walten lassen müsse, doch seine Ansicht über die Bußprinzipien hat er nie geändert. Akzeptiert man mit Rancés Augen als Zweck der Buße, Zugang zur Liebe Gottes zu erlangen, indem alle Spuren von Selbstliebe auszurotten sind, kann man die Kraft seiner Logik sehen, selbst wenn man über die Voraussetzungen anderer Meinung ist. Schließlich zeigt diese Debatte zum ersten, aber keineswegs zum letzten Mal, dass Rancé meilenweit entfernt davon war,

time that Rancé was as far as anyone could be from advocating the rightness of his own, personal views; what he was defending with blazing passion was the teaching of men he venerated as the truest exponents of monasticism, worthy of no less, and perhaps more, consideration than St. Benedict and St. Bernard, those Desert Fathers through whom Our Lord himself spoke to the men and women called to the solitary life of penitence. The suitability of such teachers for the seventeenth century, let alone later ages, is of course self-evident only to those who, like Rancé, look always and only to the past for inspiration.

seine eigenen Ansichten als allein richtig zu verkünden; was er mit glühender Leidenschaft verteidigte, war die Lehre von Menschen, die er als die wahrhaftigsten Exponenten des Ordenslebens verehrte, die mindestens ebenso wie die heiligen Benedikt und Bernhard zu beachten seien, diese Wüstenväter, durch die unser Herr selbst mit Männern und Frauen sprach, die zum Einsiedlerleben der Buße berufen waren. Die Eignung solcher Lehrer ist für das 17. Jahrhundert, ganz zu schweigen von neueren Zeiten, nur für jene selbstverständlich, die wie Rancé immer und nur in der Vergangenheit nach Anregung suchen.

RANCÉ AS ABBOT, 1675- 1700

RANCE'S DECISION in April 1675 never again to leave his abbey obviously marked a new stage in his biography, and a series of unrelated events reinforces this sense of landmark. The reasons behind his decision are clear: however much his colleagues might press him, he was disillusioned with the Strict Observance, divided and indecisive as its members were, and he saw any further agitation on their behalf as time-consuming and futile. Paris especially revolted him, and even at the suburban Institution of the Oratory, where he stayed in preference to the centrally located College des Bernardins, he could not escape the visits of noble ladies, from Mme de Guise, the daughter of Gaston d'Orleans and cousin of King Louis XIV, downwards, or the endless gossip about the Jesuit-Jansenist dispute. It might be thought that visits to like-minded abbots, like Beaufort at Septfons or Claude Le Maitre at Chatillon, would have been admissible on pastoral grounds, but the moment he modified his total ban on journeys he could not reasonably excuse himself from Chapters or such appointments as that of visitor. Besides, the poor health which he habitually pleaded in officially excusing his absence from Chapters and similar meetings was real enough. It is however wrong to see this decision as devised primarily as an excuse. In numerous letters to monks and nuns who asked whether they might leave their cloisters to take the waters, look after relatives, or attend ceremonies involving family or friends, he invariably stressed that the rule of enclosure is absolute, that the religious should regard his monastery as his tomb.

RANCÉ ALS ABT, 1675 – 1700

DIE ENTSCHEIDUNG RANCES im April 1675, nie wieder seine Abtei zu verlassen, markierte offensichtlich eine neue Phase in seinem Leben. und eine Reihe von zusammenhanglosen Ereignissen bestärkt den Eindruck einer Wendemarke. Die Gründe für seine Entscheidung sind klar: gleich wie sehr seine Kollegen ihn vielleicht drängten, war er ernüchtert bezüglich der strengen Observanz. Weil ihre Mitglieder gespalten und unentschlossen waren, sah er jede weitere Bemühung um sie als zeitraubend und vergeblich an. Paris regte ihn besonders auf und sogar im Oratorianerinstitut in der Vorstadt, in der er am liebsten statt im zentral gelegenen College des Bernardins weilte, konnte er weder den Besuchen edler Damen, angefangen von Frau de Guise, Tochter von Gaston-d'Orleans und Kusine von König Louis XIV., bis weit hinunter, noch dem endlosen Klatsch über die Jesuiten-Jansenisten-Debatte entgehen. Man könnte denken, dass Besuche bei gleich gesinnten Äbten, wie Beaufort von Septfons oder Claude Le Maitre von Chatillon, aus pastoralen Gründen zulässig gewesen wären, aber im Moment wo er seinen radikalen Reisebann gelockert hätte, hätte er sich nicht mehr von den Kapiteln oder der Ernennung zum Visitator entschuldigen können. Außerdem war seine schlechte Gesundheit, mit der er gewöhnlich offiziell seine Abwesenheit von Kapiteln und ähnlichen Sitzungen entschuldigte, real genug. Jedoch ist es falsch, diese Entscheidung hauptsächlich als planvolle Entschuldigung zu sehen. In den zahlreichen Briefen an Mönche und Nonnen, die anfragten, ob sie ihre Klöster verlassen könnten, um ins Bad zu fahren, sich um Verwandte zu kümmern oder an Festen ihrer Familie oder Freunde teilzunehmen, betonte er unveränderlich, dass die Klausurregel absolut sei, dass Ordensleute ihr Kloster als ihr Grab ansehen sollten.

Only under obedience had he gone away himself, and now not even obedience would bring him out again.

In the first eight years following the introduction of the reform at la Trappe only two monks died, but in 1674 two more died, followed by six in 1675 and a further four in 1676, making twelve in three years. This sudden spate of losses, coming at a time when publicity had inexorably fastened on everything that happened at la Trappe, upset Rancé deeply, as can be seen from his letters of the time. He was forced to defend the exceptional austerity of his rule against pleas from friends and sarcasm from enemies, and in so doing contributed two new elements to the public image of himself and his abbey. First of all, he rejected any suggestion that the preservation of health and life should be accorded any priority by monks who should, on the contrary, spend their time on earth in contemplation of eternity and enter upon it with joy. Granted the premises, the logic of such a position is powerful. The second element derives from this: starting in 1675 Rancé began the series of accounts of the life and death of certain monks known as *Relations*. Originally these accounts were for domestic consumption, and circulated in manuscript among a few close friends, but three or four were published in 1677, and by 1683 some thirteen of them made up a book of nearly three hundred pages, subsequently much enlarged.

The genre is familiar; circular letters were sent out to all houses, for example, by both the Annonciades and Visitandines whenever a member died, but Rancé's *Relations* were composed only for selected religious and were manifestly intended as examples to the living even more than as tributes to the dead.

Nur aus Gehorsam war er selbst einmal weg gegangen, und jetzt würde ihn nicht einmal dieser heraus bringen.

In den ersten acht Jahren nach Einführung der Reform in La Trappe starben nur zwei Mönche, aber 1674 zwei weitere, im Jahre 1675 weitere sechs und 1676nochmals vier, das sind zwölf in drei Jahren. Diese plötzliche Flut von Verlusten zu einer Zeit als die Öffentlichkeit sich auf alles warf, was in La Trappe geschah, erschütterte Rancé tief, wie man seinen Briefen dieser Zeit entnehmen kann. Er musste die außergewöhnliche Strenge seiner Regel gegen Einwände von Freunden und Sarkasmus von Feinden verteidigen und trug so zwei neue Elemente zum allgemeinen Bild von sich und seiner Abtei bei. Zuerst wies er jedes Ansinnen zurück, dass im Leben von Mönchen der Schonung von Gesundheit und Leben eine Priorität gewährt werden sollte, denn diese sollten ihre Zeit auf der Erde mit der Betrachtung der Ewigkeit verbringen und sich darauf freuen. Unter diesen Prämissen ist die Logik solch einer Haltung stark. Das zweite Element leitet sich von diesem ab: ab 1675 begann Rancé eine Reihe Geschichten über Leben und Tod bestimmter Mönche aufzuzeichnen, bekannt als „*Relations*". Ursprünglich waren diese Geschichten für den internen Gebrauch, zirkulierten als Manuskript unter engen Freunden, aber drei oder vier wurden im Jahre 1677 veröffentlicht und 1683 ergaben etwa dreizehn davon ein Buch von fast dreihundert Seiten, das später noch stark erweitert wurde.

Das Genre ist vertraut; Rundschreiben wurden an alle Häuser ausgesandt, zum Beispiel durch die Annonciaden und Visitandinen, wenn ein Mitglied starb, aber Rancés „*Relations*" wurden nur für ausgewählte Ordensleute verfasst und waren offenkundig eher als Vorbilder zum Leben denn als Ehre für die Toten beabsichtigt.

By describing the details of individual lives, and especially of sickness and death, Rancé was illustrating in the most effective way how his own views were shared and exemplified concretely by his monks. For all the rhetorical style of such accounts, and the somewhat stereotyped rehearsal of suffering and symptoms, they are undeniably real, and being concerned with men who had often been well known in their previous careers or Orders, were much more convincing than abstract statements of principle. But a secondary consequence of the *Relations* is that they reveal Rancé's own feelings and conduct towards those entrusted to his care. In a letter accompanying one of the first manuscript accounts, in 1675, Rancé deplored the fact that his final visit to Paris had prevented him from being present to console the monk in question as he lay on his deathbed. The profound mutual affection linking Rancé and his monks individually and collectively comes out unmistakably from the published accounts as it does from private letters.

It must be obvious that the sudden heavy incidence of mortality did not merely weaken the community, as would be the case anywhere, it also brought Rancé face to face with his awesome responsibilities as abbot. Somewhere Thomas Merton refers to la Trappe under Rancé as a 'suicide squad,' but such an implication of a brief, dramatic existence is quite misleading. Those who lived out their full span, like the venerable ex-abbot of Chatillon or dom Le Nain, and those who died in early manhood, were commemorated alike as men whose only aim was to serve God on earth, regardless of the cost or the duration of that service, so that they could be with him in eternity. Rancé was their leader; he accepted full responsibility for the orders he gave, but in their cheerful acceptance

Durch die Detailbeschreibung einzelner Leben, besonders der Krankheiten und des Todes, veranschaulichte Rancé auf höchst wirksame Art, wie seine eigenen Ansichten durch seine Mönche konkret geteilt und verbildlicht wurden. Wegen des ganzen rhetorischen Stils und der etwas klischeehaften Wiedergabe der Leiden und Symptome sind sie unleugbar echt, und da sie Männer betrafen, die oft in ihren früheren Lebensläufen oder Orden weithin bekannt gewesen waren, waren sie viel überzeugender als kurze Erklärungen von Prinzipien. Aber eine weitere Folge der „*Relations*" ist, dass sie Rancés eigene Gefühle und seine Haltung gegenüber den ihm Anvertrauten offenlegen. In einem Begleitbrief zu einem der ersten Geschichtsmanuskripte bedauerte Rancé 1675 die Tatsache, dass sein letzter Besuch in Paris ihn daran gehindert hätte, den betreffenden Mönch auf seinem Sterbebett zu trösten. Die tiefe gegenseitige Zuneigung, die Rancé und seine Mönche einzeln und gemeinsam verband, beruht eindeutig ebenso auf den veröffentlichten Geschichten wie auf persönlichen Briefen.

Es liegt auf der Hand, dass die plötzlich eintretende schwere Sterblichkeit nicht bloß die Gemeinschaft schwächte, wie es überall der Fall wäre, sondern Rancé sah sich auch selbst seiner erschreckenden Verantwortung als Abt gegenüber. Irgendwo spricht Thomas Merton über La Trappe unter Rancé als 'Selbstmordkommando', aber solch eine Implikation einer kurzen dramatischen Situation ist ziemlich irreführend. Derer, die ihre volle Lebensspanne erreichten, wie der ehrwürdige Exabt von Chatillon oder dom Le Nain und derer, die in frühem Mannesalter starben, wurde ebenso gedacht, als der Männer, deren einziges Ziel auf Erden war, Gott zu dienen, unabhängig von den Kosten oder der Dauer dieses Dienstes, damit sie in der Ewigkeit bei ihm sein konnten. Rancé war ihr Führer; er übernahm volle Verantwortung für seine

of a hard life or a painful death he saw the justification of his undertaking. This unity of purpose between abbot and monks was indeed a feature emphasised in all the reports of successive canonical visitors, as well as those who came privately. To use one of Rancé's favourite similes, the storms and hardships of the voyage are of no account when the peaceful haven is reached at last. One might extend the simile by saying that the ship of which Rancé was master had no room for passengers, and only one port of call.

With every year that passed the burden of office grew heavier. There seemed no limit to the flood of correspondence, visitors came in ever-increasing numbers, despite the remote situation and bad roads. Even before the Peace of the Church broke down in 1679 the acrimonious Jansenist controversy constantly impinged on la Trappe. The death rate remained high, and in 1679 Rancé was so ill with continuous fever that he received the viaticum and reports of his death were taken seriously by many friends. From an early date he mentions in letters how much he longs to give up the cares of office and become a simple monk, but however real the longing, his actual intentions never matched it. In one sense he was more isolated than ever, regarding the Strict Observance without hope and pursuing his own way without help. Even before his serious illness of 1679 he had taken steps to ensure that his work would not easily be undone once he had gone; two papal briefs issued in 1677 and 1678 granted la Trappe the right to elect its own prior should it again fall into commend and to keep its own special brand of reform, and the King had graciously approved these measures.

Anordnungen und in ihrer fröhlichen Annahme eines harten Lebens oder des schmerzlichen Todes sah er die Rechtfertigung seiner Bemühungen. Diese Einigkeit in den Zielen zwischen Abt und Mönchen war in der Tat eine Eigenschaft, die in allen Berichten der ganzen Folge kanonischer Visitatoren, wie auch privater Besucher, hervorgehoben wurde. Um eins von Rancés Lieblingsgleichnissen zu verwenden, zählen die Stürme und Entbehrungen der Reise nichts, wenn schließlich der ruhige Hafen erreicht ist. Man kann das Gleichnis vielleicht ergänzen wenn man sagt, das Schiff mit dem Kapitän Rancé hatte keinen Raum für Passagiere und nur einen Zielhafen.

Mit jedem Jahr wurde die Belastung mit Pflichten schwerer. Die Flut der Korrespondenz schien keine Grenze zu haben, Besucher kamen in ständig steigenden Zahlen, trotz der Abgelegenheit und der schlechten Straßen. Selbst bevor der Kirchenfrieden 1679 zerbrach, beeinflusste die scharfe Jansenistenkontroverse La Trappe ständig. Die Sterberate blieb hoch und Rancé war 1679 mit dauerndem Fieber so krank, dass er die Wegzehrung empfing und Nachrichten von seinem Tod nahmen vielen Freunden ernst. Schon früher erwähnt er in Briefen, wie sehr er sich sehnt, die Amtspflichten aufzugeben und ein einfacher Mönch zu werden, doch egal wie echt diese Sehnsucht war, seine aktuellen Absichten passten nie dazu. In einem Sinne war er isolierter als je, betrachtete die strenge Observanz ohne Hoffnung und verfolgte seinen eigenen Weg ohne Hilfe. Sogar vor seiner schweren Krankheit 1679 hatte er Schritte unternommen sicherzustellen, dass seine Arbeit nach seinem Heimgang nicht einfach zunichte gemacht werden konnte, zwei päpstliche Breves von 1677 und 1678 bewilligten La Trappe das Recht, seinen eigenen Prior zu wählen und seine eigene besondere Art der Reform zu behalten,

In another respect, however, he could see with some satisfaction that others, especially regular abbots who were free to act, sought his advice, followed it, and often even borrowed religious. Orval's reform was flourishing by 1679, as was Septfons; and a bitter quarrel with Abbot Beaufort over confidences betrayed had been made up by 1679. At Chatillon the energetic and sensible abbot, Claude Le Maitre, had long been a trusted friend, and in late 1679 asked for a copy of the regulations prescribed for novices at la Trappe, while at Perseigne the prior (originally a monk from Barbeaux), who governed the abbey for the commendatory abbot, began in that same year, 1679, a correspondence, miraculously preserved for the most part, dealing with detailed problems of daily discipline and individual monks. All of these abbeys were clearly making deliberate efforts to model themselves to some extent on la Trappe, though there was no question of formally adopting the reform as practised there in detail.

Most remarkable is the case of Tamie in Savoy. In 1665, while Rancé was still in Rome, a young monk from Tamie, dom Jean-François Cornuty, left Paris, where he had been studying at the College des Bernardins, to go to la Trappe. His young abbot and fellow student, dom Jean Antoine de Somont, tried to bring him back, and when he failed harboured strong feelings of resentment against Rancé. In the closing stages of the quarrel between the Observances, in 1673, Abbot Somont led the Common Observance opposition very effectively. For quite unknown reasons this man, who had every reason to dislike Rancé, decided in 1677 to pay him a visit. The result of this meeting was amazing;

falls es wieder in die Kommende fallen sollte, und der König hatte diese Maßnahmen gnädig genehmigt.

In anderer Hinsicht jedoch konnte er mit etwas Genugtuung sehen, dass andere, besonders die im Handeln freien regulären Äbte, seinen Rat suchten, befolgten und häufig sogar Mitbrüder ausborgten. Orvals Reform erblühte bis 1679, ebenso Septfons; und ein heftiger Streit mit Abt Beaufort über verratenes Vertrauen war bis 1679 beigelegt. In Chatillon war der energische und verständige Abt Claude Le Maitre lange ein verlässlicher Freund und bat Ende 1679 um eine Kopie der Regel für Novizen von La Trappe. In Perseigne begann der Prior (ursprünglich ein Mönch von Barbeaux), der die Abtei für den Kommendatarabt leitete, in diesem selben Jahr 1679 eine Korrespondenz, die wunderbarerweise größtenteils erhalten ist und sich ausführlich mit Detailproblemen der täglichen Disziplin und einzelnen Mönchen befasst. Diese Abteien unternahmen offenbar gezielte Anstrengungen, sich teils nach La Trappe auszurichten, obwohl die formelle Übernahme der Reform, wie dort im Detail geübt, ausser Frage stand.

Bemerkenswert ist der Fall Tamie in Savoyen. 1665 während Rancé noch in Rom war, verließ dom Jean-François Cornuty, ein junger Mönch von Tamie Paris, wo er am College des Bernardins studiert hatte, um nach La Trappe zu gehen. Sein junger Abt und Kommilitone, dom Jean Antoine de Somont, versuchte, ihn zurück zu holen und als das misslang, empfand er starken Groll gegen Rancé. 1673 gegen Ende des Streites zwischen den Observanzen führte Abt Somont die Opposition der normalen Observanz sehr effektiv. Aus ganz unbekannten Gründen entschied sich dieser Mann, der allen Grund hatte, Rancé abzulehnen, ihn 1677 zu besuchen. Das Ergebnis dieses Treffens war erstaunlich;

with tears of shame Abbot Somont kneeled before Rancé, begged forgiveness, and insisted on giving a written promise to reform his abbey. The two men parted on terms of the warmest friendship and mutual respect. As a result dom Cornuty was sent back to Savoy, soon became prior, and after effectively ruling the house for most of twenty years, during which time Abbot Somont represented the Order in Rome, succeeded him in 1701. With him Rancé sent three la Trappe monks as a nucleus of reform, and though they seem initially to have caused problems through excessive zeal, the abbey was successfully reformed and all but one of them remained there.

It is pleasant to note that Orval, Septfons, and Tamie are all today once more flourishing Trappist abbeys, after their destruction in the French Revolution. Monks trained, and in some cases professed, at la Trappe also played an active part at Foucarmont (novice-master) and Hautefontaine (prior), as well as l'Etoile, le Pin, Chaloche, and Champagne. The example of Rancé and his monks effected more than any formal leadership could have done. It is certainly false to maintain, as some modern historians do, that his influence was limited to la Trappe, and perhaps Orval, Septfons, and Tamie, though perfectly true that any authority outside la Trappe was spiritual, not formal.

The five or six years following Rancé's last visit to Paris marked an extension and consolidation of his work, with steadily increasing numbers in the community to offset mortality, building work in church, cloister, and lay brothers' dormitory, and a reputation which could not be ignored even by his most scornful critics.

mit Tränen der Scham kniete Abt Somont vor Rancé, bat um Verzeihung und bestand darauf, schriftlich zu versprechen, seine Abtei zu reformieren. Die zwei Männer schieden voneinander mit Ausdrücken wärmster Freundschaft und gegenseitiger Achtung. Als Ergebnis wurde dom Cornuty nach Savoy zurückgeschickt, wurde bald Prior und nachdem er das Haus fast 20 Jahre gut geleitet hatte, während Abt Somont den Orden in Rom vertrat, folgte er ihm 1701 als Abt. Mit ihm sandte Rancé drei Mönche von La Trappe als Kern der Reform und obwohl sie zunächst wohl Probleme durch übermäßigen Eifer verursacht zu haben scheinen, wurde die Abtei erfolgreich reformiert und alle bis auf einen von ihnen blieben.

Es ist schön zu bemerken, dass Orval, Septfons und Tamie auch nach ihrer Zerstörung in der Französischen Revolution heute wieder blühende Trappistenabteien sind. In La Trappe ausgebildete Mönche, die teils auch dort ihre Gelübde abgelegt hatten, waren auch aktiv beteiligt in Foucarmont (Novizenmeister) und Hautefontaine (Prior), ebenso in l'Etoile, le Pin, Chaloche und Champagne. Das Beispiel von Rancé und seinen Mönchen bewirkte mehr als jede formale Leitung hätte tun können. Zweifellos ist die Behauptung einiger moderner Historiker falsch, dass sein Einfluss sich nur auf La Trappe und vielleicht noch Orval, Septfons und Tamie erstreckt hat. Jedoch ist ebenso wahr, dass seine Autorität außerhalb von La Trappe nur spirituell und nicht formal war.

Die fünf oder sechs Jahre nach Rancés letztem Besuch in Paris sind von Ausdehnung und Konsolidierung seiner Arbeit bestimmt. Ständig zunehmende Zahlen der Gemeinschaft als Ausgleich für die Todesfälle. Bauarbeiten an Kirche, Kloster und dem Schlafsaal der Laienbrüder brachten ein Ansehen das selbst von seinen spöttischsten Kritikern nicht übersehen werden konnte.

With hindsight we can see that a new phase was under way by 1682, but had certainly begun earlier. Up to about 1679 Rancé had always employed one or other of his monks as secretary, but with the death of the incumbent in 1679, a secular, Charles Maisne, took over this onerous task. Maisne, a former lawyer's clerk, had come to try his vocation in about 1674, but reasons of health—and probably temperament—prevented him taking the habit. He stayed on, however, making himself generally useful, and by 1679 the sheer volume of correspondence was more than any single monk could cope with on top of his normal duties. Rancé, whose handwriting was so bad that he apologised for it himself, was only too glad to have Maisne, who wrote rapidly and legibly, as full-time secretary, and soon as trusted agent in business of every kind.

In April 1682 Maisne wrote to Favier, Rancé's old tutor, to ask for the loan of the many letters sent by Rancé over the years so that they could be copied and safely preserved. This was harmless enough, but Maisne went on to reveal that all Rancé's friends were busy collecting such material with a view to promoting the cause of his canonisation after his death. Pierre Maupeou, who had unsuccessfully postulated at la Trappe, was the organiser and intended to be the authorised biographer when the time came. His biography of 1702 was in fact the first, and worst, of the three published after Rancé's death. Favier did not oblige, despite a second request, but a number of correspondents evidently did, and Maisne is undoubtedly responsible for saving so many letters. The scale of the canonisation campaign is difficult to determine,

Im Nachhinein sehen wir eine neue Phase ab 1682 einsetzen, die aber zweifellos früher angefangen hatte. Bis ungefähr 1679 hatte Rancé immer den einen oder anderen seiner Mönche als Sekretär, aber mit dem Tod des Amtsinhabers 1679, übernahm ein Laie, Charles Maisne, diese schwere Aufgabe. Maisne, der Sekretär eines ehemaligen Rechtsanwalts, war ungefähr 1674 gekommen, um seine Berufung zu prüfen, aber Gesundheitsgründe - und vermutlich sein Temperament – hinderten ihn, den Habit zu nehmen. Er blieb jedoch und machte sich allgemein nützlich, und ab 1679 war das schiere Volumen der Korrespondenz grösser, als ein einzelner Mönch neben seinen normalen Aufgaben bewältigen konnte. Rancé, dessen Handschrift so schlecht war, dass er sich selbst dafür entschuldigte, war nur zu froh, Maisne, der schnell und lesbar schrieb, als Vollzeitsekretär zu haben und bald auch als verlässlichen Helfer für allerart Geschäfte.

Im April 1682 schrieb Maisne an Favier, Rancés alten Tutor, ihm die vielen Briefe leihweise zu geben, die im Laufe der Jahre von Rancé gesendet worden waren, damit sie abgeschrieben und sicher aufbewahrt werden konnten. Dieses war harmlos genug, aber Maisne entdeckte nun, dass alle Freunde Rancés eifrig bemüht waren, solches Material zu sammeln, mit dem Ziel nach seinem Tode die Heiligsprechung zu betreiben. Pierre Maupeou, der erfolglos in La Trappe um Aufnahme ersucht hatte, war der Organisator und wollte autorisierter Biograf werden, wenn die Zeit dafür käme. Seine Biografie von 1702 war tatsächlich die erste, und die schlechteste der drei, die nach Rancés Tod veröffentlicht wurden. Favier folgte der Bitte trotz eines zweiten Antrags nicht, aber einige Briefpartner taten es offenbar. Maisne ist ohne Zweifel für die Rettung so vieler Briefe verantwortlich. Größe und Gewicht der Kanonisierungskampagne sind schwer zu bestimmen, aber Rancés

but Rancé's recent grave illness and continuing frail health stimulated the friends involved in this pious operation.

There was nothing wrong, or particularly surprising, in the desire of Rancé's friends to see him canonised; François de Sales, who had died in 1622, was beatified in 1661 and canonised four years later, and there had been other recent precedents. What was more significant was the fact that the many indiscreet friends who had caused such harm in the past, by unauthorised publication as well as careless talk, were now organised to an extent which can only be surmised. Rancé was from now on being stage-managed, whether he knew it or not. A phrase in Maisne's letter to Favier strongly suggests that Rancé had been told something. Maisne asked Favier to mention the possibility of canonisation to Rancé to explain the collection of documents, and though Favier did not, others surely did alert him to what was going on. There is not, however, the slightest evidence that Rancé took the proposal seriously, and strong reasons exist for believing that he would have reacted with indignation. However that may be, from 1682 at the latest Rancé was under constant surveillance by Maisne, who exploited his position of trust until in the end he was quite definitely manipulating the weary and reluctant saint-elect.

Maisne's ascendancy, and the canonization issue, are directly relevant to what happened next. In the course of the years Rancé had given regular conferences to his monks on the privileges and obligations of the religious life. Such controversies as that with Le Roy over humiliations naturally led him to collect texts from various authorities,

neuerliche ernste Krankheit und andauernd schwache Gesundheit regten die Freunde an, die sich dieser frommen Sache widmeten.

Es war weder Falsches noch sonderlich Überraschendes um den Wunsch von Rancés Freunden, ihn kanonisiert zu sehen; Franz von Sales, der 1622 gestorben war, wurde im Jahre 1661 selig gesprochen und vier Jahre später kanonisiert. Es gab auch andere neue Präzedenzfälle. Bezeichnender war die Tatsache, dass die vielen indiskreten Freunde, die in der Vergangenheit solchen Schaden durch nicht autorisierte Veröffentlichungen und unvorsichtige Gespräche verursacht hatten, jetzt in einem Umfang organisiert wurden, der nur vermutet werden kann. Rancé wurde ab sofort inszeniert, ob er es wusste oder nicht. Eine Passage in Maisnes Brief an Favier lässt stark annehmen, dass Rancé etwas gesagt worden war. Maisne bat Favier, die Möglichkeit der Kanonisierung gegenüber Rancé zu erwähnen, um die Sammlung von Dokumenten zu erklären, und obwohl Favier dies nicht tat, alarmierten andere ihn sicher, was vorging. Es gibt jedoch nicht den geringsten Beweis, dass Rancé dieses Vorhaben ernst nahm und triftige Gründe zur Annahme, dass er entrüstet reagiert hätte. Wie auch immer, von spätestens 1682 an war Rancé unter konstanter Überwachung durch Maisne, der seinen Vertrauensposten soweit ausnutzte, dass er am Ende den müden und widerstrebenden Kandidaten der Heiligkeit definitiv manipulierte.

Maisnes Aufstieg und die Kanonisierungsfrage, hangen direkt zusammen mit dem, was als Nächstes geschah. Im Lauf der Jahre hatte Rancé seinen Mönchen über die Vorrechte und Pflichten des Ordenslebens regelmäßige Vorträge gegeben. Kontroversen wie die mit Le Roy über Demütigungen führten ihn natürlich dazu, Texte der verschiedenen Autoritäten zu sammeln, damit,

so that what may have begun as a straightforward instruction developed into an argument closely supported by chapter and verse, as indeed was the case with his written reply to Le Roy. At some time, probably between 1679 and 1681, Rancé put together all his thoughts on monastic life into a substantial book, some of it deriving fairly obviously from oral exchanges, most of it not. It seems that several copies were made, one of which went to Bossuet, and others were seen by the Abbot of Chatillon and Favier on the occasion of their respective visits to la Trappe.

Rancé's motives in composing such a book can hardly have excluded possible publication, despite his ritual protestations, but just why he wanted, or was willing, to publish is perhaps not so obvious. He knew that his book represented the views expounded in his conferences and the practice of his community. He knew that in this la Trappe differed from most other, even reformed, Cistercian monasteries, and he cannot have been unaware of the hostile reception which such views would inevitably meet with in those Orders explicitly or implicitly criticised for falling short of the monastic ideal as he saw it. After the long quarrel with Le Roy, Rancé would not have provoked a new controversy unless he had been fully convinced that the benefits of publication outweighed the dangers.

In 1681 Bossuet had completed his task of tutor to the Dauphin, and had been made Bishop of Meaux, a see in close proximity to Paris and the court at Versailles. In fact, if not in rank, he was one of the most influential churchmen in France, being the King's

was als einfache Anweisung begonnen haben mag, zu einer Beweiskette entwickelt wurde, die durch Kapitel- und Vers-Angaben gestützt war, wie es in seinem Antwortschreiben an Le Roy tatsächlich der Fall war. Irgendwann, vermutlich zwischen 1679 und 1681, trug Rancé alle seine Gedanken zum Ordensleben in einem umfangreichen Buch zusammen, einiges davon offensichtlich abgeleitet von mündlichen Gesprächen, das meiste nicht. Es scheint, dass einige Kopien erstellt wurden, deren eine an Bossuet ging, andere wurden vom Abt von Chatillon und von Favier anlässlich ihrer Besuche in La Trappe eingesehen.

Rancés Motive, solch ein Buch zu verfassen, können eine mögliche Veröffentlichung trotz seiner rituellen Einsprüche kaum ausgeschlossen haben. Aber warum genau er wünschte oder bereit war, es zu publizieren liegt wohl nicht so auf der Hand. Er wusste, dass sein Buch die Ansichten darstellte, die in seinen Konferenzen und in der Praxis seiner Gemeinschaft erklärt wurden. Er wusste, dass La Trappe sich von den meisten anderen, sogar reformierten Zisterzienser Klöstern unterschied, und er kann nicht ahnungslos gewesen sein über die feindliche Aufnahme, die solchen Ansichten unvermeidlich von jenen Orden entgegengebracht würde, die ausdrücklich oder implizit kritisiert wurden, weil sie das Ordensideal aus seiner Sicht nicht erreichten. Nach dem langen Streit mit Le Roy hätte Rancé sicher keine neue Kontroverse angezettelt, ausser er war sich absolut sicher, dass der Nutzen der Veröffentlichung die Gefahren überwog.

1681 Bossuet hatte seine Aufgabe als Tutor für den Dauphin beendet und wurde Bischof von Meaux, ein Sitz in nächster Nähe zu Paris und dem Hof von Versailles. Wenn auch nicht dem Range nach war er doch de facto der einflussreichste Kirchenmann in

spokesman in the Assembly of Clergy as well as his close counsellor. After several abortive attempts to get away, Bossuet paid his first visit to la Trappe in October 1682, and subsequently came regularly. What Maisne, the Abbot of Chatillon and no doubt many others had not succeeded in persuading Rancé, Bossuet easily did. The circumstances of publication show moreover the kind of assurance that Rancé wanted and Bossuet could supply; the work would appear with recommendations from Bossuet himself, from Rancé's close friends Bishops Barillon of Luçon and Le Camus of Grenoble, and from Archbishop Le Tellier of Reims, whose primatial dignity made up for his fairly distant acquaintance with Rancé. With such backing it was hoped that opposition would be subdued.

When the book at last appeared in March 1683 it at once changed Rancé's public role, probably for ever. For the first time the general public could read in detail the principles behind the now legendary austerity of la Trappe, with a wealth, even an excess, of historical argument, drawn from a wide range of sources, to justify the practices which so many critics, monastic and otherwise, found extraordinary. If the book entitled *De la Sainteté et des Devoirs de la Vie monastique (On the Sanctity and Duties of Monastic Life)* had been solely or mainly concerned to defend Rancé and la Trappe against criticism it would hardly have warranted recommendations from so many prelates, but, of course, it aimed much higher. The contents will be examined in detail later, but it can be said now that Rancé had constructed his case in such a way as to put all other Orders and houses of the time in the wrong. He laid down the purpose of monastic life and its origins, and then proceeded to build on those foundations a series of chapters dealing with virtually every aspect

Frankreich, Sprecher des Königs bei klerikalen Konferenzen ebenso wie sein enger Berater. Nach einigen misslungenen Versuchen, davon zu kommen, machte Bossuet seinen ersten Besuch in La Trappe im Oktober 1682 und kam später regelmäßig. Wovon Maisne, dem Abt von Chatillon und zweifellos vielen anderen nicht gelang, Rancé zu überzeugen, fiel Bossuet leicht. Die Umstände der Veröffentlichung zeigen vielmehr die Art der Gewissheit, die Rancé wünschte und Bossuet einbringen konnte; das Werk würde mit Empfehlungen von Bossuet selbst, von Rancés eng befreundeten Bischöfen Barillon von Luçon, Le Camus von Grenoble und Erzbischof Le Tellier von Reims erscheinen, dessen Würde als Primas seine eher ferne Bekanntschaft mit Rancé aufwog. Mit solchem Schutz hoffte man, die Gegenseite zu überwinden.

Als das Buch schließlich im März 1683 erschien, änderte es Rancés allgemeine Rolle sofort und wohl für immer. Zum ersten Mal konnte die Öffentlichkeit die Prinzipien hinter der nun legendären Strenge von La Trappe im Detail lesen, mit einem Reichtum, ja Überfluss historischer Argumente, basiert auf einer breiten Spektrum Quellen, um die Praxis zu rechtfertigen, die so viele Kritiker aus Orden oder anderweitig so ungewöhnlich fanden. Wäre das Buch „*von der Heiligkeit und den Pflichten des Ordenslebens*“ nur oder hauptsächlich bestimmt gewesen, um Rancé und La Trappe gegen Kritik zu verteidigen, hätte es kaum Empfehlungen von so vielen Würdenträgern gerechtfertigt, aber natürlich zielte es viel höher. Der Inhalt wird später im Detail besprochen, aber es kann jetzt gesagt werden, dass Rancé seinen Fall derart aufbaute, dass alle anderen Orden und Häuser jener Zeit ins Unrecht gesetzt wurden. Er legte den Zweck des klösterlichen Lebens und seiner Ursprünge dar und fuhr dann fort,

of monastic life, taking always as his principle that holy founders are inspired by God. He showed without much difficulty that all Orders, above all his own, had abandoned primitive rigour for an easier life. Mitigations of any kind were anathema to Rancé, and in the end even the most harmless adaptations to changed circumstances (for example, the erection of solid stone buildings instead of simpler, more combustible, materials after a fire destroyed most of the Grande Chartreuse) were denounced as infidelity to the original rule. In a word, he made his own, highly personal, interpretation of monastic life and spirit the rule, rather than an exceptional option.

By approving the book, after detailed examination and demanding substantial changes on some points, the bishops were not just helping a friend. It seems clear that, at a time when austerity was dangerously liable to indicate Jansenist sympathies, they were only too glad to assume public sponsorship for a major work of unimpeachable orthodoxy showing that austerity was an integral part of the monastic vocation and an example for all Christians to emulate as best they could according to their circumstances. As bishops they were all responsible for a number of religious houses in their respective dioceses, and it must have suited them well to have such an authoritative guide to refer to. It is also almost certainly the case that a general discussion of monastic life had long been needed by many monks and nuns, including superiors, who were confused and uneasy in the contemporary climate of religious controversy.

auf diesen Grundlagen eine Folgen von Kapiteln aufzubauen, die praktisch jeden Aspekt des Klosterlebens behandeln. Immer nahm er als Prinzip, dass die heiligen Gründer von Gott inspiriert waren. Er zeigte ohne viel Schwierigkeit, dass alle Orden, vor allem sein eigener, die ursprüngliche Strenge zugunsten eines einfacheren Lebens aufgegeben hatten. Erleichterungen jeder Art waren für Rancé ein Fluch. Schliesslich wurden sogar harmlose Anpassungen an geänderte Umstände (zum Beispiel Bauten aus festem Stein statt aus einfachen brennbaren Materialien, nachdem ein Feuer die meisten der großen Chartreuse zerstört hatte) als Untreue zur ursprünglichen Regel verkündet. Kurz, er machte seine eigene sehr persönliche Deutung von Geist und Leben im Orden zur Regel, nicht zu einer Ausnahmeform.

Durch ihre Genehmigung nach ausführlicher Prüfung des Buches und nach geforderten erheblichen Änderungen in einigen Punkten, halfen die Bischöfe nicht nur einem Freund. Es scheint klar, dass zu einer Zeit, als Strenge ein gefährliches Anzeichen von Sympathie für Jansenismus war, sie nur zu froh waren, öffentliche Förderung für eine bedeutende Arbeit des unangreifbaren Rechtglaubens zu übernehmen, die zeigte, dass Austerität ein wesentlicher Bestandteil der Ordensberufung und ein Beispiel für alle Christen ist, wie sie ihr Leben nach ihren Umständen formen könnten. Als Bischöfe waren sie alle für einige Ordenshäuser in ihren Diözesen verantwortlich und es muss ihnen gut gepasst haben, solch einen maßgeblichen Führer zu haben, auf den sie sich beziehen konnten. Es ist auch fast sicher, dass eine allgemeine Diskussion über Ordensleben lange von vielen Mönchen und Nonnen, einschließlich der Oberen nötig empfunden wurde, die verwirrt waren und sich mit dem zeitgenössischen Klima religiöser Kontroversen schwer taten.

Whether or not Rancé's book met their needs is another question; he frequently asserted that numerous letters proved that it did.

Such a challenge to their integrity and experience enraged members, especially superiors, of ancient and well regulated orders like the Carthusians, or the reformed congregations of Benedictines, not to mention Rancé's brother Cistercians, and they and their supporters maintained a vigorous offensive for the next ten years or more. The first edition of Rancé's book was soon followed by a second and a third, in 1685 came the first separate volume dealing with objections, in 1692 a new answer to new objections, and only intervention from the Chancellor put an end to a controversy which had long since ceased to be edifying or helpful. The book's success had made the point, though, and many readers who would never have thought of coming to la Trappe had an opportunity to consider seriously the motivation of those who did and the value of their life in that place.

Two sets of comments on the book affected Rancé's reputation in his lifetime and thereafter. First was the long dispute with dom Jean Mabillon, spokesman for the Maurists, whose first reply to Rancé's strictures on monastic study came out in 1684, to be followed by further replies and further explanations, all very courteously but firmly expressed. A meeting arranged by Mme de Guise in 1693 at last reconciled the two principals in a dispute which their respective supporters were rendering more acrimonious than they themselves had done, but the long term effects permeated the Trappist revival of the nineteenth century and are by no means forgotten today. Even more than had been the case in the quarrel with Le Roy, outsiders were brought into the argument

Ob Rancés Buch diesen Bedarf erfüllte, ist eine andere Frage; er erklärte häufig, zahlreiche Briefe würden dies aber beweisen.

Solch eine Infragestellung ihrer Integrität und Erfahrung erzürnte Mitglieder, besonders Obere alter und gut regulierter Orden wie die Kartäuser oder die reformierten Kongregationen der Benediktiner, auch Rancés Zisterzienerbrüder. Sie und ihre Anhänger führten daher in den folgenden zehn Jahren oder mehr eine starke Offensive. Der Erstausgabe von Rancés Buch folgte bald eine zweite und dritte. Im Jahre 1685 kam das erste eigenständige Werk mit Einwänden heraus, 1692 kamen neue Antworten auf neue Einwände und nur die Intervention des Kanzlers beendete die Kontroverse, die schon lange nicht mehr erbaulich oder hilfreich war. Der Erfolg des Buches hatte jedoch Klarheit gebracht, und viele Leser, die nie an Eintritt in La Trappe gedacht hätten, konnten nun die Motivation jener ernsthaft betrachten, die das getan hatten und mit ihrem eigenen Leben an deren Stelle vergleichen.

Zwei Gruppen Kommentare beeinflussten Rancés Ansehen zu Lebzeiten und später. Zuerst die lange Debatte mit dom Jean Mabillon, Sprecher der Mauristen, dessen erste Antwort auf die tadelnden Bemerkungen Rancés zum Studium im Kloster 1684 erschien und dann von weiteren Antworten und Erklärungen gefolgt wurden, die alle sehr höflich aber hart in der Sache waren. Ein Trof fen, das Frau de Guise im Jahre 1693 arrangierte, versöhnte schließlich die beiden Köpfe in einer Debatte, die ihre jeweiligen Anhänger schärfer führten, als sie selbst. Aber die Langzeitwirkungen durchdrangen die Wiederbelebung der Trappisten im 19. Jahrhundert und sind bis heute keineswegs vergessen. Mehr noch als im Streit mit Le Roy wurden Außenseiter wurden in die Debatte einbezogen,

as to whether or not study is a legitimate activity for monks. Detailed consideration of the issue follows in later chapters.

The second comment, ignoble as it was, succeeded beyond its author's wildest dreams. In 1685 appeared an anonymous book entitled *Les Veritables Motifs de la conversion de I'abbé de la Trappe (Real Reasons for the Conversion of the Abbot of la Trappe).* The author was almost certainly a Protestant named Larroque, but it is more than likely that he was put up to it by some of those whose Orders had been slighted in De la Sainteté, which is indeed mentioned explicitly in the book's subtitle. Here for the first time appeared the story that Rancé's conversion had been precipitated by the sight of Mme de Montbazon's head, severed from her body so that the corpse would fit into a coffin inexplicably too short for the whole body. This lurid detail, and the barely disguised charge that she had been Rancé's mistress, animated gossip in Rancé's lifetime, and unfortunately captured the Romantic imagination of Chateaubriand, whose misleadingly titled Life of Rancé (in fact largely personal reflections, published in 1844) gave the legend wide currency at a particularly receptive time. Indeed, Chateaubriand improved on Larroque by quoting a tradition that the severed head, inexplicably acquired and become a skull, found its way to Rancé's monastic cell and was handed on solemnly to each of his successors.

The publication of this alleged account, nearly thirty years after the event, did far less harm than the Romantic trivialisation of Chateaubriand was to do, but the sustained attack on Rancé, of which it was only a part, provoked another pamphlet war.

ob Studieren eine legitime Tätigkeit für Mönche sei. Eine gründliche Erörterung der Frage folgt in späteren Kapiteln.

Der zweite Kommentar, schofel wie er war, war über die wildesten Träume seines Autors hinaus erfolgreich. 1685 erschien ein anonymes Buch, die *„wahren Motive der Bekehrung des Abtes von la Trappe"*. Der Autor war fast sicher ein Protestant, der Larroque genannt wurde, aber es ist mehr als wahrscheinlich dass er dazu von einigen Mitgliedern bewogen wurde, deren Orden in „De la Sainteté..." nicht gut weg kamen. Das Buch wird tatsächlich ausdrücklich im Untertitel erwähnt. Hier erschien zum ersten Mal die Geschichte, dass Rancés Bekehrung durch den Anblick von Frau de Montbazons Kopf herbeigeführt worden sei, der von ihrem Körper getrennt war, damit der Leichnam in den unerklärlicherweise zu kurz geratenen Sarg passen würde. Dieses grelle Detail und der kaum verhohlene Verdacht, dass sie Rancés Geliebte gewesen sei, belebte den Klatsch zu Rancés Lebzeiten und vereinnahmte leider auch die romantische Fantasie von Chateaubriand, dessen irreführend bezeichnetes „Leben von Rancé" (in Wirklichkeit weitgehend persönliche Reflexionen, veröffentlicht 1844) der Legende weite Verbreitung in einer besonders empfänglichen Zeit verschaffte. Tatsächlich hat Chateaubriand Larroque noch gesteigert, indem er eine Tradition zitierte, dass der getrennte Kopf, unerklärlich erworben und zum Schädel geworden, seinen Weg in Rancés Klosterzelle fand und feierlich jedem seiner Nachfolger übergeben wurde.

Die Veröffentlichung diese angeblichen Geschichte, fast dreißig Jahre nach dem Ereignis, schadete weit weniger als die romantische Trivialisierung von Chateaubriand, aber der nachhaltige Angriff auf Rancé, von dem es nur ein Teil war, löste einen neuen Flugschriftkrieg aus.

Despite Rancé's strong objections, Pierre Maupeou, and others too, wrote in his defense. After all, the devil's advocate in the eventual process of canonisation might well use Larroque's charges unless they were refuted.

It is evident that this new, and prolonged, publicity had become extremely personal. Serious people continued to be edified by the *Relations,* and by reports from the countless visitors who flocked to la Trappe, but the idle gossip of the salons, combined with the genuine anger of such men as the Carthusian and Feuillant Generals, and the Maurists, had the effect of making Rancé's personality the main issue. Above all, publication of *De la Sainteté* separated theory from reality, so that Rancé's reputation for better or for worse lived on in his book and its sequels, detached from his living achievement at la Trappe.

From 1683 the number of hostile incidents in Rancé's life is continuous for more than ten years, not always on account of his book. Attempts by enemies to brand him as a Jansenist, and even as a conspirator against the King, led in 1690 to a serious scandal which for a short time impaired his reputation at court, until the impostures of the Franciscan Recollect responsible for the allegations, frere Chalype, were exposed. Then, on Arnauld's death in 1694 Rancé brought a hornet's nest of Jansenist fury about his head by some mildly dismissive remarks in a letter to a characteristically indiscreet friend. Similar incidents involving Jansenists reflected Rancé's distrust of their extremism and the King's intolerance of all deviations from orthodoxy.

Trotz Rancés starker Einwände schrieben Pierre Maupeou und andere zu seiner Verteidigung. Schließlich hätte der Teufelsadvokat in einem eventuellen Heiligsprechungsprozess Larroques Vorwürfe gut brauchen können, wenn sie nicht widerlegt waren.

Offensichtlich wurde diese neue und weite Publizität extrem persönlich. Ernsthafte Leute wurden weiter durch die *„Relations"* erbaut, ebenso wie durch Berichte unzähliger Besucher, die nach La Trappe drängten, aber der unnütze Klatsch der Salons, zusammen mit dem echten Ärger der Generäle von Kartäusern und Feuillants sowie der Mauristen, führten dazu, dass Rancés Persönlichkeit zum Kernthema wurde. Vor allem trennte die Veröffentlichung von „De la Sainteté …" die Theorie von der Wirklichkeit, so dass Rancés Ansehen im Guten oder Schlechten von seinem Buch und dessen Folgen lebte, unabhängig von seiner Lebensleistung in La Trappe.

Ab 1683 blieb die Zahl feindlicher Vorfälle in Rancés Leben mehr als zehn Jahre lang konstant, nicht nur wegen seines Buches. Versuche der Feinde, ihn als Jansenist und selbst als Verschwörer gegen den König zu brandmarken, führten 1690 zu einen ernsten Skandal, der für kurze Zeit seinem Ansehen am Hofe schadete, bis der Betrug des für die Behauptungen verantwortlichen Franziskaner Minderbruders Chalype aufflog. Dann bei Arnaulds Tod 1694 zog sich Rancé einen Hornissenschwarm jansenistischer Wut zu, weil er einem charakteristisch indiskreten Freund in einem Brief einige leicht abschätzige Bemerkungen gemacht hatte. Ähnliche Vorfälle mit Jansenisten spiegeln Rancés Misstrauen gegenüber ihrem Extremismus und die Intoleranz des Königs gegenüber jeder Abweichung vom rechten Glauben.

On the positive side, the visit of the expelled James II of England, in November 1690, brought Rancé some credit (though critics deplored his approval of the King's resignation at a time when the French were doing what they could to put him back on the throne) and inaugurated a warm relationship, maintained by annual visits and regular correspondence. In the first instance the visit was due to marechal de Bellefonds, Rancé's close friend and James' military ally, but James had long been interested by what he had heard of la Trappe; among his informants was no doubt Paul Barillon, the French ambassador in London and the brother of Rancé's great friend Bishop Henri Barillon. He was so impressed by what he saw that subsequent visits were motivated not by curiosity but real spiritual needs.

Spiritual needs were also the reason for Rancé's first journey beyond the enclosure since 1675, in this case those of the Cistercian abbess of les Clairets, where his sister had died in 1684. After a powerful campaign of lobbying influential friends and relatives, Angelique d'Etampes de Valencay, appointed abbess in 1687, persuaded Rancé to take over direction of her abbey from his old companion in Rome, the abbot of Val-Richer. He consented in principle in 1688, and made his first canonical visit there in 1690, followed by others in 1691 and 1692, four in all. The abbey was not too far away and had for centuries been linked with la Trappe. Accounts of these visits read like testimonials in the canonisation campaign, with such near miracles as the restoration of voice to the speechless and the infirm rising from their beds to greet him.

Im Positiven verschaffte der Besuch des vertriebenen James II. von England im November 1690 Rancé einiges Ansehen (obwohl Kritiker bedauerten, dass er dem Rücktritt des Königs zu einer Zeit zustimmte, als die Franzosen alles taten, um ihn zurück auf den Thron zu setzen) und eröffnete ein warmes Verhältnis, das durch jährliche Besuche und regelmäßige Korrespondenz aufrechterhalten blieb. Beim ersten Mal hatte es Marschall de Bellefonds, Rancés enger Freund und James' Verbündeter organisiert, aber James war durch das, was er von La Trappe gehört hatte, schon lange interessiert; unter seinen Informanten war sicher Paul Barillon, der französische Botschafter in London und Bruder von Rancés großem Freund Bischof Henri Barillon. Er wurde durch das Gesehene so beeindruckt, dass seine weiteren Besuche nicht von Neugier, sondern echtem geistlichen Wunsch motiviert waren.

Geistlicher Beistand war auch der Grund für Rancés erste Reise aus der Klausur seit 1675, in diesem Fall für die Zisterzienser Äbtissin von les Clairets, wo seine Schwester im Jahre 1684 gestorben war. Nach einer starken Kampagne von einflussreichen Freunden und Verwandten, überzeugte die 1687ernannte Äbtissin Angelique-d'Etampes de Valencay, Rancé, die geistliche Leitung ihrer Abtei von seinem alten Begleiter in Rom, dem Abt von Val-Richer zu übernehmen. Er stimmte 1688 prinzipiell zu und machte seinen ersten kanonischen Besuch dort 1690, gefolgt von weiteren zwischen 1691 und 1692, vier im Ganzen. Die Abtei war nicht zu weit entfernt und jahrhundertelang mit La Trappe verbunden gewesen. Berichte über diese Besuche lesen sich wie Zeugnisse im Heiligsprechungsprozess, mit Nahezu-Wundern wo Stummen die Stimme wiedergegeben wird, und Kranke sich von ihren Betten erheben, um ihn zu grüssen.

Rancé had certainly become an institution, and it cannot be said too often that the striking success and visible sanctity of his community are both cause and effect of his personal reputation. When, for example, Nicolas Larcher was elected in 1692 as successor to Abbot Petit of Citeaux, the exchange of compliments could afford to be genuine rather than wary. Age clearly had much to do with it; as Rancé approached seventy he was by the standards of the time a venerable figure, though it is a curious fact that two of his closest friends, RM Louise and Favier, though much older, survived him, and both his brother Henri and his sister Marie-Louise lived to a riper age. Perhaps even more than age, illness borne with extraordinary fortitude won him both respect and affection. He had always been frail, sustained by exceptional nervous energy, but only when he was no longer able to walk unaided did he enter the infirmary in 1694. After some bad falls, he lost the use of his right hand in October of that year, and thereafter could not even hold a pen to sign his name. He is known to have had severe rheumatic ailments, probably arthritis, as well as lung trouble and difficulties of digestion. At that point he decided that he could no longer carry out his abbatial duties properly.

Rancé war zweifellos eine Institution geworden, und man kann nicht oft genug sagen, dass der auffallende Erfolg und die sichtbare Heiligkeit seiner Gemeinschaft sowohl Ursache als auch Wirkung seines persönlichen Ansehens waren. Als zum Beispiel Nicolas Larcher 1692 zum Nachfolger von Abt Petit von Citeaux gewählt wurde, konnte man sich den Austausch von echten statt vosichtigen Komplimenten leisten. Alter spielte offenbar eine große Rolle; da Rancé sich den siebzig näherte, war er nach den Standards der Zeit eine ehrwürdige Figur, obwohl seltsamerweise zwei seiner nächsten Freunde, RM Louise und Favier, obwohl viel älter, ihn überlebten und sein Bruder Heinrich und seine Schwester Marie-Louise ein reiferes Alter erreichten. Vielleicht gewann ihm sogar noch mehr als sein Alter, die mit außerordentlicher Kraft getragene Krankheit Respekt und Zuneigung. Er war immer schwach gewesen, gestützt durch außergewöhnliche nervliche Energie, aber erst als er nicht mehr in der Lage war, allein zu gehen, bezog er 1694 die Krankenstation. Nach einigen schlimmen Stürzen konnte er ab Oktober dieses Jahres seine rechte Hand nicht mehr gebrauchen und danach nicht einmal mehr einen Stift halten, um seinen Namen zu schreiben. Man weiss, dass er schwer an Rheuma litt, vermutlich Arthritis, sowie Lungenprobleme und Verdauungsschwierigkeiten gehabt hat. An diesem Punkt entschied er, dass er seine Abts-Aufgaben nicht mehr richtig würde erfüllen können.

In May 1695 he resigned and was allowed by the King to nominate his successor, dom Zozime Foisil. Dom Zozime took over at the end of December, but died quite suddenly in the following March, 1696. Rancé had once again to approach the King, and once again his nominee was approved, this time the former Carmelite, dom Armand-François Gervaise. Unhappily this gifted man lacked judgement and easily made enemies, not, as Rancé had done, by sticking obstinately to principles, but by sheer lack of tact. Maisne in particular got on very badly with him. He gratuitously offended the very class-conscious abbess of les Clairets, and incurred the hostility of the young duc de Saint-Simon, who was devoted to Rancé, as his father had been, but could find no words too harsh and scurrilous for his successor, as the Memoirs show.

As ex-abbot Rancé had only moral authority, and indeed went out of his way formally to promise obedience to his successors at their installation, but while he was alive his monks and the outside world alike looked on him as the embodiment of the abbey he had created. It was therefore an anomalous and pathetic position in which he found himself. Maisne was in complete control of all correspondence, and as a secular could have whatever contacts he liked with visitors, or even outside la Trappe. Unable to move unaided, Rancé could only see those monks whom he asked to see. or whose requests for interviews actually reached him.

After bitter dissension, and a campaign of slander, dom Armand-François offered his resignation in July 1698, but it was not until December that it was accepted, and by that time he was suffering some kind of nervous breakdown. Rancé never disowned him, and Gervaise, who did not die until 1751, remained passionately loyal to Rancé,

Im Mai 1695 er trat zurück und durfte mit Erlaubnis des Königs seinen Nachfolger dom Zozime Foisil ernennen. Dom Zozime übernahm Ende Dezember, starb aber ziemlich plötzlich im folgenden März 1696. Rancé musste erneut den König bitten und wieder wurde sein Kandidat ernannt, dieses Mal der frühere Karmeliter, dom Armand-François Gervaise. Unglücklicherweise ermangelte dieser begabte Mann der Urteilskraft und er bekam leicht Feinde, nicht wie der hartnäckig auf Prinzipien bestehende Rancé, sondern durch bloßen Mangel an Takt. Maisne kam besonders schlecht mit ihm zurecht. Mutwillig beleidigte er die sehr standesbewusste Äbtissin von les Clairets und zog sich die Feindseligkeit des jungen Herzogs von St. Simon zu, der wie sein Vater Rancé sehr verehrte, aber nicht genug raue und skurrile Worte für seinen Nachfolger finden konnte, wie die Memoiren berichten.

Da Altabt Rancé nur moralische Autorität hatte und alles tat, um seinen Nachfolgern bei ihrer Einführung formell Gehorsam zu versprechen, schauten seine Mönche und die Außenwelt aber solange er lebte auf ihn als die Personifizierung der Abtei, die er geschaffen hatte. Daher befand er sich in einer anomalen und rührenden Position. Maisne hatte vollständige Kontrolle der gesamten Korrespondenz und als Laie hatte er jeden gewünschten Kontakt mit Besuchern oder sogar ausserhalb la Trappe. Unfähig, sich allein zu bewegen, konnte Rancé nur jene Mönche sehen, die er zu sich bat, oder deren Ersuchen um Gespräche ihn wirklich erreichte.

Nach bitteren Meinungsverschiedenheiten und einer Verleumdungskampagne bot dom Armand-François im Juli 1698 seinen Rücktritt an, aber er wurde vor Dezember nicht angenommen, und bis dahin erlitt er eine Art Nervenzusammenbruch. Rancé setzte ihn nie ab und Gervaise, der erst 1751 starb, blieb leidenschaftlich

but the situation had become impossible and threatened to divide the community. In fact, when Rancé's third successor (dom Jacques de la Cour) took office in April 1699 Gervaise and his two closest allies very soon left for other monasteries and unity was at once restored. Dom Jacques had not been Rancé's first choice for the post (the monk in question was disqualified by the King for being a subject of Savoy, not France), but was perfectly acceptable to him.

Sad as these last years must have been Rancé could have had no more effective assurance that his work was built on solid rock than the recovery from the storm provoked by—or against— Gervaise. The last years also saw a series of publications of a less polemical kind than *De la Sainteté*. *Instructions chretiennes* in 1693, *Conduite chretienne* (written for Mme de Guise) in 1697, *Maximes chretiennes* in 1698 and *Conferences* (on epistles and gospels of the year) in 1698 are all compilations of work composed earlier, and probably edited more by outsiders than Rancé, but they served to keep him in the public eye, and provided spiritual guidance on a range of topics wider than monastic interests.

A notable feature of Rancé's last years, from the time of his resignation, is his personal tranquility. Freed at last from the daily conduct of his abbey, he could concentrate on his own spiritual needs, and his physical incapacity, painful though it was, gave him more opportunity for sustained prayer and meditation.

loyal zu Rancé, aber die Situation war unmöglich geworden und drohte, die Gemeinschaft zu spalten. Als Rancés dritter Nachfolger (dom Jacques de la Cour) das Amt im April 1699 übernahm, wechselten Gervaise und seine zwei nächsten Verbündeten tatsächlich sehr bald zu anderen Klöstern und die Einheit war gleich wiederhergestellt. Dom Jacques war nicht Rancés erste Wahl für den Posten gewesen (der infrage kommende Mönch wurde vom König disqualifiziert, weil er Savoyer, nicht Franzose war), aber war für ihn absolut annehmbar.

Traurig wie diese letzten Jahre gewesen sein müssen, Rancé konnte keine bessere Gewissheit bekommen, dass seine Arbeit auf Fels gebaut war, als die Erholung von dem durch - oder gegen - Gervaise ausgelösten Sturm. In den letzten Jahren erschienen auch einige weniger polemische Veröffentlichungen als „*De la Sainteté...*“ die „*Christlichen Anweisungen*“ im Jahre 1693, „*Christliches Verhalten*“ (verfasst für Frau de Guise) im Jahre 1697, „*Christliche Leitsätze*“ im Jahre 1698 und „*Predigten*“*(*zu Episteln und Evangelien des Jahres) im Jahre 1698. Alle sind Zusammenstellungen früherer Arbeiten, und vermutlich eher durch Außenseiter als Rancé selbst redigiert, aber sie dienten dazu, ihn im öffentlichen Bewusstsein zu halten und ergaben geistliche Leitung zu über die Ordensinteressen hinaus reichenden Themen.

Eine bemerkenswerte Eigenschaft der letzten Jahren Rancés seit seinem Rücktritt ist seine persönliche Ruhe. Freigestellt von der täglichen Leitung seiner Abtei, konnte er sich endlich auf seine eigenen geistlichen Bedürfnisse konzentrieren und seine körperliche Unfähigkeit, so schmerzhaft sie war, gab ihm mehr Gelegenheit zu nachhaltigem Gebet und Meditation.

There seems no doubt that he had found peace and awaited death with hope. Right up to the end he kept in touch with his friends, and was perfectly lucid when, on 27 October 1700, after taking leave of his monks, he died, as did all the brethren of la Trappe, laid on sackcloth and ashes on a bed of straw. The Bishop of Seez attended him at the end (Rancé had always been most punctilious in his relations with successive diocesans) and composed a full and edifying account of the last hours. Rancé was seventy-four years old when he died, and for just half that time, thirtyseven years, had worn the Cistercian habit, as regular abbot for thirty of them.

Even bitter enemies, like his former friend the Jansenist leader Pasquier Quesnel, acknowledged that he had served God faithfully according to his lights, and his friends lost no time in bringing out biographies, editing letters, and collecting duly authenticated miracles. Biographies by Maupeou (1702) and Marsollier (1703) were inaccurate and superficial; some two hundred letters published in two volumes in 1701 and 1702 were poorly and hastily edited. Bossuet took initial charge of Rancé's papers through his Vicar-General, a regular visitor to la Trappe, and entrusted dom Pierre Le Nain, sub-prior for many years and a distant cousin of Rancé's, with the task of writing an official biography, but Bossuet died in 1704. Dom le Nain followed in 1713. He had completed the work by 1706, but had been forced to make changes to avoid any suggestion that Rancé had Jansenist sympathies as well as Jansenist friends. His version was posthumously published in 1715, and a much revised second edition in 1719 (by whom?).

Es scheint zweifelsfrei, dass er Frieden gefunden hatte und den Tod mit Hoffnung erwartete. Bis zum Ende blieb er mit seinen Freunden in Kontakt, und war geistig völlig klar, als er am 27. Oktober 1700 starb, nachdem er wie alle Brüder von La Trappe Abschied von seinen Mönchen genommen hatte, liegend auf Sackleinen und Asche auf einem Strohlager. Der Bischof von Seez begleitete ihn am Ende (Rancé war in seinen Beziehungen mit aufeinander folgenden Diözesanbischöfen immer überaus sorgfältig gewesen) und verfasste einen vollständigen und erbauenden Bericht der letzten Stunden. Rancé war vierundsiebzig Jahre, als er starb, und für die Hälfte dieser Zeit, siebenunddreißig Jahre, hatte er den Zisterzienserhabit getragen, davon dreißig Jahre als regulärer Abt.

Sogar erbitterte Feinde, wie sein ehemaliger Freund, der Jansenistenführer Pasquier Quesnel, bestätigten, dass er Gott zuverlässig gemäss seinen Gaben gedient hatte, und seine Freunde verloren keine Zeit, Biografien herauszugeben, Briefe zu redigieren und ordentlich beglaubigte Wunder zu sammeln. Die Biografien von Maupeou (1702) und Marsollier (1703) waren ungenau und oberflächlich; ca. zweihundert Briefe, die in zwei Bänden 1701 und 1702 veröffentlicht wurden, waren schlecht und hastig redigiert. Bossuet übernahm anfänglich die Verantwortung für Rancés Papiere durch seinen Generalvikar, ein regelmäßiger Besucher in La Trappe, und betraute dom Pierre Le Nain, Jahrelang Subprior und ein entfernter Vetter von Rancé, mit dem Schreiben einer offiziellen Biografie, aber Bossuet starb 1704. Dom le Nain folgte im Jahre 1713. Er hatte die Arbeit bis 1706 abgeschlossen, musste aber Änderungen vornehmen, um jeden Verdacht zu vermeiden, dass Rancé Sympathien oder Freunde bei den Jansenisten hatte. Seine Version wurde 1715 nach dem Tod und eine stark korrigierte zweite Auflage im Jahre 1719 veröffentlicht (durch wen?).

Gervaise meanwhile had taken with him a mass of precious papers from which he constructed yet another biography, which remained in manuscript, undergoing various revisions, until an expanded and updated version of it was published by Dubois in 1866 as his own work. All that Gervaise could publish in his lifetime about Rancé was a highly critical review in 1742 of the existing biographies, particularly the first two, (Jugement critique et equitable . . . des vies . . .)

A substantial section of dom Le Nain's work is devoted to a catalogue of attested miracles, and can only have been composed with Rancé's canonisation in view, but with the death in 1715 of Louis XIV the climate was no longer propitious and Maisne's long-cherished dream came to nothing. Today it is hard to feel regret that official recognition has been withheld from a man so manifestly holy but with so many human faults. If Rancé's image does not include a halo, it is framed in a community, and it is to those men that one should turn next.

Gervaise hatte unterdessen eine Menge kostbarer Papieren mitgenommen, aus denen er noch eine Biografie erstellte, die als Manuskript verblieb und verschiedenen Revisionen unterlag, bis eine erweiterte und aktualisierte Version durch Dubois im Jahre 1866 als eigene Arbeit veröffentlicht wurde. Alles was Gervaise in seinem Leben über Rancé veröffentlichen konnte, war 1742 eine sehr kritische Rezension der vorhandenen Biografien, besonders die ersten zwei, („Kritische und gerechte Beurteilung …der Lebensbeschreibungen …“)

Ein bedeutender Abschnitt der Arbeit dom Le Nains ist einem Katalog bezeugter Wunder gewidmet und kann nur mit der Absicht zu Rancés Heiligsprechung verfasst worden sein. Aber mit dem Tod Louis XIV. im Jahre 1715 war das Klima nicht mehr günstig und Maisnes lang gehegter Traum führte zu nichts. Heute kann man kaum bedauern, dass die offizielle Anerkennung eines so offenkundig heiligen Menschen mit so vielen menschlichen Defiziten nicht erfolgt ist. Wenn Rancés Bild keinen Heiligenschein hat, so umrahmt ihn eine Gemeinschaft, und jenen Männern wollen wir uns nun zuwenden.

MONASTIC BACKGROUND TO THE GROWTH OF LA TRAPPE

RANCE'S IDEAS ON MONASTIC life derived principally from what he knew of earlier theory and practice, but, like his achievement, can only be properly evaluated in terms of the actual monastic life of the seventeenth century. No return to a bygone age can wipe out the intervening past; those who try to recreate their chosen golden age are inexorably conditioned by the age in which they live and their prospective recruits must be addressed in terms of the present, even if the appeal is directed to a nostalgic view of the past.

In seventeenth-century France the monastic Orders proper (together with Canons Regular in many respects) were inseparably bound up with land values, unlike the Mendicants and newer Orders like the Jesuits. The commend system had to do with material, not spiritual, benefits, and was far too convenient and profitable for the Crown to consider giving it up. Thus the continued existence of lucrative sinecures with which royal nominees could be rewarded was a constant requirement of royal policy. The income attached to a religious house, not the spiritual quality of the life led there, was what mattered to the Crown, and the result was that houses were kept quite artificially in being with only one or two religious, while new foundations were forbidden, lest existing revenues be depleted to provide for them.

The inevitable consequence of more than a century of this policy was that dwindling numbers of religious

HINTERGRUND DES WACHSTUMS VON LA TRAPPE

RANCES IDEEN ZUM ORDENSLEBEN, beruhten hauptsächlich auf dem, was er über die früheren Theorien und die Praxis wusste. Sie können aber wie das Erreichte nur mit Rücksicht auf das tatsächliche Ordensleben des 17. Jahrhunderts richtig bewertet werden. Die Rückkehr zu einem vergangenen Zeitalter kann die Zwischenzeit nie ungeschehen machen; wer versucht, sein goldenes Wunschzeitalter wiederherzustellen, wird unerbittlich durch die Zeit konditioniert, in der er lebt und erwartete Novizen müssen mit aktuellen Begriffen angesprochen werden, selbst wenn die Berufung auf eine nostalgische Ansicht der Vergangenheit verweist.

Im Frankreich des 17. Jahrhunderts war der normale Klosterorden (in vieler Hinsicht ebenso die normalen Kanonikern) untrennbar mit Grundstücken verbunden, anders als die Bettelorden und die neueren Orden wie die Jesuiten. Das Kommendensystem beruhte auf materiellem, nicht auf geistlichen Nutzen, und war bei Weitem zu bequem und rentabel, als dass die Krone etwa eine Aufgabe erwogen hätte. Daher war das Aufrechterhalten lukrativer Sinekuren, mit denen die Kandidaten des Königs belohnt werden konnten, ein ständiger Teil der königlichen Politik. Das Einkommen eines Ordenshauses, nicht die Qualität seines geistlichen Lebens war für die Krone wichtig. Als Ergebnis wurden Häuser recht künstlich am Leben gehalten, indem nur ein oder zwei Geistliche dort waren. Neugründungen waren verboten, damit die vorhandenen Einkommen nicht abgesenkt wurden.

Die unvermeidlich Folge dieser mehr als ein Jahrhundert dauernden Politik waren abnehmende Zahlen der Ordensleute

had to do their best in houses ruined by neglect and often also by war. Rancé's experience at la Trappe has already been mentioned, but another of his abbeys which even he could not save was the one he transferred to his old tutor, Favier: Saint-Symphorien at Beauvais. It was in an unhealthy site, inconveniently far from the town centre, and consisted of half a dozen or so dispirited monks, equally unable to attract recruits and ensure the repair of their buildings and their own subsistence. The reformed Benedictines of St-Maur were unwilling, though repeatedly pressed, to take over such a liability, although they did lend temporary help. The aging Favier, however conscientious, could not effectively set things right from his distant province of Auvergne, and in the end the diocesan bishop took over the property for a seminary. Some forty years of effort by Favier, backed by Rancé, had not sufficed to avert the final collapse. The example of Saint-Symphorien could be paralleled all over France, and this is the context in which la Trappe must be judged.

The tremendous impetus of the great eleventh and twelfth-century movements of Cluny and Citeaux had carried the monastic tide to every corner of Europe. Even when the initial enthusiasm had subsided, monastic life and the monastic system were for centuries taken for granted as an integral part of medieval society. They were a normal feature of the social scene, not an expression of personal eccentricity or peculiar fervour, and though the economic policy and allegedly parasitical role of the monks was often criticised, their survival was not called into question until the turmoil of the Protestant Reformation of the sixteenth century.

die sich mühen mussten, die vernachlässigten und oft durch Krieg zerstörten Häuser zu erhalten. Rancés Erfahrung in La Trappe wurde schon erwähnt, eine andere seiner Abteien, die sogar er nicht retten konnte, war die, die er seinem alten Tutor Favier übertrug: St.-Symphorien in Beauvais. Sie lag an einem ungesunden Standort, ungünstig weit weg von der Stadtmitte und bestand aus etwa einem halben Dutzend frustrierter Mönche, die ebenso wenig Nachwuchs anziehen, wie ihre Gebäude erhalten und ihren eigenen Unterhalt sichern konnten. Die reformierten Benediktiner von St.-Maur waren trotz wiederholten Drucks abgeneigt, solch eine Verantwortung zu übernehmen, liehen aber Aushilfe. Der alternde aber gewissenhafte Favier konnte die Dinge nicht so recht ins Lot bringen, von seiner entfernten Provinz, der Auvergne, und am Ende übernahm der Diözesanbischof das Anwesen für ein Priesterseminar. Ungefähr vierzig Jahre Mühen von Favier, unterstützt durch Rancé, reichten schließlich nicht aus, den Zusammenbruch abzuwenden. Das Beispiel von St.-Symphorien könnte man für ganz Frankreich nehmen und man muss La Trappe in diesem Zusammenhang beurteilen.

Der ungeheure Anstoß der Bewegungen von Cluny und Citeaux in den großen 11. und 12. Jahrhunderten bewegte die Flut der Orden in jeden Winkel Europas. Auch als die Anfangsbegeisterung nachliess, wurden Ordensleben und -System noch Jahrhunderte als selbstverständlicher Wesensteil der mittelalterlichen Gesellschaft angesehen. Sie waren eine normale Funktion der Sozialszene, kein Ausdruck persönlichen Exzentrizität oder abartiger Leidenschaft. Obwohl man die Wirtschaftspolitik und eine angeblich parasitäre Rolle der Mönche häufig kritisierte, wurde ihr Bestand bis zum Tumult der protestantischen Reformation des 16. Jahrhunderts nicht angezweifelt.

Up to then successive mitigations of the various rules had been granted by Rome, largely on the ground that they would make survival more likely. After the Reformation and Counter-Reformation had polarised religious issues, it seemed that continuance of excessive mitigation might actually threaten survival. The one point on which agreement remained constant, if passive, was that in one way or another monastic institutions must survive and it was only just before the French Revolution that this view was seriously challenged and action taken to suppress the less viable houses. As with any other institution—religious, social, or educational—once survival became an end in itself the original purposes had been left so far behind as to become hardly recognisable.

Recruitment became more important than vocation. Although a few genuine contemplatives in every generation took the habit for spiritual reasons, the guarantee of board and lodging for life, immunity from civil and family obligations, enjoyment of pocket money, and often considerable freedom of movement especially attracted those disposed to inertia or passivity. Many families who could not provide a dowry for their daughters or purchase an office for their sons were only too glad to put them into religion, in the case of girls, often while they were still children. Monks and canons enjoyed a much more settled and tranquil life than members of new, active Orders engaged in teaching, charitable works, or missions at home or abroad. While these new Orders thrived, the older ones stagnated, with inevitable effects on morale. The numbers involved are instructive: by 1700, after nearly a century of effort, the members of the Strict Observance of Citeaux in France (including la Trappe) totalled about 800 in some sixty houses,

HINTERGRUND DES WACHSTUMS VON LA TRAPPE

Bis dahin waren immer wieder Milderungen der verschiedenen Regeln durch Rom gewährt worden, meist weil man dachte, das Überleben würde wahrscheinlicher. Nachdem Reformation und Gegenreformation religiöse Fragen polarisiert hatten, schien es dass weitere große Erleichterungen das Überleben eher bedrohen würde. Der einzige Punkt, worin immer, wenn auch passive, Einigkeit bestand, war, dass klösterliche Institutionen irgendwie weiterbestehen müssen und erst kurz vor der Französischen Revolution wurde diese Ansicht ernsthaft angefochten und Maßnahmen ergriffen wurden, die weniger lebensfähigen Häuser zu unterdrücken. Sobald Überleben zum Selbstzweck wurde, rückte wie bei jeder anderen Institution - religiös, sozial oder pädagogisch - der ursprüngliche Zweck bis zur Unkenntlichkeit weit aus dem Blick.

Nachwuchs wurde wichtiger als Berufung. Obgleich in jeder Generation einige echte Betrachtende den Habit aus geistlichen Gründen nahmen, lockten lebenslang sichere Kost und Logis, Immunität gegen bürgerliche und familiäre Pflichten, Taschengeld und oft große Bewegungsfreiheit besonders die träge oder passiv Veranlagten an. Viele Familien, die keine Mitgift für ihre Töchter oder keine Firma für ihre Söhne kaufen konnten, waren nur zu froh, sie einem Orden zu übergeben, im Falle der Mädchen häufig schon im Kindesalter. Mönche und Kanoniker genossen ein viel gesetzteres und ruhigeres Leben als die Mitglieder neuer, aktiver Orden, die zu Hause oder im Ausland missionierten oder karitativ arbeiteten. Während diese neuen Orden gediehen, stagnierten die älteren mit unvermeidlicher Wirkung auf die Moral. Die betreffenden Zahlen sind erhellend: um 1700, nach fast hundert Jahren der Bemühung, beliefen sich die Mitglieder der strengen Observanz von Citeaux in Frankreich (einschließlich La Trappe) auf ungefähr 800

while the Common Observance had about one hundred seventy houses containing 1000-1100 members. By way of comparison the sixteen Trappist houses in France in 1979 had just under 800 monks. The reform of St-Maur, which had also been going for nearly a century and controlled the majority of Benedictine houses in France, had 2200 monks in 1700, the Carthusians some seventy-five houses of men and women, with 1700 religious in all. In contrast the Jesuits had already 13,000 members worldwide in 1616, just fifty years after the death of St. Ignatius, their founder, and continued to grow.

The Wars of Religion delayed religious revival in France until the early seventeenth century, but especially under Richelieu a vigorous movement of reform swept through all the older Orders, except the Carthusians, who claim to this day always to have maintained their original purity. Cistercians, Benedictines, Premonstratensians, Carmelites, Franciscans, and others all had reformed and unreformed wings, and even small Orders like that of Grandmont were divided. Whether imposed from above or from below such reform movements were signs of health, but they depended mostly on a small number of leaders, and once these had gone the law of inertia set in. The inevitable result was that formal divisions remained, but the spirit of reforming zeal slowly petered out, with rare exceptions.

in ca. sechzig Häusern, während die allgemeine Observanz ungefähr hundertsiebzig Häuser mit 1000 -1100 Mitgliedern hatten. Zum Vergleich: die sechzehn Trappistenhäuser in Frankreich hatten 1979 gerade knapp unter 800 Mönche. Die Reform von St.-Maur, die auch fast ein Jahrhundert lief und die Mehrheit der Benediktinerhäuser in Frankreich steuerte, hatte 2200 Mönche im Jahre 1700, die Kartäuser ca. fünfundsiebzig Häuser (Männer und Frauen), mit 1700 Personen im Ganzen. Demgegenüber hatten die Jesuiten im Jahre 1616 bereits weltweit 13.000 Mitglieder, gerade fünfzig Jahre nach dem Tod von St. Ignatius, ihrem Gründer, und wuchsen weiter. (Tabelle siehe unten)

Die Religionskriege verzögerten die Wiederbelebung der Orden in Frankreich bis zum frühen 17. Jahrhundert, aber besonders unter Richelieu durchfuhr eine kräftige Reformbewegung die älteren Orden, ausser den Kartäusern, die bis heute immer behaupten, ihre ursprüngliche Reinheit beibehalten zu haben. Zisterzienser, Benediktiner, Prämonstratenser, Karmeliter, Franziskaner und andere hatten alle ihre reformierten und unreformierten Flügel und sogar kleine Orden, wie der von Grandmont, waren gespalten. Ob die Reformbewegungen von oben oder unten kamen, sie waren Zeichen der Gesundheit, hingen meist von einer kleinen Zahl Anführer ab. Sobald diese heimgegangen, wirkte das Trägheitsgesetz wieder. Dann blieb unvermeidlich die formale Spaltung, aber der Reformgeist schwand mit seltenen Ausnahmen langsam dahin.

Orden	**Personen**	**Häuser**	**P.p. Haus**
Strenge Obs.	800	60	13,3
Allg. Observanz	1.000 bis 1.100	170	6,5
Trappisten (1979)	800	16	50,0
St. Maur Benedikt(1700)	2.200		
Kartäuser	1.700	75	22,7
Jesuiten	13.000		

When orders, like the Grandmontines or Celestines, were small, when houses were populated by only three or four religious, discipline and morale were generally poor, and by the mid-eighteenth century suppression was the only remedy left. Conditions in larger, better houses are known in part, but no overall survey exists. A recent study has shown,[5]1 for instance, that at the great Maurist house of St-Germain-des-Pres in Paris, though they did not eat meat, in other respects the diet compared very favourably with that of the average citizen, and at Citeaux, where they did eat meat and also owned the finest vineyards in Europe, life must have been very comfortable. In both these houses it may reasonably be assumed that the level of religious observance was high.

A remarkable collection of unpublished letters from dom Le Masson,[6] General of the Carthusians from 1675 to 1703, shows that even in his strict Order contacts with the outside world were not limited to the cellarers (some of whom were reprimanded for excessive drinking in secular company). At the very important Paris Chartreuse a number of laymen regularly met in the cell of one of the monks, and several Carthusians in Paris and Avignon were censured for contacts with Jansenist laymen. In general the enclosure was not well respected, even in women's houses, and it will be recalled that on Rancé's first long visit to la Trappe he had to stay with the bailiff and his family, not then properly separated from the ruined monastic buildings. Family visits to monasteries and home

---

[5] Details on the Maurists have been taken from Maarten Ultee, The Abbey of St-Germain-des-Pres in the XVIIth century (Yale, 1981).

[6] Bibl. Municipale, Grenoble, MS 948.

HINTERGRUND DES WACHSTUMS VON LA TRAPPE

Wenn Orden, wie die Grandmontiner oder Celestiner, klein waren, Häuser von nur drei oder vier Personen bewohnt waren, dann waren Disziplin und Moral meist schwach und bis Mitte des 18. Jahrhunderts war Unterdrückung das einzig verbliebene Mittel. Die Verhältnisse in den größeren, besseren Häusern sind teils bekannt, doch existiert keine Gesamtübersicht. Eine jüngere Studie zeigte[7] zum Beispiel, dass im großen Mauristenhaus von St. Germain-des-Pres in Paris die Nahrung, obwohl sie kein Fleisch aßen, sich ansonsten sehr vorteilhaft mit der des Durchschnittsbürgers verglich, und in Citeaux, wo man kein Fleisch aß und die feinsten Weinberge in Europa besaß, muss das Leben sehr angenehm gewesen sein. In diesen beiden Häusern darf man vernünftigerweise annehmen, dass die religiöse Observanz hoch war.

Eine bemerkenswerte Sammlung unveröffentlichter Briefe von dom Le Masson,[8] General der Kartäuser von 1675 bis 1703 stellt dar, dass sogar in seinem strengen Orden die Außenkontakte nicht auf die Zellerare (von denen einige wegen übermäßigen Trinkens in weltlicher Umgebung gerügt wurden) begrenzt waren. In der sehr wichtigen Kartause von Paris trafen sich Laien regelmäßig in der Zelle eines der Mönche und einige Kartäuser in Paris und Avignon wurden wegen Kontakten mit Jansenistenlaien kritisiert. Allgemein wurde die Klausur nicht ernst genommen, sogar in den Frauenhäusern, und man erinnert sich, dass Rancé bei seinem erstem langen Besuch in La Trappe bei dem Gerichtsvollzieher und seiner Familie wohnen musste, also nicht richtig getrennt von den Ruinen der Klostergebäude. Familienbesuche in den Klöstern und

---

[7] Details über die Mauristen stammen von Maarten Ultee, „Die Abtei von St.-Germain-des-Pres im XVII. Jahrhundert" (Yale, 1981)

[8] Stadtbibliothek Grenoble MS 948

visits of religious certainly took place, as did casual intrusion by seculars into the nominal enclosure, but it would be misleading to attempt any scientific assessment of the frequency of such practices. One feature which is well-documented is the propagation in monasteries of Jansenist ideas by visiting sympathisers. The Benedictine Congregation of St-Vanne, counterpart of the Maurists in Lorraine and eastern France, was strongly tinged with Jansenism, and the Maurists themselves had serious trouble on that score. In the Cistercian Strict Observance houses of Chatillon and Hautefontaine, Le Roy, commendatory abbot of the latter, made no secret of the welcome accorded to Jansenist fugitives, and at Orval in the same area Jansenism caused a major scandal early in the eighteenth century.[9]

All these examples reinforce the evidence for lax observance of enclosure, and coupled with the fact that religious like, for example, the otherwise zealous Abbot of Orval, were frequently to be found in watering places, ostensibly for health, additionally for recreation, show that the concept of 'leaving the world' was somewhat loosely interpreted.

Since their revenues, and actual source of food, depended on their farms, vineyards, woods, and sometimes fisheries, monks were from the first engaged in estate management. This inevitably, nowhere more than in France, involved litigation, and consequent, often prolonged, outside contacts. Originally monks, particularly Cistercians, had fully shared the manual labour required of their tenants, but by the seventeenth century choir monks had long since ceased to do so, and the numbers of lay brothers

---

[9] On these three houses see Aurea Vallis, Melanges, (Liege, 1975), 155-196.

Hausbesuche der Ordensleute fanden zweifellos statt, wie auch gelegentliches Eindringen Weltlicher in die offizielle Klausur, aber es wäre irreführend, eine wissenschaftliche Einschätzung über das Ausmaß solcher Praxis zu versuchen. Gut dokumentiert ist die Ausbreitung von jansenistischem Gedankengut in Klöstern durch Besuche von Sympatisanten. Die Benediktiner-Kongregation von St.-Vanne, das Gegenstück der Mauristen in Lothringen und Ost-Frankreich, widerhallte vom Jansenismus und die Mauristen selbst hatten damit ernste Probleme. Bei den Zisterzienserhäusern der strengen Observanz von Chatillon und Hautefontaine, machte Le Roy, ihr Kommendatarabt, kein Geheimnis aus der freundlichen Aufnahme von Jansenistenflüchtlingen, und in Orval in der gleichen Gegend verursachte der Jansenismus früh im 18. Jahrhundert einen bedeutenden Skandal.[10]

Alle diese Beispiele stärken den Beweis für lockere Beachtung der Klausur, und zusammen mit der Tatsache, dass Ordensleute wie zum Beispiel der sonst eifrige Abt von Orval, häufig in Bädern anzutreffen waren, wo sie anscheinend aus Gesundheitsgründen, wie auch zur Erholung waren, zeigt, dass das Konzept 'Verlassen der Welt' ziemlich großzügig gedeutet wurde.

Da ihr Einkommen und die eigentliche Nahrungsbasis von ihren Landwirtschaften, Weinbergen, Wäldern und manchmal auch Fischgründen abhing, waren die Mönche von Anfang an in der Landverwaltung engagiert. Und dies beinhaltete in Frankreich mehr als anderswo zwangsläufig Rechtsstreitigkeiten und folglich oft langwierige Aussenkontakte. Ursprünglich hatten Mönche,

---

[10] Zu diesen drei Häusern siehe Aurea Vallis, Mischungen, (Lüttich, 1975), 155-196.

varied too much from house to house for any general pattern to emerge. The prodigious labours of the Maurists have made Benedictine scholarship a byword, still proverbial in modern French, but even at the height of their activity only a few dozen men like Mabillon were actually doing the work. For the more than two thousand others the glory was reflected, and outside Paris by no means universally appreciated. The large centralised novitiates of the Maurists at Meaux and Reims, the normal course of studies pursued in all Orders by candidates for the priesthood (i.e. most choir monks), the special colleges or houses of studies in universities, like the Cistercian College des Bernardins in Paris and St-Bernard in Toulouse, constituted by far the greatest intellectual activity among monks. Theology and canon law, not scholarship, was the norm. Certainly the traditional gibes at monastic ignorance and mental sloth current in the sixteenth century cannot be supported in the seventeenth. Equally, the unrivalled excellence of Jesuit schools, and of the less numerous Oratorian ones, as well as the vigorous theological teaching of these two societies, and of others like the Sulpicians, offered a much more specifically intellectual vocation than any of the monastic Orders.

The principal occupation of monks and canons remained, as it always had been, the Opus Dei, the regular performance of the office and other services. In big urban houses, like the Benedictine Saint-Germain-des-Pres or Saint-Denis, this was often splendid and spectacular;

besonders die Zisterzienser, sich völlig an der Handarbeit beteiligt, die von ihren Pächtern gefordert wurde, aber bis zum 17. Jahrhundert hatten die Chormönche dies schon lange aufgegeben, und die Anzahl Laienbrüder unterschieden sich von Haus zu Haus zu stark, um daraus ein allgemeines Muster abzuleiten. Die außerordentlichen Arbeiten des Mauristen machten die Gelehrsamkeit der Benediktiner noch für heutige Franzosen sprichwörtlich, aber selbst auf der Höhe ihrer Tätigkeit erledigten nur einige Dutzend Mönche, wie Mabillon, diese Arbeit wirklich. Für mehr als zweitausend andere wurde der Ruhm beansprucht und ausserhalb Paris keinesfalls allgemein geschätzt. Die großen zentralen Noviziate der Mauristen in Meaux und Reims, der normale Bildungsweg in allen Orden für Priesteramtskandidaten (d.h. die meisten Chormönche), die speziellen Kollegien oder Studienhäuser an den Universitäten, wie das Zisterzienserkolleg der Bernhardiner in Paris und St. Bernhard in Toulouse, stellten bei weitem die größte intellektuelle Tätigkeit der Mönche dar. Theologie und Kirchenrecht, nicht Gelehrsamkeit, waren die Norm. Zweifellos kann der traditionelle Spott über klösterliches Unwissen und geistliche Trägheit des 16. Jahrhunderts im siebzehnten nicht aufrecht erhalten werden. Ebenso zeigten die beispiellos hervorragende Leistung der Jesuiten- und der weniger zahlreichen Oratorianerschulen, wie auch die lebendige theologische Lehre dieser zwei Gesellschaften und anderer, wie der Sulpizianer, eine sehr viel grössere intellektuelle Berufung als irgendeiner der Mönchsorden.

Die Haupttätigkeit von Mönchen und Kanonikern blieb wie immer, das Opus Dei, das regelmäßige Offizium (Stundengebet) und andere Dienste. In den großen städtischen Häusern wie dem benediktinischen Saint-Germain-des-Pres oder Saint Denis, war dies häufig herrlich und großartig;

in depleted rural houses it can often have been barely possible. Rancé, for example, criticised the Abbot of Septfons for insisting on conventual High Mass at a time when the whole community scarcely numbered half a dozen. Within their means most houses were undoubtedly regular in their liturgical duties; canonical visits and General Chapters would not have failed to take action had it been otherwise. If one goes on to ask whether the spirit as well as the letter of the law was followed, the answer is much more problematic. The danger of purely mechanical, mindless repetition of word and gesture is as old as religious observance. Infractions of discipline, real abuses are the business of visitors and chapters, who can also be expected to record bad relations within a monastery, unsatisfactory superiors, and the like, but it is deviations from the norm, not the norm itself which excites criticism.

Two types of source bring the enquirer closer to evidence as to the spirit of particular monasteries or Orders: correspondence from within and reports of private visitors from without. Relatively few examples of either exist in print, and no systematic publication before the invaluable fact-finding journeys of the Maurists dom Martene and dom Durant early in the eighteenth century. However, statements in manuscript letters and reports add up to a pattern in which such monasteries as la Trappe, Septfons, and Orval are compared to an unstated norm in such a way as to suggest its general outlines. Most people, whether familiar with monasteries or not, sense the religious spirit or its absence on even the briefest contact,

in den verkommenen ländlichen Häusern war es dagegen oft kaum möglich. Rancé zum Beispiel kritisierte den Abt von Septfons wegen des Bestehens auf dem konventionellen Hochamt, als die ganze Gemeinschaft kaum ein halbes Dutzend umfasste. Innerhalb ihrer Möglichkeiten waren die meisten Häuser in ihren liturgischen Aufgaben sicher regeltreu; kanonische Besuche und Generalkapitel hätten sicher Maßnahmen ergriffen, wäre es anders gewesen. Wenn man weiter fragt, ob dem Geist ebenso wie dem Buchstaben des Gesetzes gehorcht wurde, ist die Antwort viel problematischer. Die Gefahr der lediglich mechanischen, geistlosen Wiederholung der Worte und der Gesten ist so alt wie religiöse Observanz. Verletzungen der Disziplin, wirkliche Missbräuche sind das Geschäft der Visitatoren und Kapitel, die auch schlechte Beziehungen innerhalb eines Klosters, unbefriedigende Obere und dergleichen aufdecken sollen, doch dabei erregt Normabweichung Kritik, nicht die Norm selbst.

Zwei Typen von Quelle bringen den Forscher näher zu Beweisen über den Geists bestimmter Klöster oder Orden: Korrespondenz von innen und Berichte privater Besucher von außen. Verhältnismäßig wenige gedruckte Exemplare existieren von beiden und keine systematische Veröffentlichung vor den unschätzbaren Untersuchungsreisen der Mauristen dom Martene und dom Durant im frühen 18. Jahrhundert. Jedoch fügen sich Aussagen in Briefmanuskripten und Berichten zu einem Muster, in dem Klöster wie La Trappe, Septfons und Orval ohne feste Norm verglichen werden dass man auf diese Weise Grundzüge erkennen kann. Die meisten Leute, vertraut mit Klöstern oder nicht, spüren religiösen Geist oder sein Fehlen sogar schon bei ganz kurzem Kontakt, und im 17. Jahrhundert waren Klöster nicht so selten wie heute. Man sagt, dass die Qualität eines Ordenshauses oder –Mitgliedes am besten

and in the seventeenth century a monastery was not the rarity it is today. It has been said that the quality of a religious house, or an individual religious, can best be judged from seeing the members in choir, in other words, doing their specifically monastic duty. Allowing for the inevitably anecdotal character of travellers' tales and private letters they none the less afford a genuine subjective assessment. All extant descriptions of la Trappe stress the impact made by the dignified and reverent manner of conducting services, the serenity of the monks, and, of course, the physical austerity. In all these respects it must be assumed that other monasteries appeared unremarkable.

A collection of unpublished letters[11] exchanged between five or six Celestines over a period of nearly twenty years (1661-79) is full of complaints about the leadership of the Order and the treatment of suspected Jansenists. A similar, later, collection[12] addressed to the Paris theologian Jean Gerbais includes, together with a number of letters from Rancé and dom Le Nain, several concerning the Camaldolese at Grosbois, near Paris, and the unreformed Benedictines at Perrecy, near Autun, who were both clearly having serious troubles and defections. A huge collection of pamphlets about the quarrel between the two Cistercian Observances[13] are full of the most acrimonious criticism, not only between the opposed parties, but from aggrieved priors running their monasteries for commendatory abbots and comparing their effective leadership

---

[11] Bibl. de l'Arsenal, Paris, MS 5098.

[12] Bibl. de L'Arsenal, Paris, MS 5172.

[13] Bibliography in L. J. Lekai, The Rise of the Cistercian Strict Observance (Washington: CUA, 1967).

beurteilt werden kann, wenn man Mitglieder im Chor sieht, dort wo sie ihre ureigene Aufgabe tun. Sieht man über den unvermeidlich anekdotischen Charakter in Reisegeschichten und privaten Briefen hinweg, so leisten sie dennoch eine echte subjektive Einschätzung. Alle vorhandenen Beschreibungen von La Trappe betonen die Wirkung, die von der würdigen und ehrfurchtsvollen Art der Gottesdienste ausgeht, von der Ruhe der Mönche und selbstverständlich von der leibichen Enthaltsamkeit. In all diesen Hinsichten muss angenommen werden, dass andere Klöster weniger bemerkenswert aussahen.

Eine Sammlung unveröffentlichter Briefe[14] zwischen fünf oder sechs Celestinern über einen Zeitraum von fast zwanzig Jahren (1661-79) ist voller Beanstandungen über die Führung des Ordens und die Behandlung vermutlicher Jansenisten. Eine ähnliche, jüngere Sammlung[15] gerichtet an den Pariser Theologen Jean Gerbais schließt, neben einigen Briefen von Rancé und dom Le Nain, mehrere ein, die die Kamaldoliten von Grosbois, nahe Paris und die unreformierten Benediktiner von Perrecy, nahe Autun betreffen, die beide offenbar ernste Probleme und Austritte hatten. Eine riesige Sammlung Flugschriften über den Streit zwischen den beiden Zisterzienser Observanzen[16] sind voll schärfster Kritik, nicht nur zwischen den Streit-Parteien, sondern von den benachteiligten Prioren, die ihre Klöster für Kommendataräbte leiteten und die ihre tatsächliche Führung mit der der regelmäßigen Äbte vergleichen, die ständig abwesend und in Paris sind.

---

[14] Bibl. de l'Arsenal, Paris, Mitgliedstaat 5098

[15] Bibl. de L'Arsenal, Paris, Mitgliedstaat 5172

[16] Bibliografie in L.J. Lekai, der Aufstieg der Zisterzienser strengen Observanz (Washington: CUA, 1967).

with that of regular abbots constantly absent in Paris. These, and many other sources, are filled with polemic and dissatisfaction of a somewhat petty nature rather than full-scale denunciation. It is precisely this feeling that monastic life should have something spiritually more positive to offer that animates the correspondence of those who applied to come to la Trappe, to judge from the very numerous extant letters written by Rancé to individuals whose remarks in that sense he quotes.

If monastic life, as distinct from the active apostolate, has any justification it must be in a quest for perfection, in offering oneself as totally as possible to God. The fact that all those religious who applied to la Trappe claimed that their current way of life fell short of those aims, and that Rancé answered all protests from their superiors with the claim that la Trappe offered a more regular observance, must reflect on the general state of seventeenth-century monasticism no less than on la Trappe. There is no need to assume scandals or abuses—these were usually corrected by the machinery of inspection—but rather complacency, inertia, or quite simply, acceptance of an easy life making few demands. It is only when such a situation is challenged either, as in England under Henry VIII or in France at the Revolution, by a powerful negative force, or, as by la Trappe and similar reforms, by a powerful positive one that inherent weaknesses come to light. When both such forces come into direct collision, as in 1789, the positive will somehow prevail against all odds, but the weak will go under without a trace.

All these considerations bear directly on Rancé's rule at la Trappe and on recruitment there.

Diese und viele anderen Quellen sind mit Polemik und Unzufriedenheit kleinlicher Natur angefüllt, nicht dagegen mit einer vollständigen Brandmarkung. Genau dieses Gefühl, das klösterliches Leben sollte spirituell etwas Positiveres anzubieten haben, durchweht die Korrespondenz derjenigen, die nach La Trappe kommen wollten, wie man aus den sehr zahlreichen vorhandenen Briefen urteilen kann, die von Rancé an einzelne Personen geschrieben wurden, deren Anmerkungen er in dieser Hinsicht zitiert.

Wenn klösterliches Leben, im Unterschied zu aktivem Apostolat, irgendeine Rechtfertigung hat, muss diese in der Suche nach Vollkommenheit bestehen, sich selbst so vollständig wie irgend möglich, Gott darzubieten. Die Tatsache, dass alle Ordensleute, die in La Trappe postulierten, behaupteten, dass ihre gegenwärtige Lebensweise diesen Zielen nicht entsprach, und dass Rancé alle Proteste ihrer Oberen mit dem Anspruch beantwortete, dass La Trappe eine regeltreuere Observanz böte, wirft auf den Allgemeinzustand des Klosterlebens im 17. Jahrhunderts nicht weniger Licht als auf La Trappe. Man muss nicht etwa Skandale oder Missbrauch annehmen - solche wurden normalerweise durch den Mechanismus der Visitationen korrigiert - sondern eher Selbstzufriedenheit, Trägheit oder ganz simpel die Annahme eines einfachen Lebens, das wenig Anforderungen stellt. Erst wenn solch eine Situation durch eine starke negative Kraft herusgefordert wird, wie in England unter Heinrich VIII. oder in Frankreich bei der Revolution oder durch eine starke positive, wie bei La Trappe und ähnlichen Reformen, dann kommen inhärente Schwächen ans Licht. Kommen beide Kräfte zum direkten Zusammenstoß, wie 1789, dann setzt sich das Positive wider alle Schwierigkeiten durch und das Schwache verschwindet spurlos. Alle diese Erwägungen betreffen direkt Rancés Regel in La Trappe und den Nachwuchs dort.

While he knew that what he set out to do in 1663 was different from what was practiced elsewhere, by 1683, when De la Sainteté was published, he did not seem willing to accept that difference as necessary or desirable. He certainly never intended to impose his views anywhere but at la Trappe, and then only with the full support of his monks, but his long service in the cause of the Strict Observance, up to 1675, makes sense only in the perspective of improvement within the Order. One obvious consequence of this Cistercian thrust is that la Trappe for a long time attracted more Cistercian recruits than any other single category. Rather than wait for promised reform, or put up with compromise, Cistercians preferred to join the one monastery which realised their aspirations, and later the drawing-power of Septfons and one or two other stricter houses derived from exactly the same motivation. Of the first hundred choir monks professed (to 1690) fifteen or sixteen came from other Cistercian houses and were formally re-professed, and at least two cases are known of Perseigne monks who spent much of their time at la Trappe without formal re-profession; other such cases may well have occurred. Some of these men left, usually for health reasons, and died elsewhere, but the proportion of Cistercians is very substantial. To these must be added the unknown, but certainly much larger, number who came as postulants, and perhaps even entered the novitiate, but did not stay on to profession. Each individual would have to be considered separately, but it is true to say that some of those wanting to come to la Trappe from the Common Observance had a good deal of trouble getting authorisation and many who would clearly have liked to have stayed at la Trappe found the silence, much more than any physical austerity, beyond their strength.

HINTERGRUND DES WACHSTUMS VON LA TRAPPE

Er wusste zwar, dass sein Vorhaben 1663 ganz anders war als die anderswo geübte Praxis, und 1683, als "De la Sainteté…" veröffentlicht wurde, schien er nicht bereit, diese Verschiedenheit als notwendig oder wünschenswert anzunehmen oder. Er wollte zweifellos niemals seine Ansichten irgendwo ausser in La Trappe umsetzen, und auch dort nur mit voller Unterstützung seiner Mönche. Aber sein langes Engagement in Sachen der strengen Observanz bis 1675 ergibt Sinn nur mit der Perspektive von internen Verbesserungen. Dieser Schub hatte offensichtlich zur Folge, dass La Trappe für lange Zeit mehr Zisterzienser Novizen anzog als jede andere Kategorie. Anstatt auf eine in Aussicht gestellte Reform zu warten oder Kompromisse anzunehmen, traten Zisterzienser lieber gleich in das Kloster ein, das ihre Erwartungen umsetzte. Später beruht die Anziehungskraft von Septfons und ein, zwei anderen strengeren Häusern auf genau der gleichen Motivation. Fünfzehn oder sechzehn der ersten hundert Chormönche kamen (bis 1690) aus anderen Zisterzienserhäusern und legten formell neue Gelübde ab. Mindestens zwei Fälle von Perseigne-Mönchen sind bekannt, die viel Zeit in La Trappe ohne formale Neu-Profess verbrachten; gut möglich, dass es mehr solche Fälle gegeben hat. Einige dieser Männer gingen fort, meist aus gesundheitlichen Gründen, und starben anderswo, aber der Anteil Zisterzienser ist sehr erheblich. Hinzurechnen ist die unbekannte, aber sicher viel grössere Zahl der Postulanten, die vielleicht sogar das Noviziat begannen, aber nicht bis zur Profess blieben. Man müsste jeden Einzelnen separat betrachten, man kann aber sagen, dass einige von denen aus der allgemeinen Observanz, die nach La Trappe gehen wollten, beträchtliche Probleme mit der entsprechenden Erlaubnis hatten. Viele, die offenbar gern in La Trappe geblieben wären, fanden, dass die Stille mehr als jede körperliche Entbehrung über ihre Kräfte ging.

It should be added that many applications, possibly a majority, were refused by Rancé point-blank, not always because they seemed to be doing more good elsewhere, but sufficiently often on those grounds to be significant. As an indication of the quality of those who did come, it is worth noting that they included an ex-abbot of Chatillon, an ex-novice master of Clairvaux, later proposed as abbot for Hautefontaine, a future prior of Hautefontaine, a future novice master of Foucarmont, later Abbot of Tamie, a future Abbot of Buonsolazzo in Italy, and two ex-priors of Perseigne. The record is impressive and suggests that if the example of Rancé and la Trappe had been more widely followed in the seventeenth century the survival and recovery of the nineteenth might have been less obviously dependent on a single community.

Coming to members from the monastic Orders proper and the Canons Regular, one finds exactly the same number in the first one hundred as of Cistercians: seven Celestines head the list of those professed, though at least two more came and failed to qualify; four Benedictines of all congregations (one only from the Maurists); five Canons Regular (including two Premonstraten-sians, and one each from Saint Victor and Sainte-Geneviève). In all these categories the names are known of several unsuccessful applicants and many more are simply not recorded.

The Celestines constitute a special case. The Order, founded as a branch of the Benedictine family in the thirteenth century, had once flourished in France, but by the seventeenth century the virtually autonomous French province was clearly at risk. The authority of the Italian General was challenged, and after long discussions lasting more than ten years, new constitutions

Es sollte hinzugefügt werden, dass viele Bewerber, vielleicht die Mehrheit, durch Rancé rundweg abgelehnt wurden, nicht immer weil sie anderswo mehr Gutes tun könnten, aber oft genug, um dies als bedeutenden Grund zu sehen. Zur Qualität der Eintretenden ist zu bemerken, dass ein Ex-Abt von Chatillon dabei war, ein Ex-Novizenmeister von Clairvaux, der später als Abt für Hautefontaine vorgeschlagen wurde, ein späterer Prior von Hautefontaine, ein künftiger Novizenmeister von Foucarmont, später Abt von Tamie, ein künftiger Abt von Buonsolazzo in Italien und zwei Ex-Prioren von Perseigne. Die Liste ist beeindruckend und legt nahe, dass, wenn man im 17. Jahrhundert dem Beispiel von Rancé und La Trappe in der Breite gefolgt wäre, Überleben und Erholung im 19. nicht nur auf einer einzigen Gemeinschaft beruht hätte.

Wenn man die Eintritte nach Herkunft aus reinen Mönchsorden und regulären Kanonikern betrachtet, findet man bei den ersten hundert genau so viele wie Zisterzienser: sieben Celestiner führen die Liste derjenigen an, die die Profess ablegten, obwohl mindestens noch zwei kamen, aber nicht qualifiziert waren; vier Benediktiner aller Kongregationen (nur ein Maurist); fünf reguläre Kanoniker (darunter zwei Prämonstratenser und je einer von Saint Victor und Sainte-Geneviève). In allen diesen Kategorien sind auch die Namen einiger erfolgloser Bewerbern bekannt und viele weitere wurden einfach nicht dokumentiert.

Die Celestiner stellen einen besonderen Fall dar. Der Orden, gegründet als Niederlassung der Benediktinerfamilie im 13. Jahrhundert, hatte in Frankreich einmal geblüht, aber nun im 17. Jahrhundert war die praktisch autonome französische Provinz klar in Gefahr. Die Autorität des italienischen Generals wurde angefochten, und nach langen Diskussionen über zehn Jahre wurden 1670

were approved in 1670 which, on paper at least, would have brought the French Celestines into line with other reformed Benedictines. The first Celestine came to la Trappe in 1668; a group of seven followed in 1670, two of whom did not stay, and a ninth came in 1675. The circumstances make it certain that the mass defection was planned well in advance, and resulted from dissatisfaction with the slow pace of reform within the Celestine Order and also from the anxiety of some who had Jansenist leanings.

Papal intervention in 1672, and a formal agreement between Rancé and the Celestine Provincial in 1674 put an end to any further mass migration, and the Celestine who arrived in 1675 presumably had permission from his Order. The whole affair typifies the pattern of relations between Rancé and other Orders, and was repeated with minor variations with the Benedictines, (Maurists and Vannists), Feuillants, and Premonstratensians, all of whom showed alarm at the initial defection of one or more of their members, appealed to Rome, and thereafter released individual members for la Trappe only in the most exceptional cases. In point of fact, as mentioned already, only four Benedictines were professed while Rancé was abbot, but many more made unsuccessful attempts, not always being accepted back into their own Order when they had failed at la Trappe.

To the majority of those from other Orders who stayed, certain common factors seem to apply. Many, perhaps most, had held positions of responsibility, like prior or novice master, when they applied to la Trappe, and were therefore a real loss to their Order.

neue Konstitutionen genehmigt, die zumindest auf dem Papier die französischen Celestiner mit anderen reformierten Benediktinern koordiniert hätten. Der erste Celestiner kam 1668 nach La Trappe; eine Gruppe von sieben folgte im Jahre 1670, zwei davon blieben nicht, und ein Neunter kam im Jahre 1675. Den Umständen nach ist es sicher, dass dieser Massenwechsel lange im Voraus geplant war und aus der Unzufriedenheit mit dem langsamen Fortschritt der Reform innerhalb des Celestiner Ordens und auch aus Angst einiger mit jansenistische Neigungen resultierte.

Die Päpstliche Intervention 1672 und eine formale Vereinbarung zwischen Rancé und dem Celestiner Provinzial 1674 beendete weitere Abwanderungen und der Celestiner, der 1675 kam, hatte wohl die Erlaubnis seines Ordens. Die ganze Affäre verkörpert das Beziehungsmuster zwischen Rancé und anderen Orden und wiederholte sich mit geringen Veränderungen mit den Benediktinern, (Mauristen und Vannisten), Feuillants und Prämonstratenser, die alle bei den ersten Abgängen eines oder mehrerer ihrer Mitglieder beunruhigt waren, sich an Rom wandten und danach ihre Mitglieder nur in Sonderfällen nach La Trappe gehen liessen. Tatsächlich wurden, wie erwähnt, in Rancés Abtszeit nur vier Benediktiner aufgenommen. Viele weitere versuchten erfolglos, aufgenommen zu werden. Sie wurden dann nicht immer in ihrem ursprünglichen Orden zurückgenommen, wenn sie in La Trappe erfolglos waren.

Bei den meisten aus anderen Orden, die blieben, scheinen bestimmte gemeinsame Faktoren zuzutreffen. Viele, vielleicht die meisten, hatten verantwortliche Positionen inne, wie Prior oder Novizenmeister, als sie in La Trappe anfragten, und waren deshalb ein echter Verlust für ihre Orden. Sie alle waren gute Mönche in La Trappe und Berichte über ihr neues Leben dort,

They all made good monks at la Trappe, and reports of their new life there, either direct in letters to former confreres or at second-hand, encouraged others to follow. The Orders from which they came were either already reformed (like Maurists or Feuillants) or being pushed into reform, so that a move to la Trappe represented a further stage along a road already chosen rather than a new departure. Almost all the newcomers were already priests.

As regards the Jansenist issue, it is highly relevant to note that while such sympathies never debarred postulants from entry, Rancé insisted that no further reference to such matters should ever be made once they were admitted. At least two Vannists with strong Jansenist sympathies tried their vocation at la Trappe without success, one leaving on the specific ground that he found Rancé 'insufficiently Augustinian.' It therefore seems likely that those Jansenists who settled down at la Trappe, and they were many, were attracted by spiritual, ascetic ideals more than by theological dogmatism and partisan polemic. In other words, a strict monastic observance probably satisfied the inner need which had originally prompted their Jansenist sympathies.

Details are not known of the vast majority of unsuccessful applicants, but there are some hints. Two independent sources record that shortly after Rancé's resignation one postulant in ten was being accepted, and this was very probably the rate throughout his abbatial rule. The small number of cases in which the unsuccessful applicant can be identified (perhaps about twenty) suggest that youth and immaturity was most often the reason; such candidates normally returned to their original Order. Quite often physical or psychological strain proved too much at la Trappe, but these otherwise satisfactory monks often transferred successfully

direkt in Briefen an ehemalige Mitbrüder oder aus zweiter Hand, regten andere an, zu folgen. Die Orden, von denen sie kamen waren entweder bereits reformiert (wie die Mauristen oder Feuillants) oder wurden zu Reformen gedrängt, so dass ein Wechsel zu La Trappe einen weiteren Schritt auf einem Weg bedeutete, der schon vorher gewählt und keine neue Weichenstellung war. Fast alle Novizen waren bereits Priester.

Zur Jansenistenfrage ist wichtig zu vermerken, dass solche Sympathien einen Bewerber zwar nie vom Eintritt ausschlossen, doch Rancé beharrte darauf, dass nach dem Eintritt keinerlei weitere Beziehungen mehr zu solchen Dingen statthaft seien. Wenigstens zwei Vannisten mit starken Sympathien zum Jansenismus versuchten ihre Berufung in La Trappe ohne Erfolg, einer aus dem spezifischen Grund, dass er fand, Rancé sei 'zu wenig Augustinisch'. Es ist deshalb wahrscheinlich, dass die Jansenisten, die in La Trappe blieben, und das waren viele, mehr durch die geistlichen, asketischen Ideale als durch theologischen Dogmatismus und parteiische Polemik angezogen wurden. Das heißt, die strenge Ordensobservanz beantwortete vermutlich die innere Suche, die ursprünglich ihre jansenistischen Sympathien angeregt hatte.

Über die große Mehrheit der erfolglosen Bewerber sind Details nicht bekannt, doch gibt es einige Andeutungen. Zwei unabhängige Quellen berichten, dass kurz nach Rancés Rücktritt einer von zehn Postulanten aufgenommen wurde, und dies war sehr wahrscheinlich auch die Relation während seiner Abtszeit. Die kleine Zahl Fälle, wo der erfolglose Bewerber identifiziert werden kann (vielleicht ungefähr zwanzig) legen nahe, dass Jugend und Unreife häufig der Grund waren; solche Kandidaten kehrten normalerweise zu ihren ursprünglichen Orden zurück. Ziemlich häufig

to another Cistercian house. Of those actually professed, twenty-six in all went to another monastery, where they remained until they died.

Canons Regular were so varied in the strictness of their observance that no general standard can be applied to them, but they lived in community when not out on parish duty, and many houses made real efforts to lead an austere life in harmony with the reform movements of other Orders. Dom Pierre Le Nain, from Saint-Victor, was an exemplary monk and sub-prior of la Trappe for many years; dom Jacques de La Cour, a Canon Regular from Soissons, was abbot when Rancé died; dom Malachie Garneyrin, a former member of the Order of Saint Antoine, virtually assimilated to Canons Regular by the seventeenth century, was the first abbot of Buonsolazzo (in Tuscany), la Trappe's only foundation. These three, like the monastic migrants, may be said to have carried their original journey to its logical conclusion. Similarly the two Premonstratensians had both been superiors in their Order before they came to la Trappe, to the intense annoyance of the authorities of Premontre.

All in all, then, at least a third of the religious professed at la Trappe had received training and often held office as monks or canons before coming. Such a nucleus in any community would provide a solid basis for forming an elite. A further peculiarity of entry into la Trappe is connected with this phenomenon of migration. A substantial number of religious came from the secular clergy, or the Oratorians, or from the Mendicant orders (half a dozen), and all of these men of some substance,

erwies sich die körperliche oder psychologische Belastung in La Trappe zu groß, aber diese ansonsten annehmbaren Mönche wechselten häufig erfolgreich in ein anderes Zisterzienserhaus. Von dcn mit Gelübde aufgenommenen Mönchen gingen sechsundzwanzig zu einem anderen Kloster, in dem sie bis zum Tode blieben.

Regularkanoniker waren in der Strenge ihrer Observanz so verschieden, dass kein allgemeiner Massstab an sie gelegt werden kann, aber sie lebten in Gemeinschaft wenn sie nicht zu Gemeindeaufgaben auswärts waren. Viele Häuser strengten sich wirklich an, ein enthaltsames Leben in Übereinstimmung mit den Reformbewegungen anderer Orden zu führen. Dom Pierre Le Nain von Saint Victor war in La Trappe jahrelang ein mustergültiger Mönch und Subprior; dom Jacques de La Cour, ein Regularkanoniker von Soissons, war Abt, als Rancé starb; dom Malachie Garneyrin, ein ehemaliges Mitglied des St. Antoniusordens, der nun im 17. Jahrhundert praktisch den Regularkanonikern angepasst, war der erste Abt von Buonsolazzo (Toskana), die einzige Gründung von La Trappe. Von diesen drei kann man wie von den Wechslern sagen, dass ihre ursprüngliche Reise logisch zu Ende geführt wurde. Ähnlich waren die zwei Prämonstratenser vorher Obere in ihren Orden, bevor sie zum großen Ärger ihrer Oberen nach La Trappe gingen.

Alles in allem hatte also mindestens ein Drittel der Mönche, die in La Trappe Profess ablegten, Ausbildung als Mönche oder Kanoniker erhalten und bekleideten häufig ein Amt bevor sic kamen. Solch ein Kern hätte in jeder denkbaren Gemeinschaft eine solide Grundlage zur Bildung einer Auslese geboten. Eine weitere Eigenheit des Eintritts in La Trappe hängt mit diesem Phänomen der Wechsel zusammen. Viele Mönche kamen vom weltlichen Klerus, den Oratorianern oder dem Bettelorden

including two canons of cathedrals, one future abbot and two future priors of la Trappe. Something like half of all the choir monks must have been experienced, trained, and ordained by the time they came.

It thus comes as no surprise to learn that the age of entry at la Trappe was unusually, perhaps uniquely, high throughout the period up to Rancé's death. The figures speak for themselves: up to Rancé's resignation in 1695 there were one hundred thirty-three religious professed;

thirty-seven were under 25,

thirty-one between 25 and 30, t

hirty-eight between 31 and 40, and

twenty-seven over 40.

That is to say forty-nine percent of those professed were over 30. In the five years between Rancé's resignation and death in 1700 replacements came in much more quickly, and of the sixty professed, twenty-nine were over 30. Even by modern standards the age of entry was remarkably high, but should be compared with that of Maurists at the same period. By the end of the seventeenth century ninety percent of Maurist admissions were under 25, and this was a reformed congregation with a good reputation. It is almost certain that with the possible exception of the Carthusians, who also drew to some extent from other Orders, the normal age of entry into religion was the same as with the Maurists.

In the early stages of any reform recruits will inevitably be much older than the average because they will include a majority

(ein halbes Dutzend) und allen diese Männer hatten eine gewisse Statur, einschließlich zwei Kanoniker von Kathedralen, ein zukünftiger Abt und zwei zukünftigen Priore von La Trappe. Etwa die Hälfte aller Chormönche muss erfahren, ausgebildet und ordiniert gewesen sein, bevor sie kamen.

Es überrascht folglich nicht, dass das Eintrittsalter in La Trappe im Zeitraum bis zu Rancés Tod ungewöhnlich, vielleicht einmalig, hoch war. Die Zahlen sprechen für sich: bis zu Rancés Rücktritt 1695 gab es hundert dreiunddreißig Professmönche;

- siebenunddreissig waren unter 25 Jahre alt,
- einunddreissig zwischen 25 und 30,
- achtunddreissig zwischen 31 und 40 und
- siebenundzwanzig über 40.

Das heißt, 49 Prozent der Professmönche waren über 30. In den fünf Jahren zwischen Rancés Rücktritt und Tod (1700) kam Nachwuchs viel schneller, und von den sechzig Professmönchen, waren neunundzwanzig über 30. Selbst verglichen mit heutiger Norm war das Eintrittsalter bemerkenswert hoch, sollte jedoch mit dem der Mauristen im gleichen Zeitraum verglichen werden. Zu Ende des 17. Jahrhunderts waren neunzig Prozent der Mauristen-Eintritte unter 25 und dies war eine reformierte Kongregation mit gutem Ruf. Es ist fast sicher, dass mit eventueller Ausnahme der Kartäuser, die auch Wechsler von anderen Orden anzogen, das normale Eintrittsalter dasselbe wie bei den Mauristen war.

In Anfangsstadien jeder Reform sind Neueintritte unvermeidlich viel älter als der Durchschnitt, weil eine Mehrheit aus unreformierten Ordenshäusern darunter ist; so war es tatsächlich der Fall

of religious from unreformed houses; this had indeed been the case with the Maurists. Once a reform is established, however, young recruits are drawn in who would otherwise have gone to unreformed houses, but at la Trappe this was never the case. It is particularly remarkable that it was very much harder to transfer from one Order to another than to come straight to a given monastery, but on the evidence it seems that the number of mature candidates, and not just of mature admissions, did not diminish. By about 1690 Cistercians from other houses had almost stopped coming, because such men now came straight to la Trappe, but after publication of *De la Sainteté* in 1683 recruits from other Orders increased in number. There can be no doubt that widespread diffusion of Rancé's monastic teaching added significantly to the already considerable publicity arising from visits, letters, and oral reports on life at la Trappe.

Besides recruits from other Cistercian houses and other Orders, there was a steady flow of postulants from non-monastic sources, of all ages, backgrounds, and regions. Many were put in touch with Rancé by parish clergy or, especially in Paris, by Oratorians who knew him and his abbey and could recommend individuals likely to succeed. Many more came, as monks have always come, for no discernible reason, drawn to a particular monastery or a particular Order by what can only be called a vocation. Very few came from the area nearest to la Trappe, most came from Paris or the northern provinces, but the whole French-speaking area was represented, from Belgium to the Pyrenees. Indeed postulants came from as far afield as Crete and Madagascar, though neither of these stayed.

mit den Mauristen. Wenn die Reform eingeführt ist werden jedoch junge Novizen angezogen, die andernfalls zu unreformierten Häusern gegangen wären, aber in La Trappe war dieses nie der Fall. Besonders bemerkenswert ist, dass Wechseln viel schwerer war, als gleich in einem bestimmten Kloster einzutreten, und die Beweise zeigen, dass die Zahl nicht nur reifer Aufnahmen sondern auch gereifter Kandidaten nicht weniger wurde. Bis ungefähr 1690 war der Übertritt von anderen Zisterzienserhäusern fast zum Stillstand gekommen, weil solche Männer jetzt direkt nach La Trappe kamen, aber 1683 nach Erscheinen von „*De la Sainteté..*" erhöhte sich der Übertritt von anderen Orden. Es kann keinen Zweifel geben, dass die weite Verbreitung von Rancés Lehre erheblich zu der schon beträchtlichen Bekanntheit beitrug, die von Besuchen, Briefen und mündlichen Berichten über das Leben in La Trappe entstanden war.

Außer Übertritten von anderen Zisterzienserhäusern und Orden gab es einen ständigen Strom von Postulanten anderer Herkunft, aller Alter, Lebensläufe und Gegenden. Viele kamen in Kontakt mit Rancé durch Gemeindeklerus oder, besonders in Paris, durch Oratorianer, die ihn und seine Abtei kannten und erfolgversprechende Personen empfehlen konnten. Viele weitere kamen, wie Mönche von jeher, aus keinem bestimmten Grund, angelockt zu einem bestimmten Kloster oder Orden durch etwas, was man nur einen Ruf nennen kann. Sehr wenige kamen aus der direkten Umgebung von La Trappe, die meisten aus Paris oder den Nordprovinzen, aber das ganze frankophone Gebiet von Belgien bis zu den Pyrenäen war vertreten. Postulanten kamen sogar von so entfernten Orten wie Kreta und Madagaskar, doch von diesen blieb keiner.

Rancé made the point in a letter that a comparatively small abbey (at that time forty or so) was being made out to be a threat by populous congregations like the Maurists and Vannists, and while the actual number accepted over the years clearly did not constitute a threat, the interest aroused by la Trappe inside and outside cloisters certainly did. Before Rancé, the proverbial ultimate in monastic austerity were the Carthusians, whom Rancé in 1665 had actually talked of joining, but by the time of Rancé's death la Trappe had come to have a similar proverbial reputation. As we have shown above, such a reputation attracted some of the best religious of the time, but it is obvious that a fantasy view of la Trappe also attracted and unsettled the unstable, the discontented, and the immature. Talk about la Trappe was probably more of a threat to other Orders than actual defection, but the list of improbable postulants ranges from the illustrious philosopher Nicolas Malebranche and his Oratorian confrere, later Jansenist leader, Pasquier Quesnel, through numerous dignitaries among the diocesan clergy, to youths in their teens. La Trappe may be called a state of mind, the 'Cistercian fever' of which a modern Benedictine has written in a twentieth-century context.[17]

[17] Aldhelm Cameron-Brown, referring to Merton, in Thomas Merton, Monk (Sheed & Ward, 1974 - Cistercian Publications, 1983) 162.

HINTERGRUND DES WACHSTUMS VON LA TRAPPE

Rancé betont in einem Brief, dass eine verhältnismässig kleine Abtei (damals etwa um vierzig) von mitgliedstarken Kongregationen wie den Mauristen und Vannisten als Bedrohung ausgemacht wurde, und wenn auch die Zahl der Aufnahmen im Laufe der Jahre offensichtlich keine Bedrohung darstellte, geschah dies doch durch das von La Trappe intern und ausserhalb in Klöstern geweckte Interesse. Vor Rancé waren die Kartäuser der sprichwörtlich strengste Orden, mit denen Rancé 1665 als mögliches Ziel seines Eintrittes gesprochen hatte, aber bei Rancés Tod hatte la Trappe ein ähnlich sprichwörtliches Ansehen gewonnen. Wie oben dargestellt, zog dieser Ruf einige der besten Ordensleute jener Zeit an, aber es liegt auf der Hand, dass ein fantasievoller Blick auf La Trappe auch die Wankelmütigen, Unzufriedenen und Unreifen in Bewegung setzte und anzog. Gespräche über La Trappe war wohl mehr als tatsächliche Austritte eine Bedrohung für andere Orden, aber die Liste unwahrscheinlicher Bewerber reicht vom berühmten Philosophen Nicolas Malebranche und seinem Oratorianer Mitbruder Pasquier Quesnel, später Jansenistenführer, über zahlreiche Würdenträger aus dem Diözesanklerus bis zu Teenagern. La Trappe könnte man als Gemütszustand bezeichnen, das 'Zisterzienser Fieber' von dem ein moderner Benediktiner in einem Text des 20. Jahrhunderts geschrieben hat.[18]

[18] Aldhelm Cameron-Brown, mit Bezug auf Merton, in Thomas Merton “Mönch” (Sheed u. Ward, 1974 - Cistercian Publications, 1983) 162.

In less than forty years the community grew from the original six members to about ninety, at which level it remained until the Revolution. Concentrated within one house, rather than diluted throughout a group of houses or a congregation, the spirit created by Rancé was so intense that it survived his death. For better or for worse the notion of Trappist remains still a monastic absolute.

HINTERGRUND DES WACHSTUMS VON LA TRAPPE

In weniger als vierzig Jahre wuchs die Gemeinschaft von den ursprünglich sechs Mitgliedern auf ungefähr neunzig. Auf diesem Niveau blieb es bis zur Revolutio.. Konzentriert innerhalb eines Hauses, statt verdünnt auf eine Gruppe von Häusern oder eine Kongregation, war der von Rancé geschaffene Geist so intensiv, dass er seinen Tod überlebte. Im Guten oder im Schlechten bleibt der Begriff des Trappisten immer ein monastisches Absolutum.

LIFE AT LA TRAPPE

THE INTERPRETATION of the Rule followed at la Trappe under Rancé was in many important respects different from that in other Strict Observance houses, but it is hard for a modern student to appreciate what it represented in the seventeenth century. With quite minor variations it was the version adopted during the nineteenth century by all Trappists, and maintained during the present century until the numerous changes, especially in externals, inspired by Vatican II. When people speak of Trappists today it is to this reform that they refer, especially to the proverbial silence, and when modern Cistercians protest at the Trappist label it is this aspect which they are rejecting. An obvious reason for the ambiguity of value attached to the name will be discussed in detail later, and derives from the survival of external practices in unchanged form, no longer supported and justified by a spirituality acceptable to religious living in a vastly changed world. If one is to understand the unique qualities of the original Trappist reform led by Rancé and passed on to his successors, one must resist the temptation to read history backwards.

Rancé's own monastic vocation was quite specific and hardly comparable with that of his monks. After a conversion experience he was overwhelmed with a sense of sin attached to particular aspects of his own worldly life, and he resolved to do penance for those sins by taking monastic vows. At the same time, and only at

DAS LEBEN IN LA TRAPPE

DIE INTERPRETATION der Regel, die in La Trappe unter Rancé befolgt wurde, unterschied sich in vielen wichtigen Punkten von jener in anderen Häusern der strengen Observanz. Wer sie aber heute studiert, hat es schwer, einzuschätzen, was sie im 17. Jahrhundert bedeutete. Mit nur wenig Veränderungen war es die Version, die im 19. Jahrhundert von allen Trappisten angenommen wurde und bis zum 20. Bestand hatte, d.h. bis zu den zahlreichen Änderungen, vor allem in Äusserlichkeiten, die von Vatikan II angeregt wurden. Wenn man heute von Trappisten spricht, meint man diese Reform, vor allem die sprichwörtliche Stille, und wenn moderne Zisterzienser gegen das Trappisten-Klischee aufbegehren, ist dieser Aspekt gemeint, den sie zurückweisen. Ein offensichtlicher Grund für die Mehrdeutigkeit des Wertes den man dem Namen beimisst, wird im Detail später besprochen. Er leitet sich ab vom Überdauern unveränderter äusserlicher Praxis, nicht mehr gestützt und gerechtfertigt durch eine Spiritualität, die für Ordensleben in einer beträchtlich geänderten Welt annehmbar ist. Wenn man die einzigartigen Qualitäten der ursprünglichen Trappistenreform verstehen will, die durch Rancé geführt und an seine Nachfolger weitergegeben wurde, muss man der Versuchung widerstehen, Geschichte rückwärts zu lesen.

Rancés eigene Ordensberufung war ganz besonders und mit der seiner Mönche kaum vergleichbar. Nach einer Bekehrungserfahrung war er von einem Gefühl der Sünde überwältigt, das mit bestimmten Aspekten seines eigenen weltlichen Lebens zusammenhing und er beschloss, für jene Sünden Buße durch das Ablegen der Ordensgelübde zu tun. Gleichzeitig und erst am Ende einer

the end of a long search, he recognised that this personal penance had to be combined with the responsibility for others implicit in becoming regular abbot of the monastery which he had for so long neglected and exploited. The vocation as abbot was no doubt the direct consequence of the many years as commendatory abbot, a dignity in turn resulting from his socially privileged rank, and was clearly a vocation which none of his monks could fully share. Equally the sense of sin which led Rancé eventually into the cloister could be shared only in the most general way by those who followed him. Some had serious sins, perhaps sometimes even crimes, to atone for, the ex-soldiers for example, but many more were leading morally blameless lives, often as exemplary priests or religious, when they responded to the call of la Trappe. Thus the personal experience of Rancé goes a long way towards explaining his success as superior, but is not in itself sufficient to explain the attraction of his reform.

It is self-evident that a leader of such commanding personality as Rancé will excite curiosity even from second-hand reports, and inspire fervent loyalty face to face. His disciples behaved like those of any spiritual leader in any age in desiring to follow his way of life because he taught it. But there is a danger of confusing cause and effect; until there was a way of life being led by a community of respectable size, the teaching was purely theoretical, a counsel of perfection. Conversely, once la Trappe was a going concern men wanted to join what they could see and the teaching did little more than explain what they were doing and encourage them to do it still better.

langen Suche, erkannte er, dass diese persönliche Buße mit der Verantwortung für andere kombiniert werden musste, indem er regulärer Abt des Klosters wurde, das er so lange vernachlässigt und ausgenutzt hatte. Die Berufung als Abt war ohne Zweifel die direkte Folge der vielen Jahre als Kommendatarabt, eine Würde, die sich wiederum aus seinem sozial privilegierten Rang herleitet. Sie war offenbar eine Berufung, die keiner seiner Mönche ganz teilen konnte. Ebenso konnte das Gefühl der Sünde, das Rancé schließlich ins Kloster führte, nur ganz allgemein von denen geteilt werden, die ihm folgten. Einige hatten schwere Sünden, vielleicht sogar Verbrechen, zu büßen, die Exsoldaten zum Beispiel, aber viel mehr führten moralisch makellose Leben, häufig als mustergültige Priester oder Ordensleute, als sie auf den Ruf nach La Trappe reagierten. So erklärt die persönliche Erfahrung Rancé's viel von seinem Erfolg als Oberer, aber reicht nicht aus, die Anziehungskraft seiner Reform zu erklären.

Selbstverständlich erregt ein Führer mit solch dominierender Persönlichkeit wie Rancé Neugier sogar in Berichten aus zweiter Hand und entzündet glühende persönlich Loyalität. Seine Schüler verhielten sich wie die von anderen geistlichen Führern zu allen Zeiten in dem Wunsch, seiner Lebensweise zu folgen, weil er dies lehrte. Aber die Gefahr besteht, Ursache und Wirkung zu verwechseln; bevor dieses Leben von einer Gemeinschaft beachtlicher Größe geführt wurde, war die Lehre rein theoretisch, ein Rat zur Vollkommenheit. Andererseits wollten Männer, sobald der Betrieb in La Trappe lief, mitmachen was sie sehen konnten und die Lehre tat nicht mehr, als ihr Tun zu erklären und sie anzuregen, es noch besser zu tun.

Almost from the start the dynamic of the daily life practiced at la Trappe acquired a vigour that became self-perpetuating. The death of Rancé naturally left a deep sense of loss, but he had solved the problem of transmission which is as crucial in the generation of spiritual as of physical energy. It is therefore the life as led, and as summarized in Rancé's regulations, which remains at the heart of the Trappist spirit, though that life can no more be dissociated from the man Rancé than can the Rule from St. Benedict.

Rancé's first protracted experience of Cistercian life happened to be in buildings and material conditions which emphasized poverty, simplicity, and fellowship. The Perseigne monks who brought the Strict Observance to la Trappe could hope for no physical comfort, and had no aim but the service of God in the place to which they had been sent. The unreformed monks whom they replaced had certainly not lived comfortably, but by hunting and idleness had done their best to avoid austerity. Their poverty had been as unwilling as their divine service. In that first experience Rancé saw the basic monastic truth, that service comes from the heart or not at all. A truth almost equally fundamental is that only a Rule, an objective guide, ensures discipline and regularity as against subjective, and therefore changeable, directives. He wanted to push endurance to the limit, it is true, but not by extraordinary mortifications or spectacular austerity. Instead he accepted the Rule of St. Benedict, as interpreted by the Usages of Citeaux, rejecting all subsequent mitigations and making no concessions to special cases except

Fast von Anfang an gewann die Dynamik des in La Trappe geübten Alltagslebens eine Kraft, die selbst erhaltend wurde. Rancés Tod hinterließ natürlich ein tiefes Verlustgefühl, aber er hatte das Fortsetzungssproblem gelöst, das beim Erzeugen spirituеller Energie ebenso entscheidend ist wie bei körperlicher. Daher bleibt das praktizierte Leben, wie es in Rancés Regel zusammengefasst ist, im Zentrum des Trappistengeistes, obwohl dieses Leben von der Person Rancé nicht mehr getrennt werden kann, ebenso wie die Regel des hl. Benedikt.

Rancés erste längere Erfahrung im zisterziensischen Leben spielte sich in Gebäuden und unter materiellen Bedingungen ab, die Armut, Einfachheit und Kollegialität betonten. Die Perseigne-Mönche, die die strenge Observanz nach La Trappe brachten, konnten auf keinen materiellen Komfort hoffen und hatten kein Ziel ausser den Dienst für Gott an der Stelle, wohin sie geschickt worden waren. Die unreformierten Mönche, denen sie folgten, hatten zweifellos kein bequemes Leben, aber mit Jagd und Faulheit hatten sie ihr Bestes getan, um Entbehrungen zu vermeiden. Sie wollten Armut ebenso wenig wie Gottesdienst. An dieser ersten Erfahrung sah Rancé die grundlegende Ordenswahrheit, dass der Gottesdienst vom Herzen kommt oder überhaupt nicht. Eine fast ebenso grundlegende Wahrheit ist, dass als unparteiischer Führer nur eine Regel Disziplin und Regeltreue sicherstellt im Gegensatz zu subjektivem und deshalb wandelbaren Richtlinien. Er wollte Ausdauer bis zum Äussersten, ja, aber nicht durch außerordentliche Abtötung oder spektakuläre Entbehrungen. Stattdessen nahm er die Regel des hl. Benedikt an, wie sie durch den Usus von Citeaux interpretiert ist, wies alle späteren Milderungen zurück und machte keine Zugeständnisse zu Sonderfällen ausser denen,

those provided for in the Rule. What some might see as rigidity he justified as a means of avoiding discussion, disagreement, and uncertainty.

This pragmatic justification of fidelity to the Rule as laid down in the Constitutions and later the Reglements de la Trappe, and even earlier in the unpublished Declarationes in Regulam, was in fact secondary to the principle, and that in turn reflected one of the two opposed attitudes of the age: what may conveniently be called fundamentalism. Already before Luther's first protests, humanists in the late fifteenth and early sixteenth centuries had shown an almost superstitious reverence for the authority of newly-recovered Greek and Latin authors, not only in their use of language, which is how humanism began, but in the scientific, juridical, philosophical, or whatever, content of their work. Protestant emphasis on the authority of Scripture, on return to the original sources, soon took a different turning, but was part of the same movement. In France in the seventeenth century what is called Classicism was the systematization of this attitude in artistic fields by appeal to the authority of the ancients who had laid down once and for all the moral and aesthetic values which all great art must exemplify. As we have discussed earlier, Jansenism arose from a desire to silence both Protestants and innovators within the Catholic Church by returning to St. Augustine, the greatest ancient authority on many of the matters in dispute.

Similarly, all the reform movements within the older Orders invoked a return to authentic earlier practice

die in der Regel vorgesehen waren. Was einige vielleicht als Starrheit sahen, rechtfertigte er weil damit Diskussionen, Widerspruch und Ungewissheit vermieden werden konnten.

Diese pragmatische Rechtfertigung der Regeltreue, wie sie in den Konstitutionen und später den „Reglements de la Trappe“ und vorher schon in den unveröffentlichten „Declarationes in Regulam“ niedergelegt sind, war tatsächlich nachrangig zum Prinzip, und dieses wiederum spiegelte eine der zwei konträren Haltungen der Zeit: vereinfacht den Fundamentalismus. Bereits vor Luthers ersten Protesten hatten Humanisten im späten fünfzehnten und frühen sechzehnten Jahrhundert eine fast abergläubische Verehrung für die Autorität von neu-entdeckten griechischen und lateinischen Autoren, nicht nur in ihrem Gebrauch von Sprache, womit der Humanismus begann, sondern im wissenschaftlichen, rechtlichen, philosophischen oder auch sonstigen Inhalt ihrer Arbeit. Protestantische Autoritätsbetonung der Schrift bei Rückkehr zu den ursprünglichen Quellen nahm bald eine andere Wende, war aber ein Teil der gleichen Bewegung. Was im Frankreich des 17. Jahrhundert Klassizismus genannt wird, war die Systematisierung dieser Haltung in den künstlerischen Gebieten durch Berufung auf die Autorität der Alten, die ein für alle Mal die moralischen und ästhetischen Werte niedergelegt hatten, die dann alle große Kunst vorbildhaft zeigen muss. Wie wir früher besprochen haben, kam der Jansenismus aus einem Wunsch, Protestanten und Neuerer innerhalb der katholischen Kirche zum Schweigen zu bringen, indem man auf den hl. Augustinus zurückging, in vielen Streitfragen die größte alte Autorität.

Ähnlich riefen alle Reformbewegungen innerhalb der älteren Orden zur Rückkehr zu authentischer früherer Praxis im Gegen-

as against modern amendments. This was in no way to impugn the motives of those who founded new Orders with new imperatives; monastic orders had been founded centuries earlier and must, it was thought, return to the original intentions of their founders if they were to justify their existence in the modern world. Those intentions lay open for all to see in the various rules, freed from all later accretions. Such an attitude extended to Scripture study and Patristics, and characteristically animated disapproval amounting to persecution of the pioneers of biblical exegesis based on critical methods.

It is beyond doubt that Rancé's early immersion in the quarrel over observances decided his orientation once for all. For him, authentic meant original, everything else was deviant, even aberrant. Moreover by temperament and experience he held a faith that did not admit reservations. The most intense and least diluted form of monastic theory and practice happened also to be the most ancient, and on all scores seemed to him the best. Authenticity based on an ancient rule was the guarantee against eccentricity, but it was also the assurance that truths about human nature, recognized by spiritual masters long ago, were immutable and when translated into a rule of life led, as they always had done and always would do, to a service acceptable in the sight of God, a means of perfection and salvation.

There, in a word, is the appeal of Rancé's monastery as he established it. His own personality, discontent with other ways of life in other Orders, appeals to legal and historical precedent, all played

Satz zu modernen Ergänzungen auf. Damit wurden keinesfalls die Motive von Gründern neuer Orden mit neuen Aufgaben angezweifelt; Mönchsorden waren Jahrhunderte früher gegründet worden und sollten, so war der Gedanke, zu den ursprünglichen Absichten ihrer Gründer finden, um ihr Bestehen in der modernen Welt zu rechtfertigen. Diese Absichten lagen in den verschiedenen Regeln ohne spätere Zusätze zum Einblick für alle offen. Diese Einstellung erweiterte sich auf das Studium der Schrift und der Kirchenväter und erzeugte typischerweise Missbilligung bis zur Verfolgung der Pioniere der biblischen Exegese mit der kritischen Methode.

Es ist über Zweifel erhaben, dass Rancés frühes Einsteigen in den Observanzenstreit seine Orientierung ein für alle Mal entschied. Für ihn bedeutete „authentisch“ das Original, alles andere war Abweichung, sogar Abirren. Dazu behielt er aufgrund von Temperament und Erfahrung einen Glauben, der Vorbehalte nicht zuließ. Die intensivste und am wenigsten verdünnte Ordenstheorie und -Praxis war auch die älteste und nach allen Massstäben für ihn die beste. Echtheit, basiert auf einer alten Regel, war Garantie gegen Exzentrizität, gab aber auch die Sicherheit, dass Wahrheiten über die menschliche Natur, vor langer Zeit durch geistliche Meister erkannt, unabänderlich waren. Wenn man sie übersetzt in eine Lebensregel, wie sie es immer getan hatten und tun würden, führten sie zu einem für Gott annehmbaren Dienst, ein Mittel zu Vollkommenheit und Erlösung.

Da gibt es, kurz gesagt, die Anziehungskraft von Rancés Kloster, wie er es aufbaute. Seine eigene Persönlichkeit, Unzufriedenheit mit anderen Lebensweisen in anderen Orden, Bezüge auf legale und historische Präzedenzfälle, spielten alle ihre Rolle.

their part, but few came, and none stayed, for any other reason than to effect their own salvation in a community where all had their eyes fixed on eternity.

What the concept of eternity means at different times and in different cultures is problematic, but it is essential to realize that in France in the seventeenth century, the concept of leaving the world was inseparable from that of eternity. Contempt for the world, *contemptus mundi*, is no new thing; a commonplace of Eastern religions, it was a component of Classical Stoicism as it is of twentieth-century dropout movements of a wholly secular kind. Such secular rejection of the world and its values can, of course, be found in misanthropes of any age, but when accompanied by self-denial it is something very different. The men who came to la Trappe were not seeking physical austerity for its own sake, or to show how tough they were, nor were they running away from the pastoral, civic, or family obligations which many of them had discharged well and gladly in the world. Rather they were moved by the immediacy of eternity, of the promise of eternal life and, for some, the fear of eternal punishment. In that light, attachment to all or any of the transitory values of this earthly life was something to be overcome. The service and love of God had to be wholehearted. If concern for fame and fortune, the demands of others based on ties of kinship or affection, or even care about one's own health impeded such service, then such obstacles had to be removed. At any given time monks and nuns will form a tiny minority of Christians, the majority of whom must somehow conciliate the demands of living in this world and preparing for the next. For the religious,

Es kamen aber nur wenige und keiner blieb aus einem anderen Grund als die eigene Erlösung in einer Gemeinschaft zu bewirken, in der alle Augen auf die Ewigkeit gerichtet waren.

Was das Konzept der Ewigkeit zu verschiedenen Zeiten und in verschiedenen Kulturen bedeutet, ist problematisch, aber es ist wesentlich, festzustellen, dass im Frankreich des 17. Jahrhundert das Konzept des Verlassens der Welt von dem der Ewigkeit nicht zu trennen war. Verachtung für die Welt, *contemptus mundi*, ist nicht neu; alltäglich in Ostreligionen, war es eine Komponente des klassischen Stoizismus, wie bei den ganz weltlichen Aussteigerbewegungen des 20. Jahrhunderts. Weltliche Ablehnung der Welt und ihrer Werte findet man bei Menschenfeinden jeden Alters. Wenn sie aber begleitet wird durch Selbst-Verleugnung ist es etwas ganz anderes. Männer, die nach La Trappe kamen, suchten nicht körperliche Enthaltsamkeit um ihrer selbst willen oder um ihre Stärke zu zeigen, noch flüchteten sie von pastoralen, bürgerlichen oder Familienpflichten, die viele von ihnen gut und froh in der Welt verrichtet hatten. Eher waren sie motiviert durch die Unmittelbarkeit der Ewigkeit, das Versprechen ewigen Lebens und einige durch die Furcht vor ewiger Bestrafung. In diesem Licht war der Hang zu allen oder einem der vergänglichen Werte dieses irdischen Lebens zu überwinden. Dienst für und Liebe zu Gott mussten uneingeschränkt sein. Wenn Sorgen wegen Ruhm und Vermögen, den Ansprüchen anderer aufgrund von Bindungen der Verwandtschaft oder Zuneigung oder gar um die eigene Gesundheit solchen Dienst behinderten, dann mussten diese Hindernisse beseitigt werden. Immer bilden Mönche und Nonnen eine kleine Minderheit Christen, während deren Mehrheit die Anforderungen des Lebens in dieser Welt mit dem Vorbereiten für die künftige irgendwie vereinbaren muss. Für Ordensleute ist jedoch aufgrund der

though, bound by vows freely made, there is no possibility of such conciliation. They have been called to a total self-sacrifice and every aspect of their lives must be a means to that end.

Working from such premises Rancé simply used logic to evolve a set of rules from which all superfluous concessions to body and mind were removed. What he developed was essentially a strict interpretation of the Rule of St. Benedict, retaining all the safeguards of commonsense and charity which distinguish that great model. Since the root of all challenge to love of God was seen by Rancé as lying in self-love (ego-love, not ordinary self-respect) constant attention had to be paid to eradicating every trace of it. Otherwise punctilious performance of penitential exercises might easily become occasions for pride, self-love. Monastic obedience should in general replace the individual will, and at the discretion of the superior humiliation may be used to reinforce the effect. Obedience is necessary for the smooth running of a community, discipline is the expression of submission to a higher, or general, will and its quality can, for instance, be seen at once in choir or refectory.

The abbot plays the key role in the areas of obedience and discipline, as much by his conception of his office as by his personality. Authority and discipline were taken so much for granted in the seventeenth century that one must be careful to avoid anachronistic judgments based on modern attitudes. People in all walks of life were accustomed to giving orders and expected them to be obeyed: disobedience naturally occurred, but was punished.

freiwilligen Gelübde kein Raum für derartige Vereinbarkeiten. Sie sind zu einem vollkommenen Opfer ihrer selbst gerufen und jeder Aspekt ihres Lebens muss ein Mittel zu diesem Zweck sein.

Auf Basis dieser Voraussetzungen verwendete Rancé einfach die Logik, um Regeln zu entwickeln, aus denen alle überflüssigen Zugeständnisse an Leib und Verstand entfernt wurden. Er entwickelte im Wesentlichen eine strenge Deutung der benediktinischen Regel und behielt die ganzen Schutzvorkehrungen des gesunden Menschenverstandes und der Nächstenliebe bei, die dieses große Modell auszeichnen. Da die Wurzel aller Schwierigkeiten, Gott zu lieben durch Rancé in der Selbstliebe (Egoliebe, nicht gewöhnliche Selbstachtung) gesehen wurde, musste auf die Ausrottung jeder Spur davon konstante Aufmerksamkeit gelenkt werden. Andernfalls könnten sorgfältige Reueübungen leicht Gelegenheit zu Stolz, und Selbstliebe geben. Ordensgehorsam sollte im Allgemeinen den Willen des Einzelnen ersetzen, und nach dem Ermessen des Oberen kann Demütigung verwendet werden, um diesen Effekt zu verstärken. Gehorsam ist für den ruhigen Lauf einer Gemeinschaft notwendig, Disziplin ist Ausdruck der Unterordnung unter einen höheren oder allgemeinen Willen und ihre Qualität kann zum Beispiel im Chor oder im Refektorium unmittelbar beobachtet werden.

Der Abt spielt die Schlüsselrolle in den Bereichen von Gehorsam und Disziplin, ebenso durch seine Konzeption des Amtes wie durch seine Persönlichkeit. Autorität und Disziplin wurden im 17. Jahrhundert als so selbstverständlich genommen, dass man achtgeben muss anachronistische Urteile zu vermeiden, die auf modernen Haltungen basieren. Leute in allen Lebensbereichen waren gewöhnt Aufträge zu erteilen und erwarteten dass sie befolgt wurden: Missachtung gab es natürlich, wurde aber bestraft.

In that context political theorists, like Bossuet, were fond of distinguishing between absolute rule, which they approved, and arbitrary rule, or tyranny, which they condemned. As abbot Rancé was absolute, like the king, and like the king—but with real conviction—he saw himself (as the father of those he ruled. When he was what we might call unfair, harshly punishing minor or imaginary faults, he did not do it to assert his own authority, which was never questioned, but for the good of the victim. He was trying, not to break the will of recalcitrant subjects, but to lead keen volunteers to an ever higher degree of self-denial.

His position as leader, striving for the same goal as his monks, did not prevent him from sharing their life in almost every respect. One must add the 'almost' since in his contacts with outsiders, in correspondence, in books, and in meetings, the balance of his life was evidently not the same as theirs, but in the physical hardships, including manual labour as in the spiritual exercises, he fully shared their life. One particularly telling example of this is his personal presence during their last hours. He made it his highest priority whenever a monk approached death to be with him to the last, to hand over, as it were, the soul entrusted to his care. Their individual devotion to him as their abbot and father is amply attested, but no less was his paternal—maternal as well—affection for them. A stern father is not a bad father, nor an indulgent one good.

As leader he naturally spoke for his community to all outside it, from Pope and King to the humblest candidate for entry, but it is worthy of note that on at least one occasion the community, fearing

Politische Theoretiker wie Bossuet, legten Wert auf das Unterscheiden zwischen absoluter Regel, die sie billigten, und willkürlicher Regel oder Tyrannei, die sie verurteilten. Da Abt Rancé wie der König absolut war, und wie der König – aber mit echter Überzeugung – sah er sich als Vater seiner Untergebenen. Wenn er unfair war, wie wir es vielleicht nennen, und geringe oder eingebildete Fehler bestrafte, tat er es nicht, um seine eigene Autorität zu sichern, die nie in Frage gestellt wurde, sondern zum Wohle des Opfers. Er versuchte, den Willen widerspenstiger Untergebener nicht zu brechen, aber entschlossene Freiwillige zu immer höheren Graden an Verleugnung zu führen.

Seine Position als Oberer, der das gleiche Ziel anstrebt wie seine Mönche, hinderte ihn nicht, ihr Leben in fast jedem Punkt zu teilen. Man muss das „fast" zufügen, weil bei seinen Aussenkontakten, der Korrespondenz, Büchern und Sitzungen, die Einteilung seines Lebens klarerweise nicht dieselbe wie ihre war, aber in den körperlichen Härten, auch Handarbeit, wie auch in den geistlichen Übungen, teilte er ihr Leben ganz. Ein besonders sprechendes Beispiel hierfür ist seine persönliche Anwesenheit während ihrer letzten Stunden. Es war seine höchste Priorität, wann immer einem Mönch der Tod nahte, bei ihm zu sein, um sozusagen die Seele, die seiner Sorge anvertraut war, zu überreichen,. Ihre persönliche Hingabe zu ihm als ihrem Abt und Vater wird reichlich bezeugt, aber seine väterliche – wie auch mütterliche – Hinneigung zu ihnen war ebenso gross. Ein streng-ernster Vater ist kein schlechter Vater, ein nachgiebiger ist kein guter.

Als Leiter sprach er natürlich für seine Gemeinschaft mit allen Außenkontakten, vom Papst und vom König bis zum bescheidensten Kandidaten, aber es ist bemerkenswert dass bei mindestens

for his health after he had been seriously ill, addressed a collective petition to the visitor, begging him to use his authority to persuade Rancé to take more care of himself. Every good community enjoys unity through mutual charity and it is in just that context that the much debated practice of humiliations should be seen. Whether or not it was a wise method is open to doubt, but Rancé used it for the good of others, and that is how they took it, whatever outsiders might say.

In all these respects Rancé and his monks were simply living out the Benedictine spirit, interpreted with somewhat different emphasis from that commonly found, but not essentially departing from the Rule. Other abbots, like those of Septfons and Orval, subscribed to the same principles, and their houses were admired by visitors who also knew la Trappe. Rancé was unique, however, in his single-minded refusal to leave his monastery, and even his successors did not follow him in that. The result was to demonstrate to the monks by his daily and constant presence that he was wholly committed to them.

A radical departure, at least from most Cistercian tradition, was Rancé's prohibition of study, or, more exactly, scholarship. His regular conferences on spiritual matters provided the main source of instruction for his monks. Conferences were occasions for them to clarify issues by their questions or by sharing insights, not by propounding opinions. The intellectual distinction of many of the religious, and the unusually high proportion of those already ordained, made the study of theology unnecessary, and discussion of theological topics would have been inevitably contentious and potentially divisive. There were, then, good prudential reasons at that particular time for banning theology.

einer Gelegenheit, als er ernsthaft krank gewesen war, die Gemeinschaft aus Sorge um seine Gesundheit in einer gemeinsamen Bitte einen Besucher bat, seine Autorität einzusetzen, um Rancé zu überzeugen, sich mehr um sich selbst zu kümmern. Jede gute Gemeinschaft genießt Einheit durch gegenseitige Liebe und gerade in diesem Zusammenhang muss man die viel diskutierte Praxis der Demütigungen sehen. Ob die Methode klug war oder nicht, ist fraglich, aber Rancé verwendete sie zum Wohle anderer, und so fassten diese sie auch auf, gleich was Außenstehende sagen mochten.

In all diesen Punkten lebten Rancé und seine Mönchen einfach aus dem Benediktinergeist, mit etwas anderer Betonung interpretiert als üblich, aber nicht wesentlich abweichend von der Regel. Andere Äbte, wie die von Septfons und Orval folgten den gleichen Prinzipien und ihre Häuser wurden von den Besuchern bewundert, die auch La Trappe kannten. Rancé war allerdings einzig in seiner zielbewussten Ablehnung, sein Kloster zu verlassen und sogar seine Nachfolger taten es ihm nicht gleich. Als Ergebnis zeigte er seinen Mönchen durch seine tägliche und dauernde Anwesenheit, dass er ihnen ganz gehörte.

Ein radikales Abweichen, zumindest von der Tradition der meisten Zisterzienser, war Rancés Verbot des Studierens, genauer, der Gelehrsamkeit. Seine regelmäßigen Predigten zu geistlichen Themen waren die Hauptquelle der Lehre für seine Mönche. Konferenzen boten Gelegenheit, Punkte durch ihre Fragen zu klären oder Einblicke zu teilen, nicht Meinungen vorzuschlagen. Die intellektuelle Höhe vieler Mönche und der ungewöhnlich hohe Anteil bereits Geweihter machten Theologiestudium unnötig. Diskussionen über theologische Themen wären unvermeidbar streitig und vielleicht trennend gewesen. Daher gab es triftige Vernunftgründe,

Rancé's ban on study, on intellectual pursuits as such, had other motives than mere prudence. Nowhere is pride more easily generated than in intellectual pursuits, and, more practically, no distraction from liturgical and other duties could be more effective than study. Simplicity comes naturally to the ignorant, the clever and learned must acquire it, often painfully. Rancé's ban on study was not prompted by quite the same motives as that of St. Francis of Assisi, any more than his view of poverty was quite the same, but the effect was not dissimilar. Unlike St. Francis, Rancé at least did not have to see his teaching flouted and his monks go to university; Trappist scholars are a comparatively recent phenomenon.

This ban on study had both an absolute and a relative importance. In his book, and in the polemical works which followed it, Rancé justified the ban on the grounds that monks, or solitaries, were called to a life of penitence, and study was incompatible with such a life. He did not deny the value of study in itself, and in the course of the controversy with Mabillon conceded that scholars, like the Maurists, could be excellent religious, but he maintained that the shift from manual to intellectual work led inevitably to a weakening of the penitential spirit and practice among true solitaries. He did in fact use the Maurist editions of Augustine and Bernard, to name only two, and wrote warmly in praise of them. A modern analogy to his position may be seen in the debate over monks, in particular Cistercians,

Theologie in dieser Zeit zu untersagen. Rancés Verbot zu studieren, besonders intellektuelle Forschungen, hatte andere Motive als bloße Klugheit. Nirgendwo entsteht Stolz leichter als bei intellektueller Forschung und praktisch nichts kann von liturgischen und anderen Aufgaben effektiver ablenken als diese Studien. Einfachheit kommt zum Unwissenden durch die Natur, der Schlaue und Gelehrte muss sie häufig schmerzlich erwerben. Rancés Studienverbot wurde nicht wegen genau der gleichen Motive ausgelöst, wie beim hl. Franz von Assisi, ebenso wie seine Ansicht von Armut nicht ganz die gleiche war, aber der Effekt war nicht unähnlich. Anders als der hl. Franz musste Rancé zumindest nicht erleben, dass seine Lehre missachtet wurde und seine Mönche zur Universität gehen; Trappistengelehrte sind ein verhältnismässig neues Phänomen.

Dieses Studienverbot hatte eine absolute und eine relative Bedeutung. In seinem Buch und den folgenden polemischen Arbeiten rechtfertigte Rancé das Verbot mit der Begründung, dass Mönche oder Einsiedler zu einem Leben der Reue gerufen seien, und Studieren mit solch einem Leben unvereinbar sei. Er verneinte nicht den Wert der Studien an sich und gestand im Verlauf der Kontroverse mit Mabillon zu, dass Gelehrte wie die Mauristen, ausgezeichnete Ordensleute sein konnten, aber er blieb dabei, dass die Verschiebung von Hand- zu geistiger Arbeit unvermeidlich zu einer Schwächung von Bußgeist und -Praxis bei echten Einsiedlern führte. Er benutzte tatsächlich die Mauristen-Ausgaben von Augustinus und Bernhard, um nur zwei zu nennen und würdigte sie mit warmen Worten. Eine moderne Analogie für seine Position kann man in der Debatte über Mönche, insbesondere Zisterzienser,

running schools, an activity clearly good in itself, but not universally agreed as being appropriate to contemplative and enclosed orders.

The relative importance derives from the composition of the community at la Trappe, at any rate under Rancé, and most probably also under his successors. The exceptional maturity and educational attainments of so many of the monks meant that the obvious disadvantages of a poorly educated community, for example, in the training of novices or administration, were never felt. Similarly, though no monk ever went from la Trappe to the College des Bernardins in Paris, many had been to university before coming.

There is moreover a vital qualification to be added to the prohibition of study. If curiosity, or scholarly research, was banned, together with speculative theology, it must not be imagined that there was little or no reading at la Trappe. On the contrary, this was compulsory and organized. One of the building projects was the glazing in of the cloister, finished in 1676, which then permitted spiritual reading to take place as a communal exercise, instead of privately, as before. In many letters, as well as in published work, Rancé stresses the importance of such reading, *lectio divina,* and, apart from the Bible, specifically recommends works of general spirituality, like the *Imitation of Christ* or lives of the saints, as well as those dealing directly with monastic life, like Cassian, the Desert Fathers, St. Bernard and even the Jesuit Alfonso Rodriguez (+ 1616). Especially in Lent, but in principle throughout the year, the monks were expected to read and meditate upon such works, and the fruit of their reading was no doubt highly relevant to the weekly conferences.

sehen, die Schulen betreiben, eine Tätigkeit, die unbestritten an sich gut, aber für betrachtende und klausurierte Orden nicht immer angebracht ist.

Die relative Bedeutung leitet sich ab aus der Zusammensetzung der Gemeinschaft in La Trappe, jedenfalls unter Rancé und vermutlich auch unter seinen Nachfolgern. Die außergewöhnliche Reife und das Bildungsniveau von so vielen der Mönche bedeuteten, dass die offensichtlichen Nachteile einer schlecht gebildeten Gemeinschaft zum Beispiel bei der Novizenschulung oder in der Verwaltung nie empfunden wurden. In gleicher Weise, obwohl kein Mönch von La Trappe je zum College-des-Bernardins in Paris ging, waren viele an der Universität gewesen, bevor sie kamen.

Außerdem muss man einen wesentlichen Punkt bei dem Studienverbot beachten. Wenn Neugier oder Forschungsdrang, ebenso wie spekulative Theologie verboten waren, so darf man sich nicht vorstellen, dass es in La Trappe wenig oder nicht gelesen wurde. Im Gegenteil war Lesung obligatorisch und organisiert. Eins der Bauvorhaben war die 1676 vollendete Verglasung des Klosters, die dann geistliche Lesung als gemeinsame Übung ermöglichte, anstatt jeder für sich, wie vorher. In vielen Briefen wie auch in veröffentlichten Arbeiten betont Rancé die Bedeutung solcher Lesung, *lectio divina.* Er empfiehlt abgesehen von der Bibel ausdrücklich allgemeine geistliche Lektüre, wie die *Nachfolge Christi* und die Leben der Heiligen sowie solcher, die direkt das Ordensleben behandeln, wie Kassian, die Wüsten-Väter, St. Bernhard und sogar den Jesuiten Alfonso Rodriguez (+ 1616). Besonders in der Fastenzeit, aber allgemein während des ganzen Jahres, wurde von den Mönchen erwartet, solchen Arbeiten zu lesen und zu meditieren, und die Frucht ihrer Lesung war zweifellos für die wöchentlichen

It will be seen that the emphasis was exclusively on spiritual nourishment, not intellectual satisfaction, but there is no question of ignorance, let alone illiteracy, being encouraged.

According to popular tradition the distinctive Trappist characteristic is keeping perpetual silence. It was certainly the feature of the life prescribed by Rancé which the greatest number of postulants found beyond their strength. At la Trappe, after a short time, the brief period of daily conversation permitted in the Strict Observance was abolished and the regulations leave no ambiguity on that score. An elaborate sign language (not peculiar to la Trappe) was allowed for indispensable communication, for example, at work or in the refectory, but the sound of the human voice was limited to the liturgy, refectory reading, chapters, and conferences, except, of course, for conversations with confessor or superior. The monks were by no means speechless, but they did not talk to one another. The prohibition extended also to written communications. In the same context, and for the same purely penitential reasons, no provision at all was made for recreation, as it was in all other houses and Orders, even the Carthusians. Once more Rancé had taken a generally accepted principle to its logical conclusion by removing all concessions. Concessions he saw as having always been the thin end of the wedge throughout monastic history and, perhaps unreasonably, he regarded the fact of human frailty as something which could and should be ignored.

These points are so crucial as to require comment. Hard and inflexible as such rules were, they were not imposed on helpless victims who did not know what to expect,

Zusammenkünfte von hoher Bedeutung. Wir werden sehen, dass das Hauptgewicht nur auf geistlicher Nahrung, nicht intellektueller Befriedigung lag, aber fraglos wurde nicht Ignoranz, schon gar nicht Analphabetentum gefördert.

Entsprechend bekannter Überlieferung ist das dauernde Schweigen ein unterscheidendes Merkmal der Trappisten. Es war auch sicher diese durch Rancé vorgeschriebene Lebensweise, die die meisten Postulanten über ihre Kräfte hinaus forderte. In La Trappe wurde schon bald die kurze tägliche Gesprächserlaubnis abgeschafft, die in der strengen Observanz gestattet war und die Regeln lassen hier keine Zweifel zu. Eine durchdachte Gebärdensprache (nicht nur in La Trappe) war für unentbehrliche Kommunikation zum Beispiel bei der Arbeit oder im Refektorium erlaubt, aber der Ton der menschlichen Stimme war auf die Liturgie, die Tischlesung, die Kapitel und die Konferenzen begrenzt, selbstverständlich ausgenommen die Gespräche mit dem Beichtvater oder Oberen. Die Mönche waren keinesfalls sprachlos, aber sie sprachen nicht miteinander. Dieses Verbot erstreckte sich auch auf die Schriftform. Aus dem gleichen Zusammenhang und den gleichen ausschliesslich bussbedingten Gründen waren auch keine Rekreationen vorgesehen, wie in allen andern Häusern und Orden, selbst bei den Kartäusern. Wieder hatte Rancé hier ein allgemein anerkanntes Prinzip bis zu seinem logischen Ziel durchgesetzt, indem er alle Zugeständnisse entfernte. Zugeständnisse sah er immer als das dünne Ende des Keils in der Ordensgeschichte und sah, vielleicht ohne Grund die Tatsache menschlicher Schwachheit als etwas, das ignoriert werden kann und soll.

Diese Punkte sind so entscheidend, dass wir darauf eingehen müssen. So hart und unbeugsam solche Regeln auch waren,

but on men who had often waited years for the privilege of entering la Trappe, and who had all chosen that life precisely because its refusal of all concessions met their aspirations better than any other way of life then available. Men in search of the absolute will not settle for the relative. Even if the written rule is uncompromising, it may well be that some recognition of special cases occurs in practice. Thus we know from written sources that a number of monks spoke to particular visitors, like Bellefonds or other distinguished persons. No doubt this was at the visitor's request (both Bellefonds and James II made a point of seeing frere Palemon, the former soldier, comte de Santena), but with Rancé's approval. It seems almost certain that when friends had come to la Trappe together, but one had failed to stay, as happened with the Celestines and also with two from Saint-Victor, contact was kept up. In the case of a Benedictine, who became novice master, letters to other Benedictines survive describing his life and inviting them to send good candidates.

The best documented exception is dom Le Nain. He wrote and published — not only several books in Rancé's time — meditations on the Rule, a history of the Order, some homilies — but a considerable number of original letters survive, including some written to his Carmelite sister, some to his father, a magistrate, and some to the man publishing his books. These books are admittedly more spiritual than scholarly, but the range and frequency of letters casts doubt on the total prohibition laid down in Rancé's rules. Dom Le Nain was for many years subprior,

sie wurden nicht hilflosen Opfern auferlegt, die nicht wussten was ihnen geschah, sondern Männern, die oft jahrelang die Aufnahme in La Trappe abgewartet und dieses Leben gewählt hatten, eben weil die Kompromisslosigkeit ihre Erwartung besser traf als alle anderen erreichbaren Lebensweisen. Männer, die das Absolute suchen, begnügen sich nicht mit dem Relativen. Auch wenn die schriftliche Regel kompromisslos ist, werden in der Praxis sehr wahrscheinlich besondere Fälle berücksichtigt. So wissen wir aus schriftlichen Quellen, dass einige Mönche mit bestimmten Besuchern, wie Bellefonds oder anderen herausgehobenen Personen, sprachen. Sicher erfolgte dies auf Wunsch des Besuchers (so bestanden Bellefonds und James II. darauf, Bruder Palemon, den ehemaligen Soldaten Graf de Santena, zu sehen), aber mit Rancés Zustimmung. Es scheint fast sicher, dass, wenn Freunde zusammen nach La Trappe kamen, aber einer nicht bleiben konnte, wie es den Celestinern geschah und auch den zwei vom Saint-Victor, Kontakt gehalten wurde. Im Falle eines Benediktiners, der Novizenmeister wurde, beschreiben erhaltene Briefe an andere Benediktiner sein Leben und laden sie ein, gute Kandidaten zu senden.

Die bestdokumentierte Ausnahme ist dom Le Nain. Er schrieb und veröffentlichte - nicht nur einige Bücher zu Rancés Zeit - Meditationen über die Regel, eine Geschichte des Ordens, einige Predigten, sondern es ist auch eine beträchtliche Anzahl von Originalbriefen erhalten, darunter solche an seine Schwester Karmelitin, seinen Vater, einen Richter und einige an seinen Verleger. Diese Bücher sind zugegebenermaßen eher geistlich als gelehrt, aber die Spanne und Häufigkeit der Briefe wirft Zweifel auf das Totalverbot in Rancés Regeln. Dom Le Nain war jahrelang Subprior, war einer von Rancés ersten Novizen (1668) und entfernt verwandt, aber

he was one of Rancé's earliest recruits (1668) and a distant relative, but all the indications are that he was not unique in being allowed to write letters.

One could go on from there to query the lack of contact between religious. During the Gervaise crisis factions formed for and against his removal, and it seems inconceivable that the monks who wrote to the Archbishop of Paris about the situation, or those who left with Gervaise, had not been meeting privately to discuss matters. At the very least the government of the community must have brought the main officers together (one thinks of the approach to the visitor concerning Rancé's health) on occasions when Rancé was otherwise engaged.

All these qualifications taken together do not diminish the reality of the silence observed at la Trappe, but rather tend to show that when necessary or desirable speech and writing were allowed. It is certain that conversation, let alone gossip, was effectively excluded.

It follows from all this that family contacts, forbidden by Rancé in the rules, can only have taken place quite exceptionally. When a religious left the world he left his nearest and dearest. Rancé himself refused the request of his Cistercian sister Therese to see him when she passed near la Trappe on a journey with her abbess, and he became involved in a protracted debate, continued in De la Sainteté, with Jean Floriot, a Jansenist writer, who claimed that it was not only allowable but right that a religious should

alles deutet darauf hin, dass er nicht der Einzige war, dem Briefe zu schreiben erlaubt war.

Man könnte weiter fortfahren, den Mangel an Kontakt zwischen Ordensleuten zu hinterfragen. Während der Gervaise-Krise bildeten sich Parteien für und gegen seine Abberufung. Es scheint undenkbar, dass die Mönche, die dem Erzbischof von Paris über die Situation schrieben oder die, die mit Gervaise fortgingen, sich nicht privat getroffen hätten, um darüber zu beraten. Zumindest muss die Leitung der Gemeinschaft die Hauptoberen zusammengebracht haben (man denke an den Vorstoß bei Besuchern wegen Rancés Gesundheit), bei Gelegenheiten, wo Rancé anderweitig beschäftigt war.

Alle diese Bemerkungen zusammen genommen vermindern nicht die Realität des Schweigens, die in La Trappe beobachtet wurde, sondern zeigen eher, dass Reden und Schreiben erlaubt waren, wenn erforderlich oder wünschenswert. Sicher ist, dass Unterhaltungen, ganz zu schweigen vom Klatsch, effektiv ausgeschlossen war.

Aus allem diesem folgt, dass Familienkontakte, durch Rancé in den Regeln verboten, nur sehr ausnahmsweise stattgefunden haben. Wenn ein Ordensmann die Welt verliess, verliess er seine Nächsten und Liebsten. Rancé selbst lehnte den Wunsch seiner Zisterzienser Schwester Therese nach Begegnung ab, als sie auf einer Reise mit ihrer Äbtissin nahe La Trappe vorbeikam. Er wurde in eine lange - in „De La Sainteté…“ fortgeführte - Debatte mit Jean Floriot, einem Jansenistenautor verwickelt, der behauptete, dass es nicht nur zulässig sondern rechtens sei, wenn ein Ordensmitglied aus dem Kloster geht, um ein Elternteil in Not zu unterstützen,

come out of the cloister to assist a parent in need if there was no one else to do so. Rancé maintained that the duty of charity must be exercised by the community, not by individual members, and that relief for the needy should be provided when need was notified, but that all family obligations ceased at profession. On this issue he allowed no exceptions, and it seems that in principle he even withheld news of bereavement from individuals, though the case of dom Le Nain suggests some flexibility may have been applied.

The enclosure was as effective in keeping the monks in as in keeping outsiders out. Since absence for study, family or medical reasons was totally banned, in practice a religious left the enclosure of la Trappe only to go to another monastery, whether temporarily, as chaplain to nuns, or on loan to train novices, or permanently, as with those sent to Tamie. A few distinguished guests came in: prelates, like Bossuet, or royalty, like James II, or close friends, like Bellefonds or Favier. The King's cousin, Mme de Guise, also came, with one or two attendant ladies, and though Rancé could not refuse the princess, he criticized members of her entourage for being too inquisitive. For the rest, the huge numbers of guests (in 1687 Maisne speaks of four thousand a year, or eighty a week on average) kept to their own quarters and had little chance to meet any monks except those assigned to the guest house of Rancé himself. Even so, Maisne was the weak link, and being able to come and go freely, talk to monks on Rancé's behalf and to guests when he chose, must have been responsible for a certain amount of two-way communication on the spot,

wenn es sonst niemanden gab, der dies übernehmen konnte. Rancé hielt dagegen, dass die Aufgabe der Nächstenliebe von der Gemeinschaft, nicht von den einzelnen Mitgliedern übernommen werden muss und dass Unterstützung für die Bedürftigen geleistet werden sollte, wenn die Not gemeldet wurde, dass aber alle familiären Pflichten mit dem Gelübde aufhörten. In diesem Punkt erlaubte er keine Ausnahmen, und es scheint, dass er sogar Trauer-Nachrichten für die Einzelnen zurückhielt, obwohl der Fall dom Le Nain schliessen lässte, dass vielleicht etwas Flexibilität angewendet wurde.

Die Klausur wirkte für das Zurückhalten der Mönche ebenso wie für das Fernhalten der Besucher. Da Abwesenheit zu Studien, aus familiären oder medizinischen Gründen ganz verboten war, verliess ein Mönch die Klausur von La Trappe praktisch nur, um zu einem anderen Kloster zu gehen, auf Zeit als Geistlicher zu Nonnen, ausgeliehen zur Novizenschulung oder auf Dauer wie die nach Tamie Entsandten. Einige berühmte Gäste kamen herein: Prälaten, wie Bossuet oder königliche, wie James II. oder enge Freunde, wie Bellefonds oder Favier. Die Kusine des Königs, Frau de Guise, kam auch, mit ein oder zwei begleitenden Damen, und obwohl Rancé die Prinzessin nicht ablehnen konnte, kritisierte er Mitglieder ihres Gefolges als zu neugierig. Im Übrigen hielt sich die große Zahl der Gäste (1687 spricht Maisne von 4.000 im Jahresdurchschnitt oder 80 pro Woche), in ihren eigenen Bereichen auf und hatten wenig Aussicht, Mönche zu treffen, ausgenommen die von Rancé selbst dem Gästehaus zugewiesenen. Allerdings war Maisne das schwache Glied und da er frei aus- und eingehen, mit den Mönchen in Rancés Vertretung und mit Gästen nach Belieben sprechen konnte, muss er für einen bestimmten Anteil der direkten Kommunikation verantwortlich gewesen sein, ganz abgesehen von seinen

quite apart from his unlimited opportunities for correspondence. It is incidentally in the same letter that Maisne writes of 1500-2000 poor people given food at la Trappe in a bad year, in addition to regular subsidies to local families.

The spiritual activity at la Trappe was governed by the Rule and did not diverge in any major respect from the norm. Sacramental discipline was what one might expect; monks who were not priests normally communicated on Sundays and feast days, but to a small number of 'specially simple' souls Rancé gave permission for daily communion. All the monks seem to have gone to him as their confessor, although others were available, and must have been used when he was ill. No trace of Jansenist rigour can be discerned in this very conventional routine. The office was performed without an organ, with unusually long pauses between psalm verses (the length of a full Ave Maria), but not otherwise different from current practice elsewhere.

Two aspects of the church's physical appearance call for comment. When extra chapels were added in 1686, the altar already dedicated to St. John Climacus was moved to the apse and another new chapel dedicated there to St. Mary of Egypt, each with a painting of the saint, and Latin inscriptions by Rancé. The first was for the use of the sick, and both were much used for private prayer, acting as a visible reminder of the Desert tradition. The other feature probably peculiar to la Trappe was the reservation of the Blessed Sacrament on the high altar in a pyx suspended from the arm of a statue of the Virgin who bore the infant Jesus in her other arm.

unbegrenzten Gelegenheiten zur Korrespondenz. Beiläufig im gleichen Brief schreibt Maisne von 1.500-2.000 Armen, denen in einem schlechten Jahr Lebensmittel in La Trappe gegeben wurden, zusätzlich zur regelmäßigen Unterstützung örtlicher Familien.

Die spirituelle Arbeit in La Trappe wurde durch die Regel bestimmt und wich in keinem wichtigen Punkt von der Norm ab. Die sakramentale Disziplin entsprach den Erwartungen; Mönche, die nicht Priester waren, kommunizierten normalerweise an Sonn- und Feiertagen, und einer kleinen Zahl von 'besonders schlichten‘ Seelen gab Rancé Erlaubnis zur täglichen Kommunion. Alle Mönche scheinen ihn als Beichtvater genommen zu haben, obgleich auch andere verfügbar waren und beansprucht wurden, wenn er krank war. In dieser sehr konventionellen Routine kann man keine Spur jansenistischer Härte erkennen. Das Stundengebet wurde ohne Orgel, mit ungewöhnlich langen Pausen zwischen den Psalmversen (ein volles Ave Maria) gebetet, unterschied sich aber sonst in keiner Weise zur damaligen Praxis andernorts.

Am äußeren Erscheinungsbild der Kirche erfordern zwei Aspekte eine Bemerkung. Als im Jahre 1686 zusätzliche Kapellen eingerichtet wurden, wurde der bereits dem hl. Johannes Klimakus geweihte Altar in die Apsis verschoben und eine andere neue Kapelle dort der hl. Maria von Ägypten geweiht, jede mit einem Bild der Heiligen und lateinischen Inschriften von Rancé. Die erste war zum Gebrauch der Kranken, beide wurden viel zu privatem Gebet und als sichtbare Erinnerung an die Wüstentradition verwendet. Die andere Eigenheit, in der La Trappe vermutlich einzigartig ist, war die Aufbewahrung des Allerheiligsten auf dem Hochaltar in einer Pyxis, die an einem Arm einer Statue der Jungfrau hing, in deren anderem Arm sie das Kind Jesus hielt.

The use of such a pyx and statue had been not uncommon in the Middle Ages, and the significance for Marian devotion needs no underlining. It is particularly relevant to an understanding of Rancé's spirituality since he almost never refers in books or letters to Mary, and the argument from silence, advanced by some of his enemies, eager to prove he shared the Jansenist tendency to play down the role of Mary and the saints, is manifestly misleading.[19]

All these features of life at la Trappe form the spiritual and mental background for the more obvious, but essentially secondary, physical details. In most respects these are comparable with what was until recent times the Trappist norm, at least in Europe, but as always interpreted in the strictest sense. Diet was at a subsistence level; there was no meat, fish, or eggs, except for the very sick, and dairy produce was banned in Advent and Lent. In other words there was a chronic protein deficiency. Thin cider was drunk, not wine. The bread was exceptionally coarse, white bread being forbidden, and together with root vegetables, some greens, and fruit formed most of the fare. It is likely that the average peasant at the time hardly ate better, and in famine years, rather frequent in the latter half of the century, much worse, but of course few of the monks, except lay brothers, came from peasant stock.

---

[19] For further details see L. Aubry, 'Les Peres des Deserts a la Trappe' in Citeaux (32), 1981, pp. 166-214.

Der Gebrauch solcher Pyxis und Statue war im Mittelalter nicht selten, und ihre Bedeutung zur Marienverehrung muss nicht betont werden. Es ist zum Verständnis von Rancés Spiritualität besonders bedeutsam, weil er in Büchern oder Briefen fast nie auf Maria verweist, und dieses Schweigen, als Beweis vorgebracht von einigen eifrig bemühten Feinden, dass er die jansenistische Tendenz teile, die Rolle von Maria und den Heiligen zu vernachlässigen, führt offenkundig in die Irre.[20]

Alle diese Seiten des Lebens in La Trappe bilden den geistlichen und mentalen Hintergrund für die eher ins Auge fallenden, aber wesentlich zweitrangigen, physischen Details. In den meisten Punkten sind diese vergleichbar mit dem, was bis in jüngste Zeiten für Trappisten normal ist, mindestens in Europa, und wie immer im strengsten Sinne gedeutet. Ernährung hielt sich auf Subsistenzniveau; es gab kein Fleisch, Fisch oder Eier, außer für die schwer Kranken und Milchprodukte waren im Advent und der Fastenzeit verboten. Mit anderen Worten, es gab chronischen Proteinmangel. Dünner Apfelwein wurde getrunken, kein Wein. Das Brot war außergewöhnlich grob, Weißbrot war verboten, und bildete mit Wurzelgemüse, etwas Grün und Obst den größten Teil der Verpflegung. Wahrscheinlich aß der durchschnittliche Bauer in jener Zeit kaum besser, und in Hungerjahren, die in der zweiten Hälfte des Jahrhunderts häufig waren, wahrscheinlich viel schlechter, aber natürlich kamen wenige Mönche aus dem Landvolk, ausgenommen Laienbrüder.

[20] für weitere Details siehe L. Aubry, 'Die Wüstenväter in La Trappe' in Citeaux (32), 1981, S. 166-214.

The introduction of manual work for all, usually in the fields or garden, or about the stable and house in winter, was a return to primitive observance rather than an innovation, and took up about three hours a day. The nineteenth century increased this to about five hours. Rancé stressed the value of menial tasks in cultivating humility, and it was for mortification rather than economic self-sufficiency, an obviously desirable side-effect, that he insisted on such work, in which he himself joined.

By an accident the choir monks had individual cells, though lay brothers shared a dormitory. When Rancé took over at la Trappe that was the arrangement, and he did not realize until it was impracticable to change that a common dormitory had been the original practice. The daily timetable was virtually the same as recent Trappist practice, with bedtime after Compline at about 8 p.m., night office at about 2 a.m., and mass at about 4 a.m. Bedding and habit were as rough as possible, and in place of the flowing robes and good quality material usual at the time, Rancé substituted a much coarser and shorter habit, thereby incurring some mockery from critics.

Rancé's attitude to health, his own and that of all religious, was prompted wholly by spiritual considerations. He forbade doctors in the house, but allowed surgeons to treat urgent cases of abscess, gangrene, and the like. Only herbal remedies were allowed, though towards the end of his life he accepted medicines donated by Bellefonds for himself and other monks. The universal custom of taking the waters in one of the numerous fashionable spas he repeatedly condemned, notably in the case of his Cistercian sister.

Die Einführung der Handarbeit für alle, gewöhnlich in Feld und Garten, winters in Stall und Haus, war eher eine Rückkehr zur ursprünglichen Observanz als eine Neuerung und dauerte etwa drei Stunden täglich. Im 19. Jahrhundert erhöhte sich dies auf fünf Stunden. Rancé betonte den Wert einfacher Arbeiten zur Übung der Demut und er bestand auf dieser Arbeit eher zur Abtötung als wegen wirtschaftlicher Unabhängigkeit, die ein erwünschter Nebeneffet war, und beteiligte sich selbst daran.

Durch ein Mißgeschick hatten die Chormönche Einzelzellen, während die Laienbrüder einen Schlafsaal teilten. Als Rancé übernahm, war das die Sachlage, und als er es bemerkte, war praktisch nicht mehr zu erreichen, dass ein gemeinsamer Schlafsaal das Normale war. Der tägliche Stundenplan war genau der gleiche wie die jüngere Trappisten-Praxis. Nachtruhe nach der Komplet ungefähr um 20 Uhr, Vigil etwa um 2 Uhr, Messe gegen 4 Uhr. Bettzeug und Habit waren so rau wie möglich. Anstelle des damals üblichen fließenden Gewandes und Material von guter Qualität führte Rancé einen viel gröberen und kürzeren Habit ein, womit er sich einigen Spott von Kritikern einfing.

Rancés Haltung zur Gesundheit, der eigenen und der aller Ordensleute, war ganz von spirituellen Erwägungen geleitet. Er verbot Ärzte im Haus, erlaubte aber Chirurgen, um dringende Fälle von Abszessen, Brand und dergleichen zu behandeln. Nur pflanzliche Heilmittel waren erlaubt, obzwar er gegen Ende seines Lebens Medizin annahm, die durch Bellefonds für ihn und andere Mönche gestiftet wurde. Die allgemeine Sitte, Badekuren in einem der zahlreichen modischen Badekurorte zu nehmen, verurteilte er wiederholt, vornehmlich im Falle seiner Zisterzienser Schwester. Im Allgemeinen betrachtete er Gesundheit als erforderlich

In general he looked on health as necessary for the adequate performance of one's duties, but in no way as a good to be sought for itself. On the contrary, death, which must not be sought deliberately, was the blessing above all others to be welcomed.

A serene death was, indeed, the ultimate reward for persevering in the hard life of La Trappe or any similar monastery and Rancé reintroduced ancient rituals to enhance the solemnity of the occasion. When the time came, the dying monk was laid on sackcloth and ashes on a bed of straw, surrounded by his brethren and supported by his abbot. As he entered into his agony, his professions of faith and hope, and even joy, provided edification to the brethren, who in their turn saw to it that no one died alone.

The publication of the *Relations* made such scenes familiar to a wide public, and the several sets of contemporary illustrations of life at la Trappe invariably include one of a monk dying. The quite unrealistic nature of these pictures, and their theatrical quality, largely shared by the *Relations,* do not obscure the fundamental truth which they attempt to portray. It was to enjoy such a death that men knocked at the gate of la Trappe. Knowing that death must come to every man, they wanted to die like this, but it is distorting facts to call that a death wish in the modern sense.

The facts are so striking that statistics must be quoted by way of conclusion. Between 1662, the introduction of the Strict Observance, and 1695, Rancé's resignation, one hundred seventeen monks died at la Trappe: twenty-four in the first two years following profession (which always took place one year after entry into the novitiate, a week or two after arrival),

für ausreichende Leistung der jeweiligen Aufgaben, aber keinesfalls als ein sich selbst genügendes Gut, das man erstreben muss. Im Gegenteil war Tod, der nicht absichtlich gesucht werden darf, der vor allem anderen zu begrüssende Segen.

Ein heiter-gelassener Tod war tatsächlich die entscheidende Belohnung für das Ausharren, im harten Leben von La Trappe oder jedem ähnlichen Kloster und Rancé führte wieder alte Rituale ein, um die Feierlichkeit des Anlasses zu steigern. Wenn die Zeit kam, wurde der sterbende Mönch auf Sackleinen und Asche auf ein Strohlager gelegt, umgeben von seinen Brüdern und unterstützt von seinem Abt. Wenn er in den Todeskampf eintrat, bereitete sein Bekenntnis von Glaube, Hoffnung und sogar Freude den Brüdern Erbauung, die ihrerseits darauf achteten, dass niemand allein starb.

Die Veröffentlichung der *„Relations"* machte solche Szenen einer breiten Öffentlichkeit vertraut, und einige Serien zeitgenössischen Illustrationen des Lebens in La Trappe enthalten immer auch eins von einem sterbenden Mönch. Die ziemlich unrealistische Art dieser theatralischen Bilder, sehr ähnlich auch den *Relations,* verdunkeln nicht die grundlegende Wahrheit, die sie schildern wollen. Um solch einen Tod zu genießen, klopften die Menschen am Tor von La Trappe. Wissend, dass der Tod zu jedem Menschen kommt, wollten sie ebenso sterben, aber es verzerrt Tatsachen, dies als Todeswunsch im modernen Sinne zu bezeichnen.

Die Tatsachen sind so eindrucksvoll, dass Statistiken mithilfe von Schlüssen zitiert werden müssen. Zwischen 1662 (Einführung der strengen Observanz) und 1695 (Rancés Rücktritt) starben 117 Mönche in La Trappe: 24 in den ersten zwei Jahren nach dem Gelübde (das immer ein Jahr nach Eintritt ins Noviziat stattfand,

including six in their first year; thirty-two more died before the end of five years, making fifty-six in all or about 47%. To balance this twenty-five lasted between eleven and twenty years, and seventeen more than twenty years (and evidently nineteen between five and ten years). Nearly a third of all deaths took place in the second, third, and fourth years, evenly divided between the three. Between Rancé's resignation and his death in 1700 fifty monks were professed who eventually died at la Trappe (ten more left to die elsewhere): twenty-eight died after two years; thirty-six in all after five, or 72%. The greatly increased rate of entry was more than matched by mortality.

These figures do not demonstrate that the rigours of life at la Trappe became either harsher or more lethal, rather the opposite. In the whole period 1662-1700 one hundred ninety-three monks were professed, of whom twenty-six moved elsewhere. In the first ten years only two died for thirty-two admitted, when conditions were inevitably at their hardest in buildings still being repaired; in the next ten years thirty died for thirty-four admitted. The most astonishing figure is that of fifteen deaths (in a community then numbering ninety to a hundred) in 1699, double the rate of the next highest year, and greater than the total of admissions in every year but one.

There is no room for doubt; it was infection and not austerity that caused such frightening mortality. The cold, damp conditions, the inadequate diet certainly caused rheumatic and respiratory ailments and vitamin deficiency, but such diseases as tuberculosis and typhoid must have become endemic in the community, and those who survived initial exposure and acquired immunity must have included carriers.

welches eine oder zwei Wochen nach Ankunft begann), davon 6 in ihrem ersten Jahr; 32 weitere bis zum Ablauf von 5 Jahren. Das sind 56 insgesamt oder ungefähr 47%. Auf der anderen Seite lebten 25 zwischen elf und zwanzig Jahren und 17 mehr als zwanzig Jahre (und offenbar 19 zwischen fünf und zehn Jahren). Fast ein Drittel aller Todesfälle fand gleichmäßig verteilt im zweiten, dritten und vierten Jahre statt. Zwischen Rancés Rücktritt und seinem Tod im Jahre 1700 legten 50 Mönche Gelübde ab, die dann auch in La Trappe starben (10 gingen weg und starben anderswo): 28 starben nach zwei Jahren; 36 insgesamt oder 72%. nach fünf Jahren. Die stark gestiegen Eintrittsrate war höher als die Sterblichkeit.

Diese Zahlen zeigen nicht, dass die Härten des Lebens in La Trappe rauer oder tödlicher wurden, sondern eher das Gegenteil. Im ganzen Zeitraum 1662-1700 wurden 123 Mönche aufgenommen, von denen 26 ab- und woanders hingingen. In den ersten zehn Jahren starben nur 2 bezogen auf 32 aufgenommene, als die Bedingungen wegen noch in Reparatur befindlicher Gebäude unvermeidlich am härtesten waren; in den folgenden zehn Jahren starben 30 auf 34 aufgenommene. Die erstaunlichste Zahl ist die von 15 Todesfällen im Jahre 1699 (in einer Gemeinschaft, die damals 90 betrug), das ist doppelt soviel wie im nächst höchsten Jahr, und mehr als jede andere Jahresmenge mit einer Ausnahme.

Es gibt keinen Zweifel; Infektionen und nicht die Strenge verursachten diese erschreckende Sterblichkeit. Die kalten, feuchten Verhältnisse, unzulängliche Nahrung verursachten zweifellos rheumatische und Atmungsbeschwerden und Vitaminmangel, aber Krankheiten wie Tuberkulose und Typhus müssen in der Gemeinschaft endemisch geworden sein. Die, welche die erste Ansteckung überlebten, immun wurden, müssen auch Träger gewesen sein.

In addition nation-wide epidemics of fever, especially enteric fevers, were brought to the abbey by the crowds of starving beggars. And the proximity of lakes and ponds, especially in hot weather, can only have exacerbated poor hygiene. The 1699 figure is reminiscent of plague deaths in religious communities in the Black Death, and can certainly not be directly attributed to austerity, though, of course, the regime lowered resistance to infection.

None the less these figures show that anyone who came to la Trappe knew that his expectation of life was thereby dramatically reduced. Whatever the explanation of such high risk, and the seventeenth century knew nothing of carriers, it was a risk they cheerfully accepted. They literally sought entry to a kingdom not of this world.

Darüber hinaus wurden nationale Fieber-Epidemien, besonders enterische (Typhus), durch die Massen hungernder Bettler in die Abtei eingeschleppt. Die Nähe zu Seen und Teichen kann besonders bei Hitze die schlechte Hygiene nur verschärft haben. Die Zahl aus 1699 erinnert an die Pesttoten in Religionsgemeinschaften beim Schwarzen Tod und kann nicht der Strenge direkt zugeschrieben werden, obwohl das Regime die Abwehr gegen Infektion geschwächt haben mag.

Nichtsdestoweniger zeigen die Zahlen, dass jeder wusste, der nach La Trappe kam, dass seine Lebenserwartung dadurch drastisch verringert wurde. Was auch immer solch hohes Risiko erklärt - das 17. Jahrhundert wusste nichts von Überträgern - es war ein Risiko, das man mit Freude einging. Sie suchten buchstäblich Eintritt zu einem Königreich, das nicht von dieser Welt ist.

RANCÉ'S TEACHING ON MONASTIC LIFE IN HIS BOOK

ALTHOUGH RANCÉ PUBLISHED other works on monastic life, it is by *De la Sainteté* that he was known and wished to be known in his own day and for long after. His *Reglements de la Trappe* were devised for the daily needs of his own community, and adapted in the nineteenth century as a basis for life in most (eventually all) Trappist houses; his commentaries and translations of the Rule of St. Benedict (like his unpublished Declarations) are also concerned primarily with a way of life arising from that Rule rather than the principles underlying it. The aim and nature of *De la Sainteté* are wholly consistent with these other, more limited, works, but specifically go beyond details to the fundamental theory on which all monastic life is based. There is no reason to doubt Rancé's statement that the book grew out of conferences given to his own monks, but the reader soon realizes that the written word has gone far beyond anything the spoken word could communicate, and that an audience of highly erudite specialists is being addressed whenever controversial issues are broached. The rhetorical note is constant, but as marginal references accumulate the 'my brothers' to whom the conferences are supposedly directed look less and less like ordinary monks.

The constituent elements of this very substantial work (nearly one thousand pages of rather large print in two volumes, to which may be added the six hundred pages of the *Eclaircissements,* or Clarifications, of 1685) are not homogenous. If the basis is provided by the simple instruction given to his monks, the next stage is a systematic attempt to answer particular critics of a given opinion,

RANCÉ ZUM ORDENSLEBEN IN SEINEM BUCH

OBGLEICH RANCÉ andere Arbeiten über klösterliches Leben veröffentlichte, wurde er durch *„De la Sainteté..."* bekannt, wollte das auch zu seinen Lebzeiten und darüber hinaus. Seine *„Reglements de la Trappe"* waren für den täglichen Bedarf seiner eigenen Gemeinschaft geplant und wurden im 19. Jahrhundert als Grundlage für das Leben in den meisten (schliesslich allen) Trappistenhäusern angepasst; seine Kommentare und Übersetzungen der Regel Benedikts (wie seine unveröffentlichten *„Declarations")* betreffen auch hauptsächlich eher eine Lebensweise, die sich aus dieser Regel ergibt, als die Prinzipien, die ihr zugrunde liegen. Ziel und Natur von *„De La Sainteté..."* sind vollständig verträglich mit diesen eher begrenzten Arbeiten, gehen aber in Details über die grundlegende Theorie hinaus, auf der alles Ordensleben basiert. Es gibt keinen Grund, Rancés Aussage zu bezweifeln, dass das Buch aus den Predigten für seine eigenen Mönchen heraus wuchs, aber der Leser stellt bald fest, dass das schriftliche Wort weit über alles hinaus geht, was gesprochene Worte mitteilen könnten. Es ist an ein Publikum von hochgradig gelehrten Spezialisten gerichtet, wann immer umstrittene Fragen behandelt werden. Die rhetorische Einleitung bleibt zwar immer gleich, aber wo sich die Randnoten häufen, sehen die regelmässig angesprochenen 'meine Brüder' immer weniger aus, wie einfache Mönche.

Die wesentlichen Bestandteile dieses sehr umfassenden Werkes (fast tausend Seiten Großdruck in zwei Bänden, zu denen man noch sechshundert Seiten der *„Eclaircissements"* von 1685 hinzurechnen kann), sind nicht homogen. Wenn auch das Gerüst aus einfachen Anweisungen für seine Mönche gebildet ist, die nächste Stufe ist ein systematischer Versuch, auf bestimmte Kritiken einer

like Le Roy on humiliations, or Floriot on duties to parents. Thus material already composed, or even published, in a specific debate is summarized and incorporated in this more widely ranging book. Then, as further criticism of practices or teachings accepted at la Trappe came from both friends and foes, answers to their respective objections had to be provided. This in turn led to counter criticism, especially of other houses and Orders, which held different opinions or led different lives. Finally the intermittent counter-attacks give way, especially in the latter part of the book, to a sustained and violent assault on those whose very existence was seen as an affront not just to Rancé and la Trappe but to God himself. What makes this variety of content more conspicuous is the fact that the form remains unchanged: a question, ostensibly put by the brethren to their abbot in a line or two, is answered at very varying length throughout the book (and in the *Eclaircissements* as well). Sometimes, notably at the beginning, the form resembles that of a simple catechism, questions and answers largely about definition; sometimes they are in the form of quite learned objections, based on Scripture, the Fathers, or the Rule.

The book is then not a treatise on monastic life, but a compendium combining the practical experience of some twenty years in a particular community with the record of past controversies and the clearest possible statement of principles which a readership extending to all religious, men and women, and even lay-people, is invited to endorse. The polemical intention is certain and inevitable, but is really secondary to the affirmation of values to which Rancé wishes to call, or recall, all true Christians.

geäusserten Meinung, wie Le Roy zu Demütigungen oder Floriot zur Sorge für Eltern zu antworten. So wurde bereits verfasstes oder sogar in einer eigenen Debatte veröffentlichtes Material in diesem weit ausgreifenden Buch zusammengefasst und integriert. Als dann weitere Kritik an Praxis oder Lehre in La Trappe von Freund und Feind kam, mussten Antworten auf die jeweiligen Einwände bereitgestellt werden. Dies ergab dann wieder Gegenkritik, besonders anderer Häuser und Orden, die abweichende Meinungen vertraten oder andere Lebensweisen führten. Schließlich zeigen die wiederkehrenden Gegenangriffe, besonders im letzten Teil des Buches, einen nachhaltigen und heftigen Angriff auf diejenigen, deren bloße Existenz als Beleidigung nicht nur Rancé's und La Trappe's sondern Gottes selbst gesehen wurde. Was diese Inhaltsvielfalt auffallend macht, ist die Tatsache, dass die Form gleich bleibt: eine Frage von 2 oder 3 Zeilen, scheinbar von den Brüdern an ihren Abt, wird im ganzen Buch in sehr unterschiedlicher Länge beantwortet (ebenso in den *„Eclaircissements")*. Manchmal, vornehmlich zu Beginn, ähnelt die Form der eines einfachen Katechismus, Fragen und Antworten weitgehend zu Definitionen; manchmal in Form von ziemlich gelehrten Einwänden, basierend auf der Schrift, den Vätern oder der Regel.

Das Buch ist dann nicht eine Abhandlung über das Klosterleben, sondern ein Kompendium, das die praktische Erfahrung einiger zwanzig Jahre in einer bestimmten Gemeinschaft mit der Aufzeichnung früherer Kontroversen und der möglichst klaren Aussage über Prinzipien kombiniert, die eine ausgedehnte Leserschaft aus allen Orden, Männer und Frauen und sogar Laien, einlädt zuzustimmen. Die polemische Absicht ist sicher und unvermeidlich, ist aber wirklich zweitrangig für die Bestätigung der Werte, zu denen Rancé alle wahren Christen auf- oder zurückrufen möchte.

One should not forget that the existence and survival of la Trappe had to be fought for from the inception of the reform up to the Revolution of 1789, and for rather different reasons thereafter, but while Rancé's bellicose tone can be easily explained, it must be regretted, even in the context of his bellicose time.

The brief note to the reader at the beginning at once sets the tone.[21] We are told that 'a large number of passages from the Fathers' have been quoted, and that when the author adds his own reflections 'they are so much in accordance with [the Fathers'] spirit and doctrine that they should be regarded as their thoughts rather than his.' It is indeed the solid backing of ancient authority, going back to the Bible and the Desert fathers, which constitutes Rancé's whole argument, and apart from questions of interpreting particular texts, the only alternative to his views as presented is deliberate adaptation to the times, innovation and, as he puts it, mitigation.

The first five chapters deal with 'the origin, essence, and perfection of the monastic state' and are followed by eighteen on 'the means necessary for fulfilling its duties.' More precisely, chapters six through fifteen deal with inner virtues and dispositions, sixteen to twenty-three with external practices. The approach is almost always historical and/or legalistic, but is sometimes purely spiritual, especially in considering Our Lord's life and teaching. The book is obviously in the first instance a justification of the

---

[21] References are to the original edition of 1683; a reprographic edition was published by Gregg International in 1972; Translations are my own.

Man sollte nicht vergessen, dass für Bestand und Überleben von La Trappe vom Anfang der Reform bis zur Revolution von 1789 gekämpft werden musste, und aus anderen Gründen auch danach noch. Während Rancés streitsüchtiger Ton leicht erklärt werden kann, muss er dennoch bedauert werden, selbst im Rahmen seiner streitsüchtigen Zeit.

Die kurze Bemerkung für den Leser zu Beginn stimmt gleich den Ton an.[22] Uns wird erklärt, dass 'viele Passagen der Väter' zitiert werden und dass, wenn der Autor seine eigenen Gedanken 'hinzufügt, diese sosehr mit [der Väter'] Geist und Lehre übereinstimmen, dass sie eher als ihre Gedanken denn als seine angesehen werden sollten.' So wird tatsächlich die alte Autorität solide unterstützt, die bis zur Bibel und zur Wüste zurückgeht, Dies stellt Rancés ganze Begründung dar, und abgesehen von Fragen der Deutung bestimmter Textstellen, wäre die einzige Alternative zu seinen vorgestellten Ansichten eine durchdachte Anpassung an die Zeiten, Neuerungen und, wie er sagt, Abschwächung.

Die ersten fünf Kapitel behandeln 'den Ursprung, das Wesentliche und die Vervollkommnung des Ordensstandes' und ihnen folgen achtzehn über 'die Mittel, die zur Erfüllung seiner Aufgaben notwendig sind.' Genauer behandeln die Kapitel sechs bis fünfzehn innere Tugenden und Gesinnungen, sechzehn bis dreiundzwanzig die äussere Praxis. Die Vorgehensweise ist fast immer historisch und/oder legalistisch, manchmal auch rein geistlich, besonders wenn Leben und Lehre Unseres Herrn behandelt werden. Das Buch ist offensichtlich zunächst eine Rechtfertigung

---

[22] Die Verweise beziehen sich auf die Originalausgabe von 1683; eine reprografische Ausgabe wurde von Gregg International im Jahre 1972 veröffentlicht; Übersetzungen sind von mir.

values upheld and the life led at la Trappe, but neither explicitly nor implicitly is it aimed only at Cistercians, or even the wider Benedictine family, but at all men and women who by vows have dedicated themselves to the true monastic, or solitary, life, as distinct from Mendicants, ecclesiastics (like canons regular), or those in active Orders. However, the principles apply to many more people than do the modalities, and it is hardly an exaggeration to say that the book exemplifies a certain view of Christianity, or the relations between God and man, and between the Christian and the world, of which monasticism is only the most intense expression. This view may be characterized as essentially penitential, calling for self-denial and rejection of the world (as in 'world, flesh and devil'). It is based wholly on a return to the sources and, of course, admits only one reading of those sources.

The short section of five chapters on the monastic state is the indispensable preliminary for all that follows. The opening question and answer deserve to be quoted in full:

> What is a true religious?
>
> He is a man who, having by a solemn vow renounced the world and all that is perishable and sensual, lives only for God and is concerned only with things eternal.

Within the next two or three pages Cassian, Gregory the Great, John Climacus, Bernard, and Basil have been enlisted in support of the view that religious vows entail an unconditional and total sacrifice offered to God. The fifth and last question of this brief prefatory chapter anticipates the final chapter of the book with

der Werte und des Lebens, die in La Trappe hochgehalten werden, aber weder ausdrücklich noch implizit richtet es sich nur an Zisterzienser oder gar die weitere Benediktinerfamilie, sondern an alle Männer und Frauen, die sich durch Gelübde dem echten Ordens- oder Einsiedlerleben geweiht haben, zum Unterschied von Bettelorden, Weltgeistlichen (wie Regularkanoniker) oder den aktiven Orden. Immerhin wenden sich die Prinzipien an viel mehr Menschen, als es die Modalitäten tun, und es ist kaum eine Übertreibung, zu sagen, dass das Buch eine bestimmte Sicht des Christentums beleuchtet, oder die Beziehung zwischen Gott und Mensch und zwischen Christen und Welt, wovon das Ordensleben nur der intensivste Ausdruck ist. Diese Sicht wird wesentlich gekennzeichnet durch Bussgesinnung und fordert Selbstverleugnung und Ablehnung der Welt (wie in 'Welt, Fleisch und Teufel'). Sie basiert insgesamt auf einer Rückkehr zu den Quellen und lässt selbstverständlich nur eine Lesart dieser Quellen zu.

Der kurze Abschnitt von fünf Kapiteln über den Ordensstand ist unentbehrliche Einleitung für alles Folgende. Die Eröffnungsfrage und -antwort verdienen, vollständig zitiert zu werden:

> Was ist ein wahrer Ordensmensch?
>
> Er ist ein Mensch, der durch ein feierliches Gelübde der Welt und allem, was vergänglich und sinnlich ist, abgeschworen hat, nur für Gott lebt und sich nur mit den ewigen Dingen befasst.

Auf den folgenden zwei, drei Seiten werden Kassian, Gregor der Große, Johannes Klimakus, Bernhard und Basilius zur Unterstützung der Sicht aufgeführt, dass Ordensgelübde ein unbedingtes und totales Opfer als Angebot an Gott sind. Die fünfte und letzte Frage dieses kurzen Einleitungskapitels nimmt das letzte Kapitel

its condemnation of religious who fail to keep their rule in all its original purity.

With chapters two and three the foundation of Rancé's whole argument is laid down. Monastic life, we are told, was founded in all its essentials by Our Lord himself, and a series of quotations from early writers, from Pachomius to Jerome and Cassian, is adduced in support. The historical origins of monasticism are taken back to the Apostles but, more significantly, the need for total sacrifice goes back to the early Christian martyrs. With the end of persecution the role of martyrs as witnesses passed to anchorites and then to cenobites. It is an essential feature of Rancé's argument that God at all times wishes some people to devote themselves without reserve to his service, but that the nature of the sacrifice may vary. Rancé maintains too that the necessary and praiseworthy service of active Christians in no way invalidates the contemplative life, using the familiar analogy of Martha and Mary.

Chapter four, as long as the first three combined, comes much closer to a personal view. Long quotations illustrate the fearful austerity of the desert anchorites, and Rancé admits that as a state the cenobitical life falls short of that of hermits, but that is no reason why cenobites should be less holy. Moreover, he explicitly says, 'The Thebaid is no longer open as it once was,' and counsels moderation to those of his own day. Even the first Clairvaux, under St. Bernard, represents a Golden Age which cannot be brought back, but Rancé underlines the point of his whole book, and of the life led at la Trappe, by saying that the example of earlier, holier monks

des Buches mit seiner Verurteilung von Orden vorweg, die versäumen, ihre Regel in ganzer ursprünglichen Reinheit einzuhalten.

In den Kapiteln zwei und drei wird die Grundlage der ganzen Argumentation Rancés ausgebreitet. Ordensleben, wird uns gesagt, wurde in all seinen Wesensmerkmalen von unserem Herrn selbst gegründet und eine Reihe Zitate früher Verfasser, von Pachomius bis Hieronymus und Kassian, wird zur Stützung angeführt. Die historischen Ursprünge des Ordenslebens werden bis auf die Apostel bezogen, aber noch bezeichnender geht der Wunsch zum totalen Opfer zurück bis zu den frühen christlichen Märtyrern. Mit dem Ende der Verfolgung ging die Rolle der Märtyrer als Zeugen über auf die Einsiedler und dann auf die Zönobiten. Ein wesentlicher Teil von Rancés Argument ist, dass Gott zu allen Zeiten einige Menschen wünscht, die sich ohne Rückhalt Seinem Dienst widmen, aber dass die Art des Opfers unterschiedlich sein kann. Rancé sagt auch, dass der notwendige, lobenswerte Dienst aktiver Christen das betrachtende Leben nicht entwertet, indem er auf die bekannte Analogie von Martha und Maria verweist.

Kapitel vier, so lang wie die ersten drei zusammen, kommt einer persönlichen Sicht viel näher. Lange Zitate veranschaulichen die angstvollen Entbehrungen der Wüstenväter, und Rancé gibt zu, dass das zönobitische Leben das der Einsiedler als Status nicht erreicht. Dies sei aber kein Grund ist, warum Zönobiten weniger heilig sein sollten. Außerdem sagt er ausdrücklich, 'die Thebais ist nicht mehr offen, wie es einmal war,' und rät seinen Zeitgenossen zur Mäßigung. Selbst das erste Clairvaux, unter dem hl. Bernhard, war ein goldenes Zeitalter, das nicht wiederkommen kann. Rancé unterstreicht den Sinn seines ganzen Buches und des in La Trappe geführten Lebens, indem er sagt, dass das Beispiel früherer,

is there for later ones to follow. In practice later generations have proved to be more feeble, but what matters is that they should aim at the same goals, not necessarily that they should succeed.

This analysis of the monastic state comes down to particulars in the fifth, and much the longest chapter in this section. Here Rancé examines in turn the full, not the formal, implications of vows of chastity, poverty and obedience. God's purpose in establishing monastic life was that men and women should serve him without being distracted by the world or the senses and that they should strive for perfection. All the outward practices are directed to the sole end 'of obtaining from God that holiness which is the essence, the basis, and the end of the religious life.' It is because literal, mechanical observance of rules has supplanted this inner spirit, because the purpose has been obscured and overshadowed by the means, that Rancé finds the monastic life of his day so decadent. Religious are content to follow the customs they find, to conform to the conduct of the majority, instead of examining where their duty truly lies. The pages of quotations preceding that conclusion do not merely show on what authority Rancé relies, but even more from what holy and weighty authority more recent generations have deviated.

Although the whole of this section of five chapters on the holiness of monastic life amounts to little more than a tenth part of the whole book, it provides the premise on which all the rest depends. It was the spiritual motivation, not the outward details, that always counted for Rancé, and this he sought not in any private illumination but in the teachings of Scripture and those universally recognized as spokesmen for religious life.

heiligerer Mönche dazu da ist, dass später andere folgen. In der Praxis waren neuere Generationen schwächer, was zählt, ist, dass sie die gleichen Ziele erstreben sollten, nicht, sie zu erreichen.

Diese Analyse des Ordensstandes führt zu den Einzelheiten im fünften, bei weitem längsten Kapitel dieses Abschnitts. Hier überprüft Rancé nun die vollen, nicht formalen, Inhalte der Gelübde zu Keuschheit, Armut und Gehorsam. Gottes Absicht, als er das Ordensleben einrichtete, war, dass Männer und Frauen ihm dienen sollten, ohne durch Welt oder Sinne abgelenkt zu werden, und dass sie Vollkommenheit anstreben sollten. Die ganze äußerliche Praxis ist auf das einzige Ziel gerichtet, 'die Heiligkeit von Gott zu erlangen, welche das Wesen, die Basis und das Ziel des religiösen Lebens ist.' Weil wörtliches, mechanisches Befolgen der Regeln diesen inneren Geist verdrängt hat, weil der Zweck durch die Mittel undeutlich und überschattet geworden ist, findet Rancé das Ordensleben seiner Tages so dekadent. Die Ordensleute begnügen sich damit, vorgefundenen Gewohnheiten zu folgen, sich an das Mehrheitsverhalten anzupassen, anstatt zu prüfen, wo ihre Aufgabe wirklich liegt. Die Seiten voller Zitate, die dieser Schlussfolgerung vorausgehen, zeigen nicht bloß, auf welche Autoritäten Rancé baut, sondern mehr noch, von welchen heiligen und gewichtigen Autoritäten die neueren Generationen abgewichen sind.

Obgleich dieser Abschnitt mit fünf Kapiteln über die Heiligkeit des Ordenslebens kaum mehr als ein Zehntel des ganzen Buches ausmacht, bietet er die Voraussetzung für den ganzen anderen Teil. Für Rancé zählte nicht die äußerlichen Details, sondern immer die geistliche Motivation und diese suchte er nicht in einer privaten Erleuchtung, sondern in der Schriftlehre und bei den allgemein als Sprecher für das Ordensleben Anerkannten.

If the voice of the desert, in particular that of St. John Climacus, is heard most frequently, it is because Rancé regards its message as offering an ideal, albeit unattainable in modern times, but Saints Benedict and Bernard are constantly quoted as the ultimate authorities for Western monks in general and Cistercians in particular. The appeal is wholly to the past, and wholly to those whose example the Church holds up for respect and emulation. It is not at this stage legalistic, rather it speaks to the heart.

As a transition between holiness and duties, chapter six is a brief exhortation to restore the dignity of the monastic state and a list of sixteen duties, nine being inner dispositions, and the rest outward practices. Thus the emphasis on the spirit continues, and the essential logic of the book is developed in terms of inner priorities. In that light it is obvious that the first, and inescapable, duty is to love God. This love comes from the heart, and is revealed in works, which are however worthless unless prompted from within. There is a long quotation from St. François de Sales, commenting on the fact that the Council of Trent used the word *dilectio*, implying choice, preference, in referring to our love of God, rather than *amor*, indicating an irresistible attraction. Rancé stresses that love of justice, freely chosen rather than fear of punishment, should motivate us. Even small faults matter, because they come between us and true love of God.

Most significantly the duty immediately following love of God is 'love and trust of superiors.' As Rancé had already explained in discussing the monastic vows, obedience is the basis of religious life, not a slavish submission, but a voluntary denial of self.

Wenn man die Stimme der Wüste, besonders die des hl. Johannes Klimakus, sehr häufig hört, geschieht das, weil Rancé seine Botschaft als das Angebot des Ideals ansieht, wenn es auch in moderner Zeit unerreichbar ist, aber die hll. Benedikt und Bernhard werden immer wieder als höchste Autoritäten für westlich Mönche im Allgemeinen und Zisterzienser im Besonderen zitiert. Er beruft sich auf die Vergangenheit und ganz auf die, deren Vorbild die Kirche für achtbar und nachahmenswert hält. Hierbei ist sie nicht legalistisch sondern eher spricht sie zum Herzen.

Als Übergang zwischen Heiligkeit und Pflichten, ist das Kapitel sechs eine kurze Ermahnung, die Würde des Ordensstandes wieder herzustellen; sowie eine Liste von sechzehn Aufgaben, neun der inneren Disposition und der Rest der äußeren Praxis. So setzt sich die Betonung des Geistlichen fort, und die wesentliche Logik des Buches wird in Begriffen innerer Prioritäten entwickelt. In diesem Licht liegt es auf der Hand, dass die erste und unverzichtbare Aufgabe ist, Gott zu lieben. Diese Liebe kommt vom Herzen und wird durch Arbeiten offenbar, die jedoch wertlos wären, wären sie nicht vom Inneren her ausgelöst. Ein langes Zitat des hl. Franz von Sales kommentiert, wie das Konzil von Trient den Begriff *dilectio* verwendete, womit bei unserer Liebe zu Gott eher Wahl und Vorliebe gemeint sind, während *amor* eine unwiderstehliche Neigung bezeichnet. Rancé betont, dass uns frei gewählte Gerechtigkeitsliebe statt Furcht vor Strafe motivieren sollte. Selbst kleine Fehler sind wichtig, weil sie sich zwischen uns und wahrere Gottesliebe stellen.

Bezeichnend ist die Pflicht 'Liebe und Vertrauen zum Oberen' gleich hinter der Gottesliebe: wie Rancé bereits bei den Ordensgelübden erklärt hatte, ist Gehorsam die Basis des Ordenslebens,

By seeing the superior as God's representative in the community Rancé is only following St. Benedict and many other authorities, but it is of the highest importance that charity, 'love and trust,' takes priority over a juridical or political style of authority.

The complement of this chapter is the following one (chapter nine) 'on the charity and duties of superiors.' Charity, love, once again comes first, and lest there be any misunderstanding, Rancé defines this as doing in the community what Christ would do if he were there, namely, devoting himself to the perfection and salvation of his religious by example as well as precept, by his vigilance, and above all by 'ardent prayer.' The reciprocity of the relationship between superior and community could not be more clearly expressed. This long chapter, the longest so far, goes into some detail on the superior's duties and role. Study and erudition are not necessary for suitable instruction of his flock, and if a superior is a serious scholar there is a real danger that routine duties and the conduct of his monks day by day may become a chore instead of a duty lovingly performed. A somewhat unexpected passage strongly condemns the use of carriages and retinues by abbots, even when they are engaged on canonical visits. Rancé points out that only eighty years earlier there had been a single carriage in Paris (presumably royal) and that fifty years ago (1630 or so) even distinguished persons were content to ride on horseback; that is how canonical visits had been conducted for centuries. He comments pertinently that only fashion and worldly values have brought about these new expensive and ostentatious ways.

nicht eine sklavische Unterordnung, sondern freiwillige Selbstverleugnung. Indem er den Oberen als Vertreter Gottes in der Gemeinschaft sieht, folgt Rancé nur dem hl. Benedikt und vielen anderen Autoritäten, aber von höchster Bedeutung ist, dass Nächstenliebe, 'Liebe und Vertrauen,' Vorrang vor rechtlicher oder politischer Autorität hat.

Das folgende Kapitel neun ergänzt dieses Kapitel und handelt von 'der Nächstenliebe und den Aufgaben der Oberen.' Noch einmal kommen Nächstenliebe, Liebe zuerst. Und um jedes Missverständnis zu vermeiden, definiert Rancé dies, als in der Gemeinschaft das zu tun, was Christus tun würde, wenn Er da wäre, nämlich sich der Vervollkommnung und dem Heil Seiner Brüder zu widmen, durch Beispiel wie Gebote, durch Wachsamkeit und vor allem durch 'leidenschaftliches Gebet.' Die Gegenseitigkeit im Verhältnis von Oberen und Gemeinschaft könnte klarer nicht ausgedrückt werden. Dieses lange Kapitel, das längste bisher, geht bei den Aufgaben und der Rolle des Oberen auf Details ein. Studieren und Gelehrsamkeit sind für angemessene Unterweisung seiner Herde nicht notwendig, und wenn ein Vorgesetzter ein ernsthafterer Gelehrter ist, gibt es eine echte Gefahr, dass Routinepflichten und die tägliche Führung seiner Mönche vielleicht lästig werden, statt eine geliebte Pflicht zu sein. Etwas unerwartet ist die Passage, wo er den Einsatz von Wagen und Tross der Äbte verurteilt, selbst bei kanonischen Besuchen. Rancé unterstreicht, dass gerade achtzig Jahre vorher in Paris nur ein einziger Wagen existierte (vermutlich königlich) und dass vor fünfzig Jahren (um 1630) sogar herausgehobene Personen sich begnügten, zu Pferd zu reiten; so sind kanonische Besuche jahrhundertelang abgehalten worden. Er kommentiert angemessen, dass nur Mode und weltliche Werte dieses neue teure und auffällige Gehabe gefördert haben.

It may be added as a footnote that in the days before 1675 when he had to travel it was in a cart. The chapter ends by restating the one indispensable obligation of a superior: sickness or old age may prevent or dispense him from giving instruction or an active example, but nothing can absolve him from the duty of praying for his monks.

Rancé, who had been abbot for nearly twenty years when he wrote that chapter, was beyond all doubt thinking of himself in every line. Had there been any obvious discrepancy between his own record and the portrait of the model superior not only his enemies but his own monks would have noted it. Whatever his shortcomings, and he was quick to admit them, his aims were as lofty as his words in this chapter.

The consistent priority of charity is reaffirmed in the next chapter (ten) on 'the charity which religious must have for one another.' Their first duty after loving God is to love and esteem one another. Since personal friendships and conversation are not possible, they can best show their charity through prayer, kindness, and respect. One consequence of this injunction is that seniors should not stand on their dignity but should defer to juniors, while the young, according to St. Benedict's teaching, must show special respect for their elders. Humility and silence are the practical means of ensuring the reign of charity. To please and obey Christ should be the only aim of religious, whose mutual charity should spring from love of God.

Als Fußnote wäre zu ergänzen, dass er vor 1675 für seine Reisen einen Karren nutzte. Das Kapitel endet mit der erneuten Betonung der unabweisbaren Pflicht eines Oberen: Krankheit oder hohes Alter mögen ihn hindern, anzuordnen oder aktiv Beispiel zu geben, doch nichts kann ihn freisprechen von der Aufgabe, für seine Mönche zu beten.

Rancé, der fast zwanzig Jahre Abt war, als er dieses Kapitel schrieb, dachte ohne jeden Zweifel bei jeder Zeile an sich. Hätte es irgendeine erkennbare Diskrepanz zwischen seiner eigenen Handlungsweise und dem Bild des vorbildlichen Oberen gegeben, hätten nicht nur seine Feinde, sondern auch seine eigenen Mönche es gemerkt. Was auch immer seine Defizite waren, und er gab sie unumwunden zu, so waren doch seine Ziele so hoch wie seine Worte in diesem Kapitel.

Der durchgängige Vorrang der Nächstenliebe wird im folgenden Kapitel (10) über 'die Nächstenliebe, die Ordensleute füreinander haben müssen' nochmals bestätigt. Ihre erste Aufgabe nach der Liebe zu Gott ist, einander zu lieben und wertzuschätzen. Weil persönliche Freundschaften und Gespräche nicht möglich sind, können sie ihre Nächstenliebe am besten durch Gebet, Güte und Respekt zeigen. Eine Konsequenz dieser Verfügung ist, dass die Alten nicht auf ihrer Würde bestehen sollten, sondern den Jüngeren nachgeben sollten, während die Jungen, nach St. Benedikts Lehre, gegenüber den Älteren besondere Achtung zeigen müssen. Bescheidenheit und Schweigen sind die praktischen Mittel, die Herrschaft der Nächstenliebe zu sichern. Christus zu gefallen und zu folgen sollte das einzige Ziel von Ordensleuten sein, deren gegenseitige Nächstenliebe aus der Liebe zu Gott entspringen sollte.

These four chapters devoted to different aspects of that charity without which monastic life is an empty shell precede and explain those concerned with the more negative aspects of penitence and austerity. There is nothing novel in Rancé's presentation, indeed it would be quite contrary to his purpose if there were, but, as he says so often, he is restating plainly fundamental truths which his own century was too ready to forget or distort.

The fifth chapter of this very positive spirituality naturally enough deals with prayer. It is probable that Rancé's heavy burden of correspondence on top of his normal abbatial duties left him little time each day for unbroken periods of prayer and meditation, but the role assigned to prayer in the chapters just examined should leave no doubt in anyone's mind that Rancé was truly a man of prayer. Chapter eleven goes part of the way towards revealing what his own spiritual life may have been. There was no shortage of guides and manuals on prayer, as he says, but he believed that formal methods were in themselves not enough. Rather he tells his brethren (and readers) 'make your prayer the voice and cry of your heart.' Fervor and a pure heart, as Cassian teaches, are the two conditions for effective prayer, which needs careful preparation. Rancé very sensibly observes that prayer may need to be brief if one is not to fall into distraction, and though he offers five steps of careful and humble approach, he stresses that one should always let the Spirit take over and then follow its movements. Simplicity, not eloquence, is what counts, and effective prayer is more the product of divine unction than human instruction. Again the emphasis on spontaneity and simplicity is in no way novel, but Rancé's lack of enthusiasm for drills and techniques is notable in a century

Diese vier Kapitel, die sich verschiedenen Aspekten dieser Nächstenliebe widmen, ohne die Ordensleben eine leere Hülle bleibt, gehen voraus und erklären jene, die die negativeren Aspekten von Busse und Entbehrung behandeln. Es ist nichts besonders in Rancés Darstellung und das wäre auch zu seinem Zweck ziemlich konträr, doch wie er oft sagt, stellt er einfach grundlegende Wahrheiten erneut dar, die sein Jahrhundert so eifrig dabei war zu vergessen oder zu verzerren.

Das fünfte Kapitel dieser sehr positiven Geistlichkeit handelt natürlich vom Gebet. Wahrscheinlich liess Rancés große Belastung durch Korrespondenz neben seinen normalen Abtsaufgaben ihm täglich wenig Zeit für ungestörte Gebetsphasen und Meditation, aber die Rolle des Gebets in den gerade untersuchten Kapiteln sollte bei niemandem Zweifel aufkommen lassen, dass Rancé wirklich ein Mann des Gebets war. Kapitel elf gibt teilweise Aufschluss, wie sein eigenes geistliches Leben gewesen sein mag. Es gab keinen Mangel an Führern und Handbüchern zum Beten, wie er sagt, aber er glaubte, dass formale Methoden in sich nicht ausreichten. So erklärt er seinen Brüdern (und Lesern) 'macht euer Gebet zur Stimme und zum Schrei Eurer Herzen.' Leidenschaft und ein reines Herz, wie Kassian lehrt, sind die zwei Bedingungen für wirksames Gebet, das sorgsame Vorbereitung benötigt. Rancé beobachtet sehr klar, dass das Gebet kurz sein muss, um nicht in Ablenkung zu fallen, und betont, obwohl er fünf Schritte der vorsichtigen und demütigen Näherung anbietet, dass man immer dem Geist die Führung überlassen soll und dann seinen Bewegungen folgen sollte. Einfachheit, nicht Beredsamkeit, zählt und wirksames Gebet ist mehr das Ergebnis göttlicher Salbung als menschlicher Anweisung. Wieder ist der Nachdruck auf Spontaneität und Einfachheit keinesfalls neu, aber Rancés geringe Begeisterung

when these had become fashionable. Above all it would seem that Rancé saw, and used, prayer as a way of both speaking and listening to God in the moments, rare as they might be, when distractions could be overcome.

On this solid foundation, about a third of the whole book, is built the rest, all comprised under the general heading of penitence. Being indisputably more negative in tone, more polemical, and more severe, these chapters have always been taken as characteristic of all that people like least about Rancé. However that may be, the sole justification for the latter, and much longer, part of the book and the thought therein expressed is contained in the first eleven chapters.

The first aspect of penitence discussed is humiliations, to which no less that a hundred pages are devoted. The arguments are those put forward in the long and bitter dispute with Le Roy and gain nothing through repetition. Two features deserve comment. As usual when challenged on a sensitive issue, Rancé has recourse to numerous unimpeachable authorities, from Scripture onwards, and in this instance the list is even longer than usual. Since the practice of systematic humiliations was of Eastern origin, a profusion of Eastern authorities is cited, and Rancé shows that they did not hesitate even to use 'fictions,' that is wholly invented grounds for rebuke, which practice he regarded as inadvisable in a Western situation. When he comes to Western authorities he includes St. Francis of Assisi, St. Teresa (quoted at length here and elsewhere) and St. Philip Neri, clearly intending to prove that his views are in no way archaic but supported by modern reformers and founders of Orders.

für Drill und Techniken ist bemerkenswert in einem Jahrhundert, wo diese gerade zur Mode wurden. Vor allem scheint Rancé das Gebet als die Art mit Gott zu sprechen und Ihn zu hören in den Momenten sieht und verwendet, wo Ablenkungen überwunden werden, so selten diese auch wären.

Auf dieser festen Grundlage, etwa ein Drittel des ganzen Buches, ist der Rest aufgebaut, den man ganz unter die allgemeine Überschrift „Busse“ stellen kann. Unstrittig negativer im Ton, polemischer und rauer, wurden diese Kapitel immer als typisch für all das an Rancé genommen, was man an ihm am wenigsten schätzte. Wie auch immer, die gesamte Rechtfertigung für den nächsten, viel längeren Teil des Buches und die dortigen Gedanken ist in den ersten elf Kapiteln enthalten.

Der zuerst erörterte Aspekt der Busse sind Demütigungen, denen nicht weniger als hundert Seiten gewidmet sind. Die Argumente, bekannt aus der langen, bitteren Debatte mit Le Roy, gewinnen nichts durch Wiederholung. Zwei Punkte verdienen Anmerkung. Wie üblich bei heiklen Punkten, nimmt Rancé Rückgriff auf zahlreiche unangreifbare Autoritäten, angefangen von der Schrift und in diesem Fall ist die Liste sogar länger als üblich. Da die Praxis der systematischen Demütigungen östlichen Ursprungs war, wird eine Vielzahl östlicher Autoritäten zitiert und Rancé zeigt, dass sie nicht einmal zögerten, 'Fiktionen zu verwenden.' Das sind rein erdachte Gründe für Rügen, eine Praxis, die er im Westen als abzulehnen betrachtet. Zu den Westautoritäten zählt er die hl. Franz von Assisi, Teresa (ausführlich hier und anderswo zitiert) und den hl. Philipp Neri, offenbar um zu beweisen, dass seine Ansichten keinesfalls veraltet sondern durch moderne Reformer und Ordensgründer gestützt sind.

The other point is more weighty and has been widely misinterpreted by scholars, who ought to know better, and literal-minded readers, who may be forgiven for being misled. In the frequently quoted (out of context) opening phrase of an important passage Rancé writes:

> As for monastic congregations, they are bands of criminals and public penitents . . . prodigal sons. . . . Their hearts keenly penetrated with the realization of their crimes, they must repair through sincere abjection and deep humiliation the ravages wrought by pride and disobedience ... A righteous man ceases to be regarded as righteous from the moment that he becomes a monk, and can thenceforth only be regarded as a sinner: he loses his innocence by shutting himself up in a monastery, just as Jesus in some sense ceased to be regarded as holy from the moment that he showed himself to the world in the form and vesture of a sinner. . . . The cloister is a prison which makes guilty men both of those who have preserved their innocence and of those who have lost it. (page 392)

A persistent myth in the nineteenth century made out that a Trappist monastery, like the French Foreign Legion, was full of jailbirds, and clearly derives from this text. The immediate context is in fact a contrast made between congregations of ecclesiastics, that is priests, whose ministry requires a stainless record, and monks. In theory only men of blameless life could be ordained, and being blameless and charged with the cure of souls they did not need public mortification. Equally in theory men became monks in order to shut themselves away and atone for human sins, including their own.

Der andere Punkt ist gewichtiger und von den Gelehrten, die es besser wissen sollten, massiv fehlinterpretiert worden, ebenso von den buchstäblich denkenden Lesern, die wohl wegen Irreleitung entschuldbar sind. In dem oft (aus dem Zusammenhang gerissenen) eröffnenden Satz einer wichtigen Passage schreibt Rancé:

> Was Ordenskongregationen anbetrifft, sie sind Banden von Verbrechern und öffentlichen Pönitenten ......verschwenderischen Söhnen... Ihre Herzen tief durchdrungen vom Bewusstsein ihrer Verbrechen, müssen sie durch aufrichtige Erniedrigung und tiefe Demütigung die Verwüstungen gutmachen, die durch Stolz und Ungehorsam angerichtet wurden...Ein rechtschaffener Mann wird von dem Moment an, wo er Mönch wird, nicht mehr als rechtschaffen betrachtet. Von da an kann er nur als Sünder betrachtet werden: er verliert seine Unschuld, indem er sich in einem Kloster einschließt, gerade wie Jesus in gewissem Sinne von dem Augenblick an nicht mehr als heilig betrachtet wurde, als Er sich der Welt in Form und Gewand eines Sünders zeigte. .... Das Kloster ist ein Gefängnis, das Schuldige aus denen macht, die ihre Unschuld bewahrt haben und auch aus denen, die sie verloren haben. (Seite 392)

Ein hartnäckiger Mythos im 19. Jahrhundert meinte, dass ein Trappistenkloster, ebenso wie die französische Fremdenlegion, voller Gewohnheitsverbrecher war, und leitet es offenbar von diesem Text ab. Der direkte Kontext bildet tatsächlich einen Gegensatz zwischen Kongregationen von Geistlichen, also Priester, deren Dienst eine makellose Vergangenheit erfordert, und den Mönchen. Theoretisch konnten nur Männer von makellosem Lebenslauf ordiniert werden und mit ihrem Auftrag zur Seelsorge brauchten sie keine öffentliche Demütigung. Ebenso theoretisch wurde man Mönch, um sich weg zu schließen und für menschliche Sünden, einschließlich der eigenen zu büßen. In der Praxis, gibt Rancé zu,

In practice, Rancé admits, there are sinful ecclesiastics, but 'just as the sinner ceases to be regarded as a sinner once he joins the ranks of the Levites, so the righteous man ceases to be regarded as righteous from the moment that he becomes a monk.' It is not the objective status before God of either ecclesiastics or monks, but the vocation to which they are called and the attitude appropriate to that vocation that makes 'criminals' of monks and 'faithful sons' of the clerics.

In plain terms, Rancé knew that some monks, like himself, bore a heavy burden of sin on their conscience, while others kept their baptismal innocence, but just as a martyr witnesses by death, so a monk witnesses by penitence for the sins inherent in mankind, whatever his personal record. The somewhat extravagant language conveys a commonplace of Augustinian theology and early monastic spirituality, and while the sentiments may well be highly uncongenial to most people today, they are very far from the melodramatic absurdity so often imputed to them. There are certainly some important truths about human psychology, monastic discipline, and Christian spirituality in this long chapter on humiliations, but it is seriously impaired by its polemical tone and context.

The remaining three chapters of this section very much hang together and are both briefer (the three together being only fifty pages) and much more restrained. Meditation on death, God's judgements, and Compunction are the respective titles. 'To die and to be judged are almost the same thing' as he says at the beginning of the second of these chapters (fourteen) and to await judgement

gibt es sündige Geistliche, aber so wie der Sünder nicht mehr als Sünder angesehen wird, sobald er sich den Rängen der Leviten anschließt, so hört der rechtschaffene Mann auf, als rechtschaffen betrachtet zu werden, vom Moment an, wo er ein Mönch wird.' Nicht der objektive Status vor Gott als Geistliche oder Mönche, sondern die Berufung, zu der sie gerufen sind und die Haltung, die hierzu passt, macht 'Verbrecher' aus Mönchen und 'treue Söhne' aus den Klerikern.

Einfach gesagt, Rancé wusste, dass einige Mönche wie er selbst eine schwere Sündenlast auf ihrem Gewissen trugen, während andere noch die Unschuld ihrer Taufe hatten, aber so wie ein Märtyrer durch den Tod Zeugnis ablegt, so bezeugt ein Mönch durch Busse für die inhärenten Sünden der Menschheit, was auch immer sein persönlicher Lebenslauf sei. Die etwas extravagante Sprache übermittelt Gemeinplätze der Augustinischen Theologie und der frühen Ordensspiritualität. Obwohl diese Gefühle den meisten Leuten heute wohl keineswegs passen, sind sie doch weit entfernt von der ihnen häufig zugeschriebenen melodramatischen Absurdität. Zweifellos sind einige wichtige Wahrheiten über menschliche Psychologie, klösterliche Disziplin und christliche Spiritualität in diesem langen Kapitel über Demütigungen enthalten, aber ernstlich geschwächt ist es durch seinen polemischen Ton und den Zusammenhang.

Die restlichen drei Kapitel dieses Abschnitts hängen sehr eng zusammen, sind kürzer (zusammen nur fünfzig Seiten) und zurückhaltender. Meditation über den Tod, die Urteile Gottes und die Gewissensbisse sind die jeweiligen Titel. 'Zu sterben und das Urteil zu erhalten, sind fast das Gleiche', wie er zu Beginn des zweiten dieser Kapitel (14) sagt, und das Urteil zu erwarten in Furcht

in fear and with tears of compunction is salutary for all. His concluding paragraphs in chapter fifteen give the only proper perspective: 'Profit then, my brethren from this knowledge, weep for a few moments so that you may live for an eternity in joy.' Only *sub specie aeternitatis* can Rancé's undeniable gloom be understood, otherwise it looks like gloom for its own sake, which it certainly is not.

The whole of the rather longer second volume is devoted to bodily penitence, discussed in considerable detail, which explains why its eight chapters take up more space than the preceding fifteen. It is also more directly controversial in that it treats of the outward and visible life of monks rather than their less easily verifiable inner life.

The opening chapter, sixteen, on Retreat is by far the longest of all, and deals with several loosely related issues, all very controversial. It begins with a lyrical account of life in the cloister, in which the innocent are rewarded for their fidelity and the guilty are raised up and healed 'so that these revived souls find as much peace and sweetness in their retreat as the innocent; both are united together by sharing in the same happiness and enjoy as far as it is possible to mortal flesh complete felicity.' Contrast this reassuring picture with that of the prisons in which bands of criminals expiate their guilt; it is of precisely the same cloisters and the same religious that Rancé is writing each time, though from diametrically opposite points of view.

und Tränen von Gewissensbissen bringt Heil für alle. Seine Absätze am Schluss von Kapitel 15 geben die einzig richtige Perspektive: 'Nutzet daher, meine Brüder, dieses Wissen, weint für einige Momente, damit ihr die ganze Ewigkeit in Freude leben könnt.' Only *sub-specie aeternitatis* kann man Rancés unleugbaren Trübsinn verstehen. Sonst sähe es wie Trübsinn um seiner selbst willen aus, was er zweifellos nicht ist.

Der deutlich längere zweite Band ist sehr detailliert der körperlichen Busse gewidmet. Das erklärt, warum seine acht Kapitel mehr Raum als die vorhergehenden fünfzehn umfassen. Er ist daher auch gezielter umstritten, weil er eher vom äußeren, sichtbaren Leben der Mönche handelt als vom weniger leicht überprüfbaren inneren Leben.

Das Eröffnungskapitel (16), über die Zurückgezogenheit ist von allen das bei weitem längste und befasst sich mit einigen lose damit verbundenen Problemen, die alle sehr umstritten sind. Es fängt mit einer lyrischen Geschichte über das Klosterleben an, in dem Unschuldig für ihre Treue belohnt werden und die Schuldigen erzogen und geheilt werden, damit ihre wiederbelebten Seelen ebenso viel Frieden und Freude in ihrer Zurückgezogenheit finden wie die Unschuldigen; beide werden vereinigt, indem sie das gleiche Glück teilen und genießen, soweit dem sterblichen Fleisch möglich. Man vergleiche dieses trostreiche Bild mit dem der Gefängnisse, wo Verbrecherbanden ihre Schuld sühnen; es ist das Bild der gleichen Klöster und des gleichen Ordens, von dem Rancé in beiden Fällen schreibt, jedoch aus diametral entgegengesetzten Blickrichtungen.

The principal points that follow all concern reasons for leaving the cloister for longer or shorter periods, and all are rejected categorically by Rancé. A break for those dejected by the struggle, or for reasons of health—to take the waters at a spa, for example— or even a request for temporary transfer to another monastery, are condemned outright. The monastery in which the religious is professed should be his or her tomb. Similarly the very common practice of going out to engage in litigation on the monastery's behalf is condemned unreservedly, and a long letter of St. François de Sales in support of that view is quoted in full. Much more space is given up to the question of returning home to help indigent parents, a debate already conducted in letters with Floriot, and Rancé repeats his view that for the religious his earthly family ceases to exist at his profession. It is, however, the duty of the community, through the superior, to help those in need, especially those connected with the community. Admitting that this is a minority view in his day, Rancé maintains that in spiritual matters it is the majority that is more likely to be wrong. Finally he extends the same prohibition to superiors, who should only leave their cloisters under obedience, and accept no ecclesiastical duties, such as outside preaching, except in the rarest circumstances.

There follows a chapter on silence. Rancé thought it is easier to observe, and more effective, if it is perpetual and total. Interestingly he maintained that such a rigorous rule will not work if simply imposed by the superior: the religious must be won over so that they desire it. As a matter of record, we know that this is what happened at la Trappe, and what Rancé recommended to several superiors who asked his advice at different times.

Die folgenden Hauptpunkte betreffen allesamt die Gründe zum Verlassen des Klosters für kürzere oder längere Zeiträume und alle werden durch Rancé kategorisch zurückgewiesen. Eine Pause für jene, die durch den täglichen Kampf oder aus Gesundheitsgründen ermattet sind - zum Beispiel, um einen Badeort zu besuchen - oder gar der vorübergehende Wechsel in ein anderes Kloster werden völlig verurteilt. Das Kloster, in dem das Ordensmitglied sein Gelübde ablegt, soll ihr oder sein Grab sein. Ebenso wird die weithin übliche Praxis, sich in klosterbedingten Rechtsstreiten ausserhalb zu engagieren, uneingeschränkt verurteilt. Ein langer Brief des hl. Franz von Sales wird zur Stütze dieser Ansicht vollständig zitiert. Viel mehr Raum wird der Frage gewidmet, ob man nach Hause zurückkehren kann, um notleidenden Eltern zu helfen, einer Debatte, die bereits in Briefen mit Floriot behandelt wurde. Rancé wiederholt seine Ansicht, dass für Ordensmitglieder mit dem Gelübde ihre irdische Familie aufhört, zu existieren. Es ist jedoch Aufgabe der Gemeinschaft durch den Oberen, denen in Not zu helfen, vor allem, wenn sie der Gemeinschaft verbunden sind. Er gibt zu, dass dies eine Minderheitsansicht ist, stellt aber fest, dass in geistlichen Angelegenheiten wahrscheinlicher die Mehrheit falsch liegt. Schließlich dehnt er das gleiche Verbot auf die Oberen aus, die ihre Klöster nur im Gehorsam verlassen sollten, keine kirchlichen Pflichten – wie zum Beispiel Predigten - übernehmen sollen, ausgenommen in den seltensten Fällen.

Dann folgt ein Kapitel über die Stille. Rancé dachte, sie sei einfacher einzuhalten und wirksamer, wenn sie absolut ist und nicht unterbrochen wird. Interessant ist seine Überzeugung, dass solch eine rigorose Regel nicht wirkt, wenn sie nur durch den Obe ren auferlegt wird: die Mitglieder müssen gewonnen werden, es selbst zu wünschen. Zu vermerken ist, dass genau dies in La Trappe

The long quotation concluding this chapter comes from the Carthusian Constitutions drawn up by Guigo.

Chapter seventeen on abstinence is predictable, and ranges far and wide in marshalling erudite quotations in support of Rancé's interpretation of this perennially controversial part of St. Benedict's Rule. Apart from the spiritual value of such mortification, Rancé gives other practical advantages of a virtually vegetarian diet: it is cheap, and allowing monks to be self-sufficient makes it easier for them to help the poor, and it diminishes sensuality. Guests, he thinks, should have the same food as the religious, and the superior should not maintain a separate table to entertain them. At la Trappe visitors—even James II, Bellefond' and other distinguished guests—ate in the refectory the same food as everyone else, although different food was served in the guesthouse.

The long debate on humiliations and the less acrimonious one on filial responsibilities had mostly been carried on by unpublished correspondence, but the still more famous and equally protracted controversy over monastic studies was sparked off by a section of twenty pages in the chapter on manual labour (about seventy pages in all). The positive benefits of manual work are traced back to the tradition of Jesus' years as a carpenter, and a number of perfectly valid reasons given why religious should continue such an ancient custom: hard work is penitential, a cure for idleness, makes monasteries self-sufficient and thus better able to help the poor, sets an example of industry, and promotes humility. It should be remembered that in the Middle Ages and especially the sixteenth century the alleged idleness of monks had everywhere become part of popular folklore, and even staunch Catholics,

geschah und Rancé es einigen Oberen empfahl, die zu verschiedenen Zeiten um seinen Rat baten. Das lange Zitat am Ende dieses Kapitels stammt aus den Kartäusischen Konstitutionen von Guigo.

Kapitel siebzehn über die Abstinenz ist vorhersagbar und greift weit aus, indem es gelehrte Zitate zur Stützung von Rancés Interpretation dieses ewig umstrittenen Teils der Benedikt-Regel heranzieht. Abgesehen vom geistlichen Wert solcher Abtötung, nennt Rancé andere praktische Vorteile einer de facto Pflanzenkost: sie sei billig und das erlaube den Mönchen, autark zu sein, ermögliche mehr Hilfe für die Armen und vermindere die Sinnlichkeit. Gäste, denkt er, sollten das Gleiche essen wie die Ordensleute, und der Obere solle keinen eigenen Tisch für ihre Beköstigung unterhalten. In La Trappe aßen die Gäste – selbst James II., Bellefonds und andere vornehme Gäste - im Refektorium das Gleiche wie jeder sonst, obgleich im Gästehaus das Essen anders war.

Die lange Debatte über Demütigungen und die weniger scharfe über Verantwortung der Kinder wurde größtenteils durch unveröffentlichte Korrespondenz geführt, aber die noch berühmtere und ausgedehntere Kontroverse über Studien von Ordensleuten wurde angefacht durch etwa zwanzig Seiten im Kapitel über die Handarbeit (das insgesamt ungefähr siebzig Seiten umfasst). Der positive Nutzen der manuellen Arbeit wird zurückgeführt auf die Überlieferung der Jahre von Jesus als Tischler und einigen absolut triftigen Gründen, warum Ordensleute diese alte Übung fortsetzen sollten: harte Arbeit ist Busse, ein Heilmittel gegen Faulheit, macht Klöster autark und folglich besser fähig, den Armen zu helfen, stellt ein Beispiel dar für Fleiß und fördert die Bescheidenheit. Zu bedenken ist, dass im Mittelalter und besonders im 16. Jahrhundert die angebliche Faulheit von Mönchen überall gängige Auffassung war.

let alone Protestants, questioned the apparently parasitical role played in society by so many able-bodied non-workers. The fourth question raised is whether study might not be an acceptable alternative to manual labour, to which Rancé replies 'monks were not meant for study but for penitence.' Study is no substitute for manual labour, and has almost none of the benefits listed above, and in any case could only ever be suitable for a small minority.

In his answer to the next question Rancé makes the crucial distinction between *lectio divina*, essential for spiritual nourishment and an integral part of the monastic routine, and study. He concedes that Europe owes much to learned monks of former ages, who have worthy successors in his own day, but maintains that the educational system is now so utterly different that such a role for monks is neither proper nor necessary. Ecclesiastics, not solitaries, are called to study and instruct, and theirs is a completely different vocation. He then dismisses the suggestion that time saved from manual labor could be devoted to prayer, claiming that for a proper balance work is necessary. The chapter ends with a list of the tasks generally allotted to servants or outside workmen which monks should undertake; garden and field work, domestic jobs, making cloth, shoes, and utensils, and so on.

The tone and language of the chapter are not extreme, and the general attitude to manual work is mostly very sensible, widely supported in our own day even apart from economic arguments. Indeed the three hours laid down by Rancé became five in the nineteenth century, and generally so remain.

Sogar aufrechte Katholiken, ganz zu schweigen von Protestanten, hinterfragten die anscheinend parasitäre Rolle, die so viele kerngesunde Nicht-Arbeiter in der Gesellschaft spielten. Zu der vierten Frage, ob Studien nicht vielleicht eine annehmbare Alternative zur Handarbeit wären, antwortet Rancé 'Mönche sind nicht bestimmt zum Studium, sondern zur Busse.' Studieren ist kein Ersatz für Handarbeit und bringt nahezu keinen der oben genannten Nutzen, und passte allenfalls für eine kleine Minderheit wenn überhaupt.

In seiner Antwort zur nächsten Frage zeigt Rancé den entscheidenden Unterschied zwischen *lectio divina,* wesentlich als geistliche Nahrung und Bestandteil klösterlichen Alltags, und dem Studieren. Er gibt zu, dass Europa gelehrten Mönchen früherer Zeiten viel schuldet, die zu seiner Zeit auch würdige Nachfolger haben, bleibt aber dabei, dass das Schulsystem jetzt so anders sei, dass solch eine Rolle für Mönche nicht angemessen noch notwendig ist. Geistliche, nicht Einsiedler, sind berufen zu Studium und Lehre, und ihre Berufung ist eine ganz und gar andere. Er weist dann den Vorschlag zurück, dass die von der Handarbeit abgesparte Zeit dem Gebet gewidmet werden könnte und behauptet, dass Arbeit zu einem richtigen Ausgleich notwendig sei. Das Kapitel endet mit einer Liste von Tätigkeiten, die meist Knechten oder Externen übertragen sind, die aber Mönche übernehmen sollten; Garten- und Feldarbeit, Hausarbeiten, das Herstellen von Stoff, Schuhen und Geräten, und so weiter.

Ton und Sprache dieses Kapitels sind nicht extrem, und die allgemeine Haltung zur manuellen Arbeit ist überwiegend sehr vernünftig und auch heute weitgehend befürwortet, sogar abgesehen von wirtschaftlichen Argumenten. In der Tat wurden aus den drei Stunden von Rancé, im 19. Jahrhundert fünf und haben sich so

Even the section on study which created such an uproar is reasonable if one accepts Rancé's premise. Yet the Benedictine Maurists in particular were incensed, and the ensuing controversy aroused wide attention in polite society as well as in ecclesiastical and intellectual circles. Rancé undeniably had a point; no pride is as insidious as intellectual pride, no activity can become more obsessive and demanding than scholarship. On the other hand the erudition of Mabillon and his confreres impaired neither their personal piety nor their modesty. Rancé's own learning was considerable, and a number of his monks were also men of genuine learning, so he wrote neither from envy nor ignorance, but the banning of study from la Trappe was, in the contemporary context, a wise decision. In this as always his attempt to impose an inflexible dogma on others placed in a situation different from his own, generalizing from the particular instance of la Trappe, led to justifiable reactions of annoyance and even fury from people who challenged his qualifications to speak for anyone but himself. It is sad that such a disproportionate amount of energy and emotion should have been expended, virtually to no purpose, simply because of a few pages in a big book dealing with fundamental issues of monastic life.

The following four chapters pose fewer problems. A very brief one on Vigils claims that the night office is freer of distractions than that at other times, as well as being a mortification. A very long chapter on poverty condemns all superfluous objects, even devotional pictures, precious crosses, and the like, and demands that buildings too should not be costly or ostentatious.

erhalten. Selbst der Abschnitt über das Studieren, der solch einen Lärm auslöste, ist angemessen, wenn man Rancés Voraussetzungen zugrunde legt. Dennoch waren vor allem die Benediktiner Mauristen verärgert, und die folgende Kontroverse weckte breite Aufmerksamkeit in der höfischen Gesellschaft wie auch in kirchlichen und intellektuellen Kreisen. Rancé hatte unleugbar einen Punkt für sich; kein Stolz ist so heimtückisch, wie der intellektuelle, keine Tätigkeit kann besessener und fordernder werden als Gelehrsamkeit. Andererseits hinderte die Gelehrsamkeit Mabillons und seiner Mitbrüder weder ihre persönliche Frömmigkeit noch ihre Demut. Rancé selbst studierte beträchtlich und einige seiner Mönche waren auch echte Männer des Lernens. So schrieb er weder aus Neid noch Ignoranz und das Studienverbot von La Trappe war zu jener Zeit daher eine weise Entscheidung. Hier wie immer führte sein Versuch, ein unbeugsames Dogma anderen aufzuerlegen, die in einer anderen Lage waren als er selbst, indem er den konkreten Fall von La Trappe generalisierte, zu berechtigten Reaktionen von Ärger und sogar Wut von Leuten, die seine Fähigkeit anfochten, für jemand anders ausser sich selbst zu sprechen. Beklagenswert, dass solch unverhältnismäßige Menge an Energie und Gefühlen, ohne erkennbaren Zweck, verbraucht wurde, einfach wegen einiger Seiten in einem großen Buch, das grundlegende Fragen des Ordenslebens behandelt.

Die folgenden vier Kapitel werfen weniger Probleme auf. Ein sehr kurzes zu den Nachtwachen stellt fest, dass im nächtlichen Offizium weniger Ablenkungen herrschen, als zu anderen Zeiten, ausserdem sei es eine Abtötung. Ein sehr langes Kapitel über Armut verurteilt alle überflüssigen Gegenstände, sogar Andachtsbilder, kostbare Kreuze und dergleichen und verlangt, dass Gebäude nicht teuer oder auffällig sein sollten. St. Bernhards weithin bekannte

St. Bernard's well known criticism of Cluniac extravagance is quoted, as one would expect, but so, at great length, is the history of St. Teresa's Carmelite reform in Spain. Once more Rancé urges the importance of almsgiving, and not only condemns any money or private property for religious, but also what he calls the simoniacal practice of demanding money, or dowries, as a condition of accepting religious for profession. In those days such payments were the rule rather than the exception, and we know from a letter that Rancé personally regarded the entry of his sisters into the Annonciades in Paris as technically irregular on that score.

Chapter twenty-two discusses patience in sickness. Rancé has no objection to the use of natural remedies, though examples from the Desert Fathers show that many early solitaries scorned all medicine, but he considers that while a religious may accept remedies offered by a superior he should not request them. To the very pertinent question as to whether austerity should be diminished if mortality rises too much (as many of his friends urged) he replied (pp 460-61):

> The number of monks has never increased more than through the greatness of their austerity. . . . The Spirit of Christ calls people to strict congregations, the spirit of man to lax ones.

Even the Carthusians, 'one of the most holy and celebrated observances,' have fallen from their original strictness, though less than others. He asks why no one queries the readiness of professional soldiers to die in action as part of their service to an earthly king, and yet people deplore it when monks die as a result of austerity in the service of God.

Kritik der cluniazensischen Extravaganz wird zitiert wie zu erwarten, aber in ebenso großer Länge wird die Geschichte der Karmelitischen Reform der hl. Teresa von Spanien zitiert. Erneut verweist Rancé auf die Bedeutung von Almosengeben und verurteilt nicht nur alles Geld oder Privateigentum für Ordensleute, sondern auch, was er Simonie nennt, nämlich als Bedingung zur Aufnahme von Menschen in einen Orden Geld oder Mitgift zu fordern. In jenen Tagen waren solche Zahlungen die Regel eher als die Ausnahme, und wir wissen aus einem Brief, dass Rancé persönlich den Eintritt seiner Schwestern zu den Annonciaden in Paris als in dieser Hinsicht technisch irregulär ansah.

Kapitel zweiundzwanzig erörtert die Geduld in Krankheiten. Rancé hat nichts gegen den Gebrauch von Naturheilmitteln, obgleich Beispiele der Wüsten-Väter zeigen, dass viele der frühen Einsiedler alle Medizin verachteten, ist er der Ansicht, dass ein Ordensmitglied zwar Heilmittel von einem Oberen annehmen kann, sie aber nicht erbitten sollte. Zur sehr passenden Frage, ob Strenge vermindert werden sollte, wenn die Sterblichkeit zu sehr steigt (wozu viele seiner Freunden drängten) antwortete er:

> Die Zahl der Mönche hat nie stärker zugenommen, als wenn ihre Entbehrungen größer wurden..... Christi Geist ruft Menschen zu den strengen Kongregationen, den menschliche Geist zu den gelockerten.

Sogar die Kartäuser, 'eine der heiligsten und berühmtesten Observanzen,' sind von ihrer ursprünglichen Strenge abgefallen, wenn auch weniger als andere. Er fragt, warum man nicht die Bereitschaft von Berufssoldaten in Frage stellt, als Teil ihres Dienstes für einen irdischen König im Kampf zu sterben. Und doch bedauern die Menschen es, wenn Mönche im Dienst für Gott infolge der Strenge sterben. Zwar im Allgemeinen mäßig verweist das Kapitel

Generally moderate, the chapter links up directly on the corporal plane with chapter thirteen, devoted to death as a subject of meditation.

The last chapter, fifty pages on mitigations, is a pendant and commentary on all that has gone before. Such a subject could not be anything but polemical, and this is the most passionate and rhetorical part of the book. There are some rays of hope: Rancé recognizes that even in mitigated observances there will be some chosen souls who serve God worthily in the midst of corruption, but he also recognizes that in reformed congregations there may be observances of external practices divorced from any true spirit of penitence. A catalogue of infractions of all the rules discussed in earlier chapters ends with a direct appeal to his own monks:

> Let your fidelity be your act of thanksgiving, let your gratitude be expressed in your works . . . may your life constitute an edification to men, a joy to angels, confusion to devils, and may it be a subject of glory and triumph to Christ for ever.

The criticism of many religious, content individually and collectively with second best, cannot be separated from the defense of the life and values represented by Rancé and la Trappe. Rancé's book was at the very least intended as a challenge to the majority of contemporary religious and a rallying cry for the faithful few. Though some of the chains of quotation become wearisome through reiteration of the same point, *De la Sainteté* is not, even now, a work to inspire boredom or indifference. Even now, in disagreeing with Rancé, one is forced to reassess fundamental questions too often ignored in favour of a quiet life.

direkt nach oben auf die physische Ebene im Kapitel dreizehn, das dem Tod als Thema der Betrachtung gewidmet ist.

Das letzte Kapitel, fünfzig Seiten zu den Milderungen, ist ein Anhang und Kommentar zu allem vorher Gesagten. Solch ein Thema kann nur sehr polemisch sein, und es ist der leidenschaftlichste und rhetorischste Teil des Buches. Es gibt einige Hoffnungsschimmer: Rancé anerkennt, dass sogar in erleichterten Observanzen einige ausgesuchte Seelen sind, die inmitten der Verderbnis Gott angemessen dienen, doch er sieht auch in den reformierten Kongregationen die äusserliche Praxis mancher Observanzen weitab jeden wahren Bussgeistes. Eine Aufzählung von Verletzungen all der in früheren Kapiteln besprochenen Regeln endet in einem direkten Aufruf an seine eigenen Mönche:

> Lasst eure Treue eure Dankestat sein, lasst eure Arbeiten Ausdruck eurer Dankbarkeit sein… möge euer Leben den Menschen zur Erbauung dienen, zur Freude den Engeln, Verwirrung den Teufeln und möge es für immer der Gegenstand von Ruhm und Triumph für Christus sein.

Die Kritik vieler Ordensleute, die sich einzeln und gemeinsam mit dem Zweitbestem zufrieden geben, kann man nicht von der Verteidigung des Lebens und der Werte trennen, die Rancé und La Trappe darstellten. Rancés Buch war am allerwenigsten gedacht als Herausforderung der Mehrheit zeitgenössischer Orden und als Sammlungsruf an die wenigen Getreuen. Wenn auch einige der Zitatfolgen durch Wiederholung ermüden, ist „*De la Sainteté…*“ nicht einmal heutzutage eine Arbeit, die Langeweile oder Gleichgültigkeit hervorruft. Selbst heute, wenn man sich mit Rancé auseinandersetzt, wird man gezwungen, grundlegende Fragen neu zu bewerten, die allzu häufig ignoriert werden, weil man das ruhige Leben sucht. Im 17. Jahrhundert traf das Buch auf Begeisterung

In the seventeenth century the book met with enthusiasm or indignation, not indifference, and reportedly impressed Protestants, who in principle had no use for monastic life. In scope, learning, and practical application the book was too important to be ignored. As the foreword says, Rancé added his own opinions to those of respected figures of the past only with the intention of continuing their tradition. It is, though, the unmistakable personality of Rancé himself that impresses, notably in the final chapter, and it was Rancé, not his authorities, who was attacked. It was felt that someone who could be so unjust and unreasonable—as they saw it—in castigating other houses and Orders which he knew only from hearsay was not a reliable witness on behalf of himself and his monastery. Paradoxically the opposite is the case. Only the experience of twenty years building up a large community of individuals from very varied backgrounds gave Rancé the confidence and ability to extrapolate ideals for guiding others. His assessment of what had been done at la Trappe and could be done elsewhere had yet to be vindicated by history, his denunciation of contemporary abuses may or may not be accurate, but it is scarcely relevant to a later age. As a document in the history of monastic life *De la Sainteté* has an important place, as a contribution to spirituality it deserves much more serious consideration than has recently been the case.

oder Entrüstung, niemals auf Gleichgültigkeit und soll auch Protestanten beeindruckt haben, die grundsätzlich keine Verwendung für Ordensleben hatten. In Bezug auf Umfassung, Lernen und praktische Anwendung konnte man an dem Buch nicht vorbei gehen. Wie das Vorwort sagt, fügte Rancé seine eigenen Ansichten denen von geachteten Persönlichkeiten der Vergangenheit nur an, weil er ihre Tradition fortsetzen wollte. Es ist so die unmissverständliche Persönlichkeit von Rancé selbst, die beeindruckt, vornehmlich im letzten Kapitel und Rancé, nicht seine Oberen, wurden angegriffen. Man glaubte, dass jemand, der so ungerecht und unvernünftig sein konnte - wie sie es sahen - andere Häuser und Orden zu züchtigen, die er nur vom Hörensagen kannte, kein zuverlässiger Zeuge für sich und sein Kloster sein konnte. Paradoxerweise ist das Gegenteil der Fall. Nur die Erfahrung von zwanzig Jahren beim Aufbau einer großen Gemeinschaft von Individuen mit sehr vielfältigen Herkünften gab Rancé die Zuversicht und Fähigkeit, Ideale für das Führen Anderer abzuleiten. Seine Einschätzung dessen, was in La Trappe erreicht worden war und anderswo erreicht werden könnte, musste noch durch die Geschichte bestätigt werden. Dass er zeitgenössische Missbräuche brandmarkt, mag richtig sein oder nicht, ist aber kaum relevant für spätere Zeiten. Als Dokument in der Geschichte des Ordenslebens nimmt „*De la Sainteté...*“ einen wichtigen Platz ein, als Beitrag zur Geistlichkeit verdient es viel ernsthaftere Erwägung, als bisher.

RANCÉ AS SEEN IN HIS LETTERS

WITHOUT THE EVIDENCE of Rancé's letters we should have to judge him on the basis of his published work, especially *De la Sainteté* and the *Relations,* on accounts of visitors to la Trappe, and above all on his biographers, Maupeou, Marsollier, dom Le Nain, and dom Gervaise (as modified by Dubois). Such a combination of material would at that be richer than what is available on most of his monastic contemporaries, but it would still lack the essential dimension provided by private letters. Conversely, if he had published nothing, there is no aspect of his thought and personality which could not be gleaned from his letters. In particular the seemingly inflexible and dogmatic views of *De la Sainteté* turn out to be capable of much more varied interpretation when Rancé discusses individuals' problems privately. Fortunately both types of source, public and private, are available today and enable us to compose a lifelike portrait to replace the caricature in black or white (but not both) hitherto on offer.

More than two thousand letters survive,[23] mostly in copies made during or shortly after Rancé's lifetime, and because so many have survived in series, a small number of addressees accounts for a quite disproportionate number of extant letters. Many addressees, especially

[23] References are to my edition of the Letters of A-J de Rancé (Kalamazoo; Cistercian Publications 1984).

RANCÉ IN SEINEN BRIEFEN

OHNE DEN BEWEIS durch seine Briefe müssten wir Rancé aufgrund seiner Publikationen, insbesondere *„De La Sainteté....“* und der *„Relations“* beurteilen, nach Berichten von Besuchern in La Trappe und vor allem aufgrund seiner Biografen, Maupeou, Marsollier, dom Le Nain und dom Gervaise (mit Änderungen durch Dubois). Zusammen wäre dieses Material bereits reicher, als was zu den meisten zeitgenössischen Ordensleute verfügbar ist. Aber fehlen würde dann noch immer die wesentliche Dimension, die aus den privaten Briefen hervorgeht. Hätte er andererseits nichts veröffentlicht, so gibt es keinen Aspekt seines Denkens und seiner Persönlichkeit, der nicht aus seinen Briefen zu entnehmen ist. Insbesondere die scheinbar unbeugsamen und dogmatischen Ansichten in *„De La Sainteté...“* erweisen sich als fähig zu viel mannigfaltigeren Interpretationen, wenn Rancé die Probleme der einzelnen Personen privat erörtert. Glücklicherweise sind beide Quellen, die öffentlichen und die privaten, heute verfügbar und ermöglichen uns, ein lebensnahes Porträt zu verfassen, das die bisher gebotenen schwarzen oder weissen Karikaturen (aber nicht beide) ersetzt.

Mehr als zweitausend Briefen existieren noch,[24] größtenteils als Kopien, die während oder kurz nach Rancés Leben erstellt wurden und weil so viele im Zusammenhang überlebt haben, steht eine kleine Zahl von Empfängern für eine durchaus unverhältnismäßig hohe Zahl vorhandener Briefe. Viele Empfänger, besonders

---

[24] Hinweis auf meine Ausgabe der Briefe von A-J de Rancé (Kalamazoo; Zisterzienser Veröffentlichungen 1984).

women in religion, cannot be identified, and it is not even possible to assign with any accuracy more than a few letters to a given one of these numerous Reverend Mothers and Sisters. None the less at least a name, and usually much more, can be given in respect of two hundred sixty-three addressees in all, to some of whom only one letter may survive, to others as many as a hundred. One hundred fifty of these are male clergy or religious (it is not practicable to be more precise), fifty are laymen, thirty are women in religion, and thirty-three are lay women. Thus by far the largest proportion is accounted for by churchmen, from popes down to anonymous monks, but including a large number of men to whom he wrote only once or twice on specific questions. This large class includes bishops, fellow abbots, superiors of other Orders, individual monks and priests, often seeking admission at la Trappe, and some business contacts, canon lawyers, censors and the like, as well as close friends like Favier, his former tutor. The laymen included many nobles and magistrates, and again close friends, like Bellefonds, as well as business contacts. The religious women include a few abbesses, Cistercian, Benedictine and Augustinian, and often individual nuns of their communities, and especially nuns of the Annonciades in Paris (his sister and several successive prioresses), the Carmelites of the rue Saint-Jacques in Paris (four or five of them) and the Visitation at Tours (especially RM Louise Rogier, her niece, and his own niece, Henriette-Louise d'Albon). Among the laywomen are his sister, Mme d'Albon, the sisters of Mme de Montbazon (Mile de Goello and Mile de Vertus), and Mme de Guise. Titled ladies seem to predominate and some of them, of course, were related to the laymen to whom he wrote.

Ordensfrauen, sind nicht zu identifizieren, und man kann nur ganz wenige Briefe mit einiger Genauigkeit einer bestimmten aus dieser großen Zahl ehrwürdiger Mütter und Schwestern zuordnen. Dennoch kann man mindestens einen Namen und oft noch viel mehr zu den insgesamt zweihundertdreiundsechzig Empfängern angeben, wo zu einem vielleicht nur ein Brief, zu anderen bis zu hundert überleben. Hundertfünfzig davon sind männliche Kleriker oder Ordensleute (genaueres kann man nicht sagen), fünfzig sind Laien, dreißig sind Ordensfrauen und dreiunddreißig Laiinnen. So besteht der bei weitem größte Anteil aus Kirchenleuten, von Päpsten bis zu unbekannten Mönchen, und darunter viele Männer, denen er nur ein- oder zweimal zu spezifischen Fragen schrieb. Diese große Gruppe umfasst Bischöfe, andere Äbte, Obere anderer Orden, einzelne Mönche und Priester, oftmals solche, die in La Trappe aufgenommen werden wollten, und einige Geschäftskontakte, Kirchenrechtler, Zensoren und dergleichen, sowie enge Freunde wie Favier, sein ehemaliger Tutor. Die Laien umfassen viele Adlige und Richter und ebenso enge Freunde, wie Bellefonds, sowie Geschäftskontakte. Unter den Ordensfrauen sind einige Äbtissinnen, Zisterzienserinnen, Benediktinerinnen und Augustinerinnen und häufig einzelne Nonnen dieser Gemeinschaften und besonders Nonnen der Annonciaden in Paris (seine Schwester und einige aufeinander folgende Priorinnen), die Karmelitinnen der Rue Saint-Jacques in Paris (vier oder fünf von ihnen) und die Visitation in Tours (besonders RM Louise Rogier, ihre Nichte und seine eigene Nichte, Henriette-Louise-d'Albon). Unter den Laiinnen sind seine Schwester, Frau d'Albon, die Schwestern von Frau de Montbazon (Mlle de Goello und Mlle de Vertus) und Frau de Guise. Adlige scheinen vorzuherrschen und einige von ihnen waren natürlich mit den Laienadressaten verwandt.

With allowance made for unidentified addressees, mostly religious women, the pattern is not very surprising; some two-thirds of all Rancé's correspondents were men and women in religion or members of the clergy, about three quarters were male. It would be possible, but not particularly helpful, to guess at statistics for the frequency of surviving letters, and also to estimate roughly how many letters Rancé wrote in all (perhaps twenty thousand?), but it is more rewarding to see what he wrote and why.

In very broad terms the letters may be classified as prompted by love—to friends and family—; duty—to hierarchical superiors in Church and State, to fellow abbots of the Strict Observance, to intending postulants and those who had to leave, and business letters—; advice—to occasional enquirers asking for enlightenment on some specific problem of administration, rule of life, personal relationships in a community or family, or just for information about la Trappe—; and finally criticism—about party politics in the Jansenist dispute, about affairs of the Order, about attacks on himself and his views, about individuals of whose conduct he disapproved. Gossip, events of the day, technical points of theology, recent books or pronouncements all occur with other miscellaneous items, but are seldom the main subject of a letter. As to priorities, without offering statistics, it seems that the letters are concerned in diminishing order of both frequency and space with love, duty, advice, and criticism as roughly defined above.

Wenn man die nicht identifizierte Empfänger, meist Ordensfrauen, berücksichtigt, ist das Muster nicht überraschend; ca. zwei Drittel aller Korrespondenzpartner waren Ordensleute oder Kleriker, ungefähr drei Viertel waren männlich. Es wäre möglich, aber nicht besonders hilfreich, Statistiken über die Frequenz der noch erhaltenen Briefen zu deuten und auch ungefähr zu schätzen, wie viele Rancé insgesamt schrieb (vielleicht zwanzigtausend?), aber lohnender ist, zu sehen, was und warum er schrieb.

Ganz allgemein kann man sagen, dass die Briefe nach ihrem Grund etwa so zu klassifizieren sind:

Liebe - zu Freunden und zur Familie

Pflicht - zu den hierarchischen Oberen in Kirche und Staat, zu anderen Äbten der strengen Observanz, zu Postulanten und Abgewiesenen, sowie zu Geschäftskontakten

Rat - zu gelegentlichen Ersuchen um Aufklärung in speziellen Verwaltungsfragen, den Lebensregeln, zu persönlichen Beziehungen in einer Gemeinschaft oder Familie oder einfach zu Informationen über La Trappe; und schließlich

Kritik – zur Parteipolitik im Jansenistendisput, Ordensangelegenheiten, Angriffe auf ihn selbst und seine Ansichten, über Personen, deren Verhalten er missbilligte. Klatsch, Tagesereignisse, technisch-theologische Fragen, neue Bücher oder Äußerungen – alles kommt vor mit anderen vielfältigen Einzelpunkten, ist aber selten das Hauptthema eines Briefen. Hinsichtlich der Prioritäten, ohne dies zu quantifizieren, scheint es, dass die Briefe in absteigender Häufigkeit sich Liebe, Pflicht, Rat und Kritik widmen wie bereits oben aufgezählt.

To be more specific: his old tutor, Favier, his boyhood friends, Henri Barillon and Etienne Le Camus, both bishops, his early confidant, RM Louise Rogier, his mentors, the Oratorian Pierre de Monchy and his lay associate Nicolas Pinette, his sisters Therese and Marie-Louise, and to a lesser degree Charlotte d'Albon and Charlotte's daughter Henriette-Louise were all people to whom he wrote frequently for no other reason usually than the desire for contact with those to whom he was bound by ties of affection. To these should probably be added the marechal de Bellefonds, always treated with deference as well as affection, Bellefonds' aunt, RM Agnes, Louis d'Urfe, later Bishop of Limoges and another friend of his youth, and no doubt many others. To some of these older friends, like Favier or RM Louise Rogier, Rancé had originally turned for advice; some, like Bellefonds or Bishop d'Urfe themselves initiated correspondence, but whatever the nature of the first contacts, it was the joy and need of friendship which ensured continuation. The women he could not expect to see, at least after 1675, but in letters to the men the hope of meeting, frequently disappointed, is a recurrent theme. Rancé's capacity for faithful friendship, including members of his family, is clearly revealed in his letters and puts in a much more concrete context the emphasis on charity seen in *De la Sainteté.*

It is obvious that these close friends and relatives shared Rancé's religious beliefs, and would not have been so close to him if they had not, and it is because the daily events of their, and his, lives are seen in an invariably religious perspective that one can judge with some confidence what Rancé meant by charity in practice. A person capable of strong feelings of affection for other individuals is a more convincing exponent of Christian charity than

Genauer: sein alter Tutor, Favier, seine Jugendfreunde, Henri Barillon und Etienne Le Camus, beides Bischöfe, seine früh Vertrauter, RM Louise Rogier, seine Mentoren, der Oratorianer Pierre de Monchy und sein Laienkollege Nicolas Pinette, seine Schwestern Therese und Marie-Louise, und etwas weniger Charlotte-d'Albon und ihre Tochter Henriette-Louise waren alles Leute, denen er häufig schrieb, nur aus dem Wunsch heraus nach Kontakt mit ihnen, denen er mit Neigung zugetan war. Zu diesen muss man vermutlich noch den Marschall de Bellefonds rechnen, der immer mit Achtung und Zuneigung behandelt wurde, Bellefonds‘ Tante, RM Agnes, Louis-d'Urfe, später Bischof von Limoges, auch ein Jugendfreund und zweifellos noch viele andere. An einige dieser älteren Freunde, wie Favier oder RM Louise Rogier, hatte sich Rancé ursprünglich um Rat gewandt; einige, wie Bellefonds oder Bischof d'Urfe begannen selbst den Briefwechsel, aber was auch immer der erste Auslöser war, die Freude und der Wunsch nach Freundschaft sicherte den Fortgang. Die Frauen konnte er - wenigstens nach 1675 - nicht mehr erwarten zu sehen, aber in den Briefen an die Männer ist die, oft enttäuschte, Hoffnung auf eine Begegnung ein wiederkehrendes Thema. Rancés Fähigkeiten zu treuer Freundschaft, auch zu Mitgliedern seiner Familie, ist in seinen Briefen klar zu sehen und stellt die Betonung der Nächstenliebe in *„De La Sainteté…“* in einen sehr konkreten Zusammenhang.

Es liegt auf der Hand, dass diese engen Freunde und Verwandten Rancés Glaubensinhalte teilten, sie hätten ihm nicht so nah gestanden, wäre es anders gewesen, und weil die täglichen Ereignisse ihrer und seines Lebens immer in einer religiösen Perspektive gesehen wurden, kann man ziemlich sicher urteilen, was Rancé die praktische Nächstenliebe bedeutete. Eine Person, die starke Gefühle der Neigung für andere Personen empfindet,

someone of mild and universal benevolence. Rancé comments on promotion and disgrace, on sickness and recovery, on bereavement, spiritual anguish, and pastoral cares, on the unremitting demands of the religious vocation and on the promised rewards in eternity. He offers heartfelt consolation and encouragement, sometimes even rebukes, more often advice in troubles. The interest he takes in the active life of bishops faced, for example, with Huguenot resistance or Jesuit intrigues, of a soldier, like Bellefonds, at court or on campaign, is as specific and patently genuine as the more familiar concerns of those in the cloister. As far as circumstances permitted, he vicariously shared the life of his friends and cared deeply what happened to them.

In itself this is normal and reassuring, and in no way remarkable, but such feelings would not easily be inferred from the exclusively monastic context of *De la Sainteté,* nor even from the more personal advice of such a book as *Conduite chretienne,* composed at the request of Mme de Guise. A related question at once suggests itself: if Rancé, as abbot, was unrestricted in his outside contacts, and thus able to enjoy friendships which he valued so highly, could he, did he, deny the same possibilities to his monks? The published works invite us to believe that he did, but some exceptions to the rule have already been discussed in the chapter on life at la Trappe; the conclusion there drawn was that in practice there was more outside contact that the rules seem to permit. All the same, the evidence strongly suggests that the duty of any superior to undertake a considerable burden of correspondence was the indispensable context in which Rancé felt free to write to those whose letters were a source of joy for him as well.

wirkt überzeugender für die christliche Nächstenliebe als jemand mit mildem und allgemeinem Wohlwollen. Rancé nimmt Stellung zu Fortschritt und Schande, Krankheit und Gesundung, zu Trauerfällen, geistlichen Qualen, pastoraler Sorge, den ständigen Fragen zur Ordensberufung und zu den versprochenen Belohnungen in der Ewigkeit. Er bietet tief empfundenen Trost und Ermutigung, manchmal auch Rügen, meist aber Rat zu Problemen an. Das Interesse, das er dem beruflichen Leben der Bischöfe entgegenbringt, die zum Beispiel mit Widerstand der Hugenotten oder Intrigen der Jesuiten konfrontiert sind, eines Soldaten, wie Bellefonds, bei Hofe oder im Feldzug, ist so speziell und offensichtlich echt wie die vertrauteren Sorgen derer im Kloster. Soweit die Umstände es ermöglichten, teilte er stellvertretend das Leben seiner Freunde und interessierte sich tief für alles, was ihnen geschah.

An sich ist dies alles normal, bestätigend und keineswegs bemerkenswert, aber solche Gefühle würde man vom streng ordensbezogenen Text in *„De la Sainteté…“* nicht leicht ableiten noch auch vom persönlicheren Rat eines Buches wie *„Conduite chretienne“*, verfasst auf Bitten von Frau de Guise. Damit im Zusammenhang drängt sich folgende Frage auf: wenn Rancé als Abt in seinen Aussenkontakten nicht eingeschränkt und daher in der Lage war, Freundschaften zu pflegen, was er so hoch schätzte, konnte er seinen Mönchen die gleichen Möglichkeiten verweigern, tat er das? Die veröffentlichten Arbeiten legen uns nahe, dies zu glauben, aber einige Ausnahmen zu dieser Regel haben wir bereits im Kapitel über das Leben in La Trappe besprochen; die dort gezogene Schlussfolgerung war, dass es mehr Außenkontakt in der Praxis gab, als die Regeln es zu erlauben scheinen. Wie dem auch sei, die Beweise sprechen sehr dafür, dass die Pflicht jedes Oberen, sich eine beträchtliche Last an Korrespondenz aufzuerlegen

With the exception of Bellefonds, whose rank would have made correspondence a duty even if it had not also been a pleasure, all the closest friends were religious or clergy, so that spiritual matters figure prominently, often exclusively, in the correspondence. It is very probable that similar exchanges of a purely spiritual kind with close friends or relatives in religion would not have been forbidden to individual monks, but since Rancé himself always refused to act as spiritual director in the strict sense to anyone outside, it is obvious that such exchanges would be allowed to others only on an occasional basis.

Since without charity the Thundering Abbot, as some of Rancé's friends called him, would, like all of us, be no more than a tinkling cymbal, it is worth giving some actual examples of Rancé's expressions of feelings. When RM Agnes de Bellefonds fell seriously ill in 1677, Rancé wrote to her, and to several nuns of the community, praying that she might be spared. And when, having survived that illness, she died in 1691 there is no mistaking the grief with which Rancé comments on the loss to several correspondents. Similarly Paul Barillon, brother of the bishop and also a boyhood friend, fell ill in 1691, not long after returning to Paris from London where he had been ambassador to James II. In the last two months of his illness Rancé was writing once a week to Bishop Barillon expressly to ask for news. When Bishop Le Camus became seriously ill through overwork and excessive austerity Rancé wrote long letters urging him for the sake of the Church to moderate his austerity until he was fully restored, and somewhat ironically rejected exactly the same advice from Le Camus when he and his monks were stricken with illness.

der unentbehrliche Kontext war, in dem Rancé sich frei fühlte, denen zu schreiben, deren Briefe ihm auch eine Quelle der Freude waren. Ausser Bellefonds dessen Rang die Korrespondenz zur Pflicht gemacht hätte, selbst wenn sie nicht auch ein Vergnügen gewesen wäre, waren alle nächsten Freunde Ordensleute oder Kleriker, so dass geistliche Themen in den Briefen deutlich, oft ausschließlich überwiegen. Sehr wahrscheinlich wäre einzelnen Mönchen ein ähnlicher Austausch rein geistlichen Art mit engen Freunden oder Verwandten in Orden nicht verboten gewesen. Aber da Rancé selbst immer abgelehnt hatte, als geistlicher Führer im strengen Sinne für jemand draußen zu fungieren, liegt es auf der Hand, dass solcher Austausch mit anderen nur gelegentlich erlaubt wurde.

Da der Donner-Abt, wie ihn einige Freunde nannten, ohne Nächstenliebe, wie wir alle, nichts als ein klirrendes Becken wäre, lohnt es, einige echte Beispiele von Rancés Gefühlsausdrücken zu nennen. Als RM Agnes de Bellefonds 1677 ernsthaft krank wurde, schrieb Rancé ihr und einigen Nonnen der Gemeinschaft, dass er bete, damit sie vielleicht verschont würde. Und als sie nach Überleben dieser Krankheit 1691 starb, kann man das Leid nicht missverstehen, mit dem Rancé diesen Verlust gegenüber einigen Briefpartnern kommentiert. Ähnlich wurde Paul Barillon, Bruder des Bischofs, auch ein Jugendfreund, 1691 krank, kurz nachdem er nach Paris von London zurückkam, wo er Botschafter bei James II gewesen war. In den letzten zwei Monaten seiner Krankheit schrieb Rancé dem Bischof Barillon einmal wöchentlich ausdrücklich und bat um Nachrichten. Als Bischof Le Camus durch Überlastung und übermäßige Strenge ernsthaft krank wurde, schrieb Rancé lange Briefe, die ihn um der Kirche willen drängten, seine Entbehrungen zu mäßigen, bis er voll wiederhergestellt sei. Etwas ironisch wies

The death of friends is rather naturally the principal occasion for displays of feelings, but Rancé's reaction to the death of Cardinal de Retz in August 1679 is exceptional. Some six months after the event he wrote to another close friend, Henri Duhamel: 'I cannot admit that a man whom I honoured and loved most deeply should be eternally wretched' (letter 800127) and six months after that he told another, unidentified, friend that 'I felt an affection and respect beyond words' for Retz. Such expressions were quite gratuitous; in life Retz had been a faithful friend but not particularly effective ally, and in death there was nothing for Rancé to gain even if such privately expressed views became known. The point does not need to be labored; when Rancé spoke of love and charity he knew of what he spoke. On many occasions he speaks of friendship as man's greatest joy, and nothing caused him more pain and anger than the betrayal of trusted friends like Le Roy or Abbot Beaufort of Septfons.

The letters he wrote out of duty, rather than pure affection, are very often also largely concerned with duty. His ritual compliments to bishops and others on promotion show no more than the normal courtesies of the age, but once letters go beyond set formulas the subjects are remarkably consistent. The survival of la Trappe and its reform is a common subject of correspondence with the Pope and curial officials, and with Louis XIV and his officials. For some time, up to 1675, the cause of the Strict Observance in general, rather than that of la Trappe in particular,

er genau den gleichen Rat von Le Camus zurück als er und seine Mönche mit Krankheit geschlagen waren. Wenn Freunde sterben ist dies oft ein natürlicher Hauptanlass zum Zeigen von Gefühlen, aber Rancés Reaktion auf den Tod von Kardinal de Retz im August 1679 ist außergewöhnlich. Ca. sechs Monate nach dem Ereignis, schrieb er einem anderen engen Freund, Henri Duhamel: 'Ich kann nicht zugeben, dass ein Mann, den ich höchst verehrte und zutiefst liebte, ewig unglücklich sein sollte' (Brief 800127) und sechs Monate später sagte er einem anderen, nicht identifizierten Freund, dass 'ich eine Neigung und eine Achtung für ihn (Retz) empfand, die nicht in Worten zu fassen sind'. Solche Ausdrucksweise war ganz spontan; im Leben war Retz ein treuer Freund aber kein besonders wirksamer Verbündeter gewesen und beim Tod gab es für Rancé nichts zu gewinnen, selbst wenn solche privat geäußerte Ansicht bekannt wurde. Die Bedeutung brauchen wir nicht herauszustellen; wenn Rancé von Liebe und Nächstenliebe sprach, wusste er wovon er sprach. Bei zahlreichen Gelegenheiten spricht er von Freundschaft als größter menschlicher Freude und nichts schmerzte und ärgerte ihn so wie der Verrat von vertrauten Freunden wie Le Roy oder Abt Beaufort von Septfons.

Die Briefe, die er mehr im Rahmen seiner Pflichten, als rein aus Neigung schrieb, befassten sich sehr häufig auch großenteils mit diesen Pflichten. Seine gewohnheitsmässigen Komplimente für Bischöfe und andere Aufsteiger zeigen nur die normalen Höflichkeitsformen der Zeit. Wenn aber Briefe einmal über die Formeln hinausgehen, sind die Themen auffallend übereinstimmend. Das Überleben von La Trappe und seiner Reform ist generell Thema der Korrespondenz mit dem Papst und den Kurienbeamten sowie mit Louis XIV. und seinen Beamten. Eine Zeitlang bis 1675, war die Sache der strengen Observanz ganz allgemein ein wichtiges

was a major theme, and letters of the period 1666-75 to the Abbot of Citeaux, and other leading abbots of the Order, plead the cause of reform. The royal commission of 1675 put an end to all hopes of victory for the Strict Observance, and thereafter Rancé refers to it in the gloomiest terms, virtually as an outsider. Certainly after 1675 he took no further part in the affairs of his Observance or the Order as a whole. Some of these letters about reform and the state of the Order are strongly polemical, but the basis of the polemic is the same as that of his defense of la Trappe. Rancé's conversion and assumption of the role of regular abbot brought with it the inescapable obligation and duty to serve God according to his conscience, not according to the norms tolerated by the majority of contemporary superiors. His duty to God was expressed in the formation and guidance of his own community, and though he never expected anyone else to imitate the details of his practice, he very definitely did expect all monks to acknowledge the principles which lay behind that practice. To acquiesce in compromise, for example, by letting the Common Observance go unchallenged, was for Rancé tantamount to practicing compromise himself.

The authority of King and Pope, Abbot General and all regular abbots, had to be respected, not just as a matter of prudence, but because it derived from God. In return they were under the plainest obligation to use that authority to do God's will, not for their own convenience. This principle was for Rancé self-evident and beyond discussion. If it was his duty to be obedient to legitimate authority, that duty was inseparable from the duty of all men to God. It is true that the tone of many of his letters could be taken as critical of superiors and self-righteous,

Thema, nicht so sehr La Trappe. Die Briefe von 1666-75 an den Abt von Citeaux und andere führende Äbte des Ordens plädieren für die Sache der Reform. Die königliche Kommission von 1675 beendete alle Hoffnungen auf Sieg für die strenge Observanz, und danach bezieht sich Rancé darauf in düstersten Begriffen, praktisch als Außenseiter. Sicher nach 1675 nahm er nicht mehr an den Angelegenheiten seiner Observanz oder des Ordens als Ganzem teil. Einige dieser Briefe über Reform und den Zustand des Ordens sind stark polemisch, aber die Basis der Polemik ist dieselbe wie die seiner Verteidigung von La Trappe. Rancés Bekehrung und Übernahme der Rolle des regelmäßigen Abtes brachte unvermeidlich mit sich die Pflicht und Aufgabe, Gott entsprechend seinem Gewissen zu dienen, nicht nach den Normen, die von der Mehrheit zeitgenössischer Oberen geduldet waren. Seine Pflicht gegenüber Gott drückte sich aus in der Bildung und Anleitung seiner eigenen Gemeinschaft, und obwohl er nie erwartete, dass andere die Details seiner Praxis nachahmen würden, erwartete er sehr wohl von allen Mönchen, die Prinzipien zu bejahen, auf denen diese Praxis beruhte. Kompromisse hinzunehmen, zum Beispiel indem er die allgemeine Observanz in Ruhe liess, war für Rancé genau so wichtig, wie selbst Kompromiss einzugehen.

Die Autorität von König und Papst, Generalabt und allen regelmäßigen Äbten, musste respektiert werden, nicht nur aus Klugheit, sondern weil sie sich von Gott ableitet. Im Gegenzug waren sie einfach verpflichtet diese Autorität einzusetzen, um Gottes Willen zu tun, nicht zu ihrem eigenen Behagen. Dieses Prinzip war für Rancé selbstverständlich jenseits jeder Diskussion. Wenn es seine Pflicht war, legitimer Autorität zu gehorchen, so war diese untrennbar von der Pflicht aller Menschen gegenüber Gott.

but even when he was supporting the claims of his own abbey his personal achievement is completely overshadowed by his desire for himself and his successors to do, and be seen to do, God's will at la Trappe. Like the prophets of the Old Testament, Rancé believed himself called by God to proclaim certain inalienable truths, to rulers as to ruled, but like them he sought no glory for himself. Total confidence in one's calling may in practice sound like pride, but the motive is very different.

Precisely the same motive and tone can be seen in his letters to individual religious seeking admission to la Trappe or to their aggrieved superiors. Rancé at first told such candidates that obedience required them to ask permission from their superiors, but should this not be forthcoming, they should come to la Trappe just the same. He justified this attitude on the grounds that transfer to a 'more regular observance' and a 'more perfect life' was always permitted by canon law, but when various Orders secured papal briefs forbidding transfer without express permission, he changed his methods, if not his mind, and often had to turn candidates away with regret. The unshakable conviction that he was doing right was unfortunately linked with the belief that others were not doing so. What one sees in systematic form in *De la Sainteté* had been anticipated in detail in letters written years before.

A complementary aspect of Rancé's attitude to postulants was the duty he felt towards those whom he was not able to accept or retain at la Trappe.

Zwar kann man den Ton vieler seiner Briefe als kritisch und selbstgerecht gegenüber Oberen ansehen. Aber selbst wenn er die Ansprüche seiner eigenen Abtei verfolgte, ist seine persönliche Leistung vollständig durch seinen Wunsch überschattet, dass er und seine Nachfolger den Willen Gottes in La Trappe tun und als solche anerkannt werden. Wie die Propheten des Alten Testaments, glaubte sich Rancé durch Gott berufen, den Machthabern und Untergebenen bestimmte unveräusserliche Wahrheiten zu verkünden, und wie diese suchte er keinen Ruhm für sich selbst. Absolutes Vertrauen in die eigene Berufung mag in der Praxis wie Stolz klingen, ist aber ein ganz anderes Motiv.

In seinen Briefen an einzelne in La Trappe aufnahmesuchende Ordensleute oder ihre bekümmerten Oberen findet man genau das gleiche Motiv und den gleichen Ton. Rancé sagte solchen Kandidaten zuerst, der Gehorsam verlange, ihre Oberen um Erlaubnis zu bitten, aber wenn diese nicht zu erreichen war, sollte sie dennoch nach La Trappe kommen. Er rechtfertigte diese Haltung mit der Begründung, dass Wechsel zu einer 'regeltreueren Observanz' und einem 'vollkommenerem Leben' immer durch das Kirchenrecht erlaubt würde. Erst als verschiedene Orden sich päpstliche Breven sicherten, die den Wechsel ohne ausdrückliche Erlaubnis verbaten, änderte er seine Methode, wenn nicht seinen Sinn und musste Kandidaten oft mit Bedauern absagen. Die unerschütterliche Überzeugung, recht zu handeln, war leider mit dem Glauben verbunden, dass Andere dies nicht so taten. Was man in „*De La Sainteté...*“ in systematischer Form sieht, war Jahre vorher in den Briefen detailliert vorweggenommen.

Ein ergänzender Aspekt in Rancés Haltung zu Postulanten war seine gefühlte Verpflichtung zu denen, die er in La Trappe nicht

Letters survive to a number of men who had found life there too hard. Many went on to other Cistercian houses, at least one to the Maurists, others again, perhaps the largest number, back to the Order or house they had left. Far from writing off these unsuccessful candidates or treating them as failures, Rancé showed real solicitude for their welfare, and in at least one known case (that of a cousin of Bossuet who became a Maurist) remained in contact for years. This care is an obvious example of charity, and also of a strict interpretation of duty which, if properly understood, should be the work of love, not a chore or empty formality.

The relationship between what may be called the letters of love and those of duty reflects very closely the priorities of *De la Sainteté et des Devoirs.* Without the quest for holiness, the duties would be mere literal observance, what Rancé called 'pure Judaism,' and solidly established as first among the duties is love of God and neighbour. It was the quest for holiness that drew men to la Trappe, the faithful performance of their duty as worked out by Rancé that kept them there and distinguished them from other communities. He always went out of his way to deny that the austerities of la Trappe were out of the ordinary, justifying what was done there by referring to the Rule and Cistercian usage. In any case, to be out of the ordinary these practices would have to be beyond what we would describe as the call of duty, and that is just what Rancé would never concede.

Still on the subject of duty, Rancé was at pains to recall many would-be postulants to their current duty. Frequently some priest

annehmen oder behalten konnte. Briefe an einige Männer sind erhalten, die das Leben dort zu hart gefunden hatten. Viele gingen weiter zu anderen Zisterzienserhäusern, mindestens einer zu den Mauristen, wieder andere, vielleicht die meisten, zurück zum Orden oder Haus, woher sie gekommen waren. Weit davon, diese erfolglosen Kandidaten abzuschreiben oder sie als Ausfälle zu behandeln, zeigte Rancé echtes Besorgtsein um ihr Wohlergehen und in mindestens einem bekannten Fall (eines Vetters von Bossuet, der Maurist wurde) blieb dieser Kontakt über Jahre. Diese Sorge ist ein offensichtliches Beispiel von Nächstenliebe und auch einer strengen Auffassung seiner Aufgabe, die richtig verstanden ein Liebeswerk, nicht lästige Arbeit oder leere Formalität sein sollte.

Das Verhältnis zwischen den „Briefen der Liebe“ und denen „der Pflicht“ spiegelt sehr gut die Prioritäten von *„De La Sainteté et des Devoirs“*. Ohne die Suche nach Heiligkeit wären die Pflichten bloße buchstabentreue Observanz, die Rancé als 'reines Judentum' bezeichnete und die Liebe zu Gott und den Nächsten wird als oberste Pflicht fest begründet. Die Suche nach Heiligkeit zog die Menschen nach La Trappe, die treue Pflichterfüllung, wie sie durch Rancé ausgearbeitet war, hielt sie dort und unterschied sie von anderen Gemeinschaften. Er gab sich immer große Mühe, abzustreiten, dass die Strenge von La Trappe ungewöhnlich sei und rechtfertigte das Tun mit der Regel und dem zisterziensischen Usus. Jedenfalls müsste diese Praxis, um aus dem Üblichen herauszufallen, jenseits dessen sein, was wir den „Ruf der Pflicht“ nennen würden, und gerade dies würde Rancé nie zugestehen.

Zum Thema Pflicht ist noch zu sagen, dass Rancé sehr darauf bedacht war, viele beinahe-Postulanten an ihre gegenwärtigen Pflichten zu erinnern. Häufig wird einem Priester im aktiven

engaged in an active ministry is told to stay where he is, because it is his duty to instruct the faithful, hear confessions, or direct a school or seminary. There is no higher and lower calling. God has a place for each of his children, and Rancé often repeats warnings against forsaking a post in which someone is already serving God effectively. Nor is discussion of duty limited to those who write to him as superior. There are letters extant to two bishops (Barillon of Luçon and the Bishop of Leon in Britanny) very plainly telling them that they would be wrong to accept a translation proposed, whether for reasons of promotion or health, as being contrary to pastoral duty. Numerous other letters comment on the inadequate way in which prelates (his uncle, the Archbishop of Tours among them) perform their duties. The concept of duty was very much a preoccupation of the seventeenth century, especially the nobility, and closely linked with that of honor, and Rancé was entirely typical of his age in paying so much attention to it. He differed from others, though, for whom duty was an automatic code, in spelling out the reason and purpose behind the performance. Above all he differed in repudiating conformism as justification for conduct; conscience alone dictates our duty and behavior, and the opinion of the world is irrelevant, when it is not actually wrong.

All the duty letters so far discussed were written because Rancé as abbot felt obliged to write them. Two of his correspondents were of such exalted rank that they can hardly be classed among those to whom he offered casual advice which, in theory at least, he was not obliged to give, though he wrote to them not so much as abbot as spiritual adviser. Both were cousins of

Dienst erklärt, an seiner Stelle zu bleiben, weil es seine Aufgabe ist, die Gläubigen zu unterweisen, Beichte zu hören, eine Schule oder ein Priesterseminar zu leiten. Es gibt keine höhere und keine niedere Berufung. Gott hat für jedes seiner Kinder einen Platz und Rancé warnt oft davor, einen Posten zu verlassen, wo man bereits Gott wirksam dient. Auch ist die Diskussion über Pflichten nicht auf die begrenzt, die ihm als Obere schreiben. Es gibt Briefe an zwei Bischöfe (Barillon von Luçon und der Bischof von Leon in der Bretagne), denen er sehr klar sagt, dass sie falsch lägen, einen Wechsel-Vorschlag anzunehmen, gleich ob aus Gründen der Beförderung oder der Gesundheit, weil sie der pastoralen Aufgabe zuwiderliefen. Zahlreiche andere Briefe nehmen Stellung zur unzulänglichen Weise, in der Prälaten (darunter sein Onkel, der Erzbischof von Tours) ihre Pflichten ausführen. Das Pflichtkonzept war eine sehr wichtige Sorge im 17. Jahrhundert, besonders des Adels, und eng verbunden mit dem der Ehre. Rancé war ganz typisch für seine Zeit, wenn er es so sehr beachtete. Er unterschied sich aber von solchen, denen Pflicht ein automatischer Begriff war, dadurch, dass er den Grund und den Zweck hinter der Erfüllung ausformulierte. Vor allem unterschied er sich, wenn er Konformismus als Rechtfertigung des Verhaltens ablehnte; allein das Gewissen schreibt uns Pflicht und Verhalten vor, und die Meinung der Welt bedeutet nichts, wenn es nicht tatsächlich falsch ist.

Alle bis jetzt besprochenen Pflichtbriefe schrieb Rancé, weil er sich als Abt dazu verpflichtet fühlte. Zwei seiner Briefpartner waren von Rang so hoch, dass man sie nicht zu den gelegentlichen Empfängern seines Rates zählen kann, den er, mindestens theoretisch, zu geben nicht verpflichtet war, obwohl er ihnen nicht so sehr als Abt denn als geistlicher Berater schrieb. Beide waren Kusinen

Louis XIV: the first, Mme de Guise, was the daughter of Gaston d'Orleans by his second marriage, and thus had had occasion to know of Rancé when he was chaplain to her father; the other, James II, King of England, until ousted by his son-in-law, William III, in 1690, was the son of Charles I and Henrietta Maria, Louis' aunt and Gaston's sister.

Rancé must have had some acquaintance with Mme de Guise while her father was still alive, but their correspondence probably did not begin until he ceased to go to Paris, where he is known to have seen her in 1675. She spent a good part of each year at Alencon, near la Trappe, her principal estate, and as a royal princess enjoyed, and exercised, the right of entry into the cloister with ladies of her entourage. From 1682, date of the first extant letter, to her death in 1696 some hundred letters survive, and brief as most of them are, the two main periods represented show that Rancé usually wrote as often as once a week. Because her royal rank imposed an absolute duty on him, he could not control the correspondence, any more than he could control her visits, though he did manage to limit the numbers in her retinue. Moreover, her rank gave her access to the King at all times, and she proved on occasion a powerful advocate for la Trappe. As the only woman Rancé saw regularly after 1675, she occupied a unique position, but his relations with her reveal, except for her rank, very much the same pattern as those he had with his other female correspondents in the world who were never able to visit.

It is hard to assess the feelings they may have had for each other: trust, certainly, on her part; frankness,

von Louis XIV.: die erste, Frau de Guise, war die Tochter von Gaston-d'Orleans aus seiner zweiten Heirat und konnte folglich Rancé gekannt haben, als er Geistlicher bei ihrem Vater war; der andere, James II., bis zur Verdrängung durch seinen Schwiegersohn, William III. im Jahre 1690 König von England, war der Sohn von Charles I. und Henrietta Maria, die eine Tante von Louis und Schwester von Gaston war.

Rancé muss Bekanntschaft mit Mme. de Guise gehabt haben, als ihr Vater noch lebte, aber ihr Briefwechsel begann wohl erst, als er nicht mehr nach Paris kam, wo er sie, soweit bekannt 1675 noch getroffen hat. Sie verbrachte einen guten Teil des Jahres in Alençon, nahe La Trappe, ihrem Hauptlandsitz und genoss als königliche Prinzessin das Recht, das Kloster mit Damen ihres Gefolges zu betreten, was sie auch tat. Ab 1682, dem Datum des ersten vorhandenen Briefes, bis zu ihrem Tod im Jahre 1696 gibt es ca. hundert Briefe und kurz, wie die meisten sind, zeigen die zwei wichtigsten Zeiträume, dass Rancé normalerweise einmal wöchentlich schrieb. Weil ihr königlicher Rang ihm eine absolute Pflicht auferlegte, konnte er die Korrespondenz ebenso wenig beeinflussen, als ihre Besuche, obwohl er erreichte, die Anzahl ihrer Gesellschaft zu begrenzen. Außerdem gab ihr Rang ihr jederzeit Zugang zum König, und bei Gelegenheit erwies sie sich als starker Anwalt für La Trappe. Als einzige Frau, die Rancé nach 1675 regelmäßig sah, nahm sie eine einzigartige Lage ein, aber seine Beziehungen mit ihr zeigen bis auf ihrem Rang weitgehend das gleiche Muster, wie auch die mit seinen anderen weiblichen weltlichen Briefkontakten, die ihn nie besuchen konnten.

Gefühle zu bewerten, die sie vielleicht für einander gehabt haben, ist schwierig: Vertrauen zweifellos auf ihrer Seite; Offenheit,

tempered with deference, on his. At all events, on Rancé's side, it was duty that made him write so often, and it is normally with duty, his or hers, that the letters are concerned. The King's health, for example, or current military campaigns are recurrent themes over two particular periods, and Rancé reiterates the loyalty of himself and his community, praying for recovery or victory, giving thanks when prayers are answered. Similarly the problems experienced with the rather numerous Protestants in the Alençon region, the selection of suitable preachers and clergy, were aspects of her duty as temporal ruler of the duchy. A rather different theme is how to reconcile the demands of the world, represented by her royal dignity and inescapable attendance at court, with spiritual needs. As a passionate royalist Rancé recognized and approved the necessity for outward pomp and circumstance, without by any means accepting the objectionable features of court life, the corruption, intrigue, and hypocrisy castigated by all contemporary observers. He always believed that immersion in worldly affairs constituted a major threat to spiritual health, but when rank and responsibilities leave no choice, one must learn to build up inner resources as a defense against such a threat. In that sense his advice to Bellefonds and to Mme de Guise was the same, and in fact their way of life was quite similar. Each had a country residence far from Paris and Versailles, in which to develop in a Christian way their duties to family and dependents, each could enjoy a reasonable degree of spiritual retreat in the country, so that when obliged to return to court they could draw on accumulated spiritual strength to resist temptation.

gemäßigt durch Hochachtung, auf seiner. Bei allem Geschehen auf Rancés Seite, war es die Pflicht, die ihn so häufig schreiben ließ, und meist betrafen die Briefe seine oder ihre Pflichten. Die Gesundheit des Königs, zum Beispiel, oder die aktuellen Feldzüge sind wiederkehrende Themen über zwei besondere Zeiträume. Und Rancé betont immer wieder seine Loyalität und die seiner Gemeinschaft, betet für Erholung oder Sieg, äussert Dank, wenn Gebete erhört wurden. Ähnlich war es mit Probleme der ziemlich vielen Protestanten in der Region Alençon, mit der Auswahl passender Prediger und Kleriker, Aspekte ihrer Pflichten als zeitweise Machthaber des Herzogtums. Ein ganz anderes Thema ist, wie man die Anforderungen der Welt, konkretisiert durch ihre königliche Würde und unvermeidliche Anwesenheit bei Hofe, mit geistlichem Bedarf versöhnt. Als leidenschaftlicher Royalist erkannte und billigte Rancé die Notwendigkeit für äußerlichen Glanz und Gloria, ohne in irgendeiner Weise die unzulässigen Eigenheiten des höfischen Lebens, Korruption, Intrige und Heuchelei hinzunehmen, die von allen zeitgenössischen Beobachtern kritisiert wurden. Er glaubte immer, Eintauchen in weltliche Angelegenheiten bedeute eine gefährliche Bedrohung der geistlichen Gesundheit, aber wenn Rang und Verantwortung keine Wahl lassen, muss man lernen, eine innere Verteidigungslinie gegen diese Bedrohung aufzubauen. In dieser Hinsicht war sein Rat an Bellefonds und Frau de Guise derselbe, und in der Tat war deren Lebensweise sich ziemlich ähnlich. Beide hatten einen Landsitz weit weg von Paris und Versailles, wo sie ihre Pflichten gegenüber Familie und Abhängigen auf christliche Art abwickeln konnten und geistliche Zurückgezogenheit in angemessenem Umfang auf dem Land genießen konnten, so dass, wenn die Pflicht sie zu Hofe rief, sie von der angesammelten geistliche Stärke zehren konnten, um der Versuchung zu widerstehen.

Rancé's advice was moderate and sensible. His own considerable experience of polite society before his conversion helped him to be realistic about what was possible for someone like Mme de Guise. He commiserated with her when she had to go back to Paris, or Versailles, but he never suggested that she should do otherwise. He was never her confessor, nor even director in a formal sense, but the volume published as *Conduite chretienne* contains a compendium of the advice given to Mme de Guise over some fifteen or twenty years. There is nothing dramatic, or particularly striking, in the book, any more than in the letters of which it is a resume, but she obviously found his support and counsel a great comfort in her rather sad and lonely life. After being widowed early, she had lost her only son in childhood and had much to suffer from Mme de Montpensier, her vastly rich half-sister, with whom she had to share a palace in Paris. Fundamentally his advice came down to rendering unto Caesar the things that are Caesar's, unto God the things that are God's, but it is saved from banality by its practical precision. A social event on a Saturday is a reason for not communicating next day, if Lent cannot be observed satisfactorily in Paris, make up for it when back in the country retreat, and so on. In all things Rancé sought to help her strike a balance, not to compromise on principles.

With James II the correspondence lasted a much shorter time, was much less frequent, but in certain respects more intense. By the time James first came to la Trappe, in 1690, he had been decisively beaten at the Boyne in Ireland and could only hope to regain his throne with the aid of his cousin Louis XIV who, for a time, found it expedient to pursue that goal. Dispossessed as he was, he was still very much a king, with his own

Rancés Rat war maßvoll und vernünftig. Seine beträchtliche eigene Erfahrung in der höfischen Gesellschaft vor seiner Bekehrung half ihm zum Realismus über die Möglichkeiten für jemand wie Frau de Guise. Er fühlte mit ihr, wenn sie zurück nach Paris oder Versailles gehen musste, riet aber nie davon ab. Er war nie ihr Beichtvater oder etwa Seelenführer in formalem Sinn, aber der Band *„Christliche Lebensführung"* ist ein Kompendium der Ratschläge, die er Frau de Guise über etwa fünfzehn bis zwanzig Jahre gegeben hat. Im Buch findet sich nichts besonders Dramatisches, nicht mehr als in den Briefen, die es zusammenfasst, aber sie empfand seine Unterstützung und Rat offenbar sehr beruhigend in ihrem ziemlich traurigen und einsamen Leben. Früh verwitwet hatte sie ihren einzigen Sohn als Kind verloren und hatte unter Frau de Montpensier viel zu erleiden, ihrer unermesslich reichen Halbschwester, mit der sie in Paris einen Palast teilen musste. Im Grunde lief sein Rat darauf hinaus, dass man dem Kaiser gebe, was des Kaisers ist und Gott, was Gottes ist. Die Genauigkeit im Praktischen bewahrt diesen Rat aber vor der Banalität. Ein Gesellschaftsereignis am Samstag ist Grund, sonntags nicht zu kommunizieren, wenn die Fastenzeit in Paris nicht richtig beobachtet werden kann, soll sie diese nachholen, wenn wieder auf dem Lande, und so weiter. In allen Sachen suchte Rancé, ihr einen Ausgleich zu verschaffen, ohne Kompromisse in den Prinzipien einzugehen.

Mit James II dauerte der Briefwechsel viel kürzere Zeit, war seltener, aber in bestimmten Punkten intensiver. Als James 1690 zum ersten Mal nach La Trappe kam war er bei Boyne in Irland entscheidend geschlagen worden und könnte nur hoffen, seinen Thron mit Hilfe seines Vetters Louis XIV. wiederzugewinnen, der es eine Zeitlang angebracht fand, dieses Ziel zu verfolgen. Auch enteignet war er noch sehr ein König, mit seinem eigenen Hof

court at St. Germain-en-Laye, near Versailles. Rancé was profoundly affected by their meeting. Thereafter James came every year for a few days to la Trappe, bringing his Queen at least, once, and kept up a steady correspondence with Rancé. From December 1690 until September 1700, shortly before Rancé's death, copies of thirty-nine letters from James survive, and eighteen originals from Rancé, while eleven more are acknowledged but no longer extant. Allowing for lost letters, they probably exchanged letters some three or four times a year, perhaps more.

Defeat apparently sharpened James' spiritual awareness; ever since his highly unpopular conversion while he was heir apparent to his brother, Charles II, he had furthered the Catholic cause, and his imprudent support of Catholics against Anglicans was— besides being contrary to the advice of Louis XIV—a major factor leading up to his deposition. There are clear signs in this correspondence that he thought more seriously than ever before of his salvation during the years of exile. The theme was tailor-made for Rancé. Here was a king whose defense of the true faith made him worthy to rank with such predecessors as Edward the Confessor or Edmund Ironside, showing patience and resignation in adversity, and deeply concerned about his spiritual above his political future. Such Christian indifference to an earthly kingdom could only reach its fullest form in an actual king dethroned, and in all the letters describing James' first visit Rancé praises his humility. Had such resignation been mere apathy or a desire for a quiet life Rancé would certainly not have praised it, but James seems genuinely to have given the impression of submitting to God's will to a rare degree.

in St.-Germain-en-Laye, nahe Versailles. Rancé wurde durch das Treffen mit ihm tief beeinflusst. Danach kam James jedes Jahr für einige Tage nach La Trappe, brachte seine Königin mindestens einmal mit, und hielt mit Rancé eine beständige Korrespondenz aufrecht. Von Dezember 1690 bis September 1700, kurz vor Rancés Tod, sind Kopien von neununddreißig Briefen von James und achtzehn Originale von Rancé erhalten, während weitere elf bestätigt sind, die nicht mehr existieren. Unter Einbezug der verlorenen Briefe, müssen sie jährlich etwa 3 bis 4 mal Briefe getauscht haben, vielleicht auch mehr.

Die Niederlagen schärften anscheinend James geistliches Bewusstsein; seit seiner hochgradig unpopulären Konversion hatte er die katholische Sache gefördert, während er Thronfolger für seinen Bruder, Charles II., war und seine unkluge Unterstützung der Katholiken gegen die Anglikaner war – ausser dass sie dem Rat Louis' XIV. widersprach – ein bedeutender Faktor, der zu seiner Absetzung führte. Es gibt klare Anzeichen in dieser Korrespondenz, dass er während der Jahre des Exils ernsthafter als je vorher an seine Erlösung dachte. Das Thema war für Rancé wie gerufen. Hier war ein König, dessen Verteidigung des wahren Glaubens ihn in den gleichen Rang mit solchen Vorgängern wie Edward den Bekenner oder Edmund Ironside stellte, der im Missgeschick Geduld zeigte, zurücktrat und tief besorgt über seine geistliche und politische Zukunft war. Solch christliche Unbeteiligtheit an einem irdischen Kö nigreich konnte nur in einem wirklich entthronten König ihre vollste Form erreichen, und in allen Briefen über James' ersten Besuch lobt Rancé seine Demut. Wäre dieser Rücktritt bloße Apathie oder der Wunsch nach einem ruhigen Leben gewesen, hätte Rancé dies zweifellos nicht gepriesen, aber James scheint den lauteren Eindruck gemacht zu haben, sich in seltenem Maße dem Willen

In addition, James' evident attraction to la Trappe and his authentic piety enabled Rancé to combine his natural deference for a king with his priestly ministry of advice and consolation. James had a Jesuit confessor, and numerous exiled British clergy in his entourage, but the problems he addressed to Rancé do not seem to have been sent to anyone else. Should he leave money so that prayers for his soul after death could be guaranteed or should he give it to the poor while he is still alive? Was it proper to profit from sleepless nights by praying, an occupation that seemed hardly appropriate in the small hours? He wrote quite explicitly in 1698: 'it took my journey (to la Trappe) to give me self-knowledge, make me despise all that seems great to the world and to detach myself from it,' and when James died in 1701, the Duke of Perth, his Chancellor, wrote twice to dom Jacques de La Cour, Rancé's successor, confirming the decisive influence of Rancé and la Trappe.

It should not be thought that Rancé's answers to James' often anxious letters were pious platitudes such as anyone might offer. On the contrary, his vigorous praise of James' resignation ran counter to French policy, which for some years was in favor of putting him back on the throne as a client ruler, and Rancé was quite widely criticised for not stirring him up. The fact that some of the consultations are confidential also suggests that Rancé's advice was deemed to be more useful than that of advisers closer to hand. In essence it was the same advice that he gave to Mme de Guise, but the dignity of a king, and the dramatic events which had driven James into exile for a second time, lent a greater sense of urgency. No one would claim on the rather

Gottes zu unterwerfen. Darüber hinaus ermöglichte James' offensichtliche Neigung zu La Trappe und seine authentische Frömmigkeit es Rancé, seine natürliche Achtung für einen König mit seinem priesterlichen Dienst in Rat und Trost zu kombinieren. James hatte einen Jesuiten als Beichtvater und zahlreiche verbannte britische Kleriker in seinem Gefolge, aber die Probleme, die er Rancé unterbreitete, scheinen wohl niemand sonst anvertraut worden zu sein. Sollte er Geld vermachen, damit nach seinem Tod Gebete für seine Seele garantiert werden können oder sollte er zu Lebzeiten den Armen geben? War es richtig, schlaflose Nächte zum Beten zu nutzen, eine Beschäftigung die in den frühen Stunden kaum angebracht erschien? Sehr deutlich wurde er im Jahre 1698: 'meine Reise (nach La Trappe) war nötig, um mir Selbsterkenntnis zu geben, mich alles verachten zu lehren, was der Welt groß scheint und mich davon zu trennen' und als James 1701 starb, schrieb der Herzog von Perth, sein Kanzler, zweimal an dom Jacques de La Cour, Rancés Nachfolger und bestätigte den entscheidenden Einfluss von Rancé und von La Trappe.

Man darf nicht glauben, dass Rancés Antworten auf James' oft ängstlich besorgte Briefe fromme Allerwelts-Plattitüden boten. Im Gegenteil lief sein hohes Lob zu James' Rücktritt der französischen Politik zuwider, die für einige Jahre seine Rückkehr als Klientelherrscher auf den Thron verfolgte, und Rancé wurde weithin kritisiert, dass er ihn dazu nicht ermunterte. Dass einige der Beratungen auch vertraulich sind, lässt vermuten, dass Rancés Rat für nützlicher gehalten wurde, als der von näher stehenden Beratern. Im Wesentlichen war es der gleiche Rat, den er Frau de Guise gab, aber die Würde eines Königs und die drastischen Ereignisse, die James zum zweiten Mal ins Exil getrieben hatten, verliehen ein Gefühl größerer Dringlichkeit. Niemand würde auf der ziemlich

slender basis of his correspondence with James that Rancé was an original or memorable adviser, but he was unmistakably an effective one.

If Rancé had little or no choice in writing to the correspondents so far mentioned, it was very much a matter of his discretion how he coped with the flood of letters written by all kinds of people begging advice, from friends to total strangers, dukes to unknown nuns. His reputation for unusual austerity made many people regard him as a saint, and for even more he was an oracle, to be consulted perhaps among others. The most interesting of his letters of advice are those written to religious men and women, especially superiors, on quite specific points. The weakness of *De la Sainteté* is the rigidity of rules laid down in general terms; the great strength of Rancé's private advice is the way in which he remains inflexible on principle but pragmatic and specific on detail. Many of the enquiries concern application of exceptions to a given rule, and it is by no means the case that Rancé gave a stereotype hardline answer. Health questions, for instance, were answered very much in the context of an individual situation; no exception was allowed to the rule against leaving the cloister, even to take the waters, but relaxations of diet to include eggs and meat (for Cistercians) were freely recommended. So was reasonable use of natural remedies, massage, warming by a fire and the like. Members of other Orders, like Simon Gourdan, a Canon Regular at St. Victor in Paris, who had unsuccessfully tried his vocation at la Trappe, were discouraged from attempting more austerity than was provided for by their own rule. In the case of Visitation nuns, never intended to practice physical austerity, Rancé frequently reminded them of the

dünnen Grundlage seiner Korrespondenz mit James behaupten, dass Rancé ein echter oder denkwürdiger Berater war, aber unmissverständlich war er wirksam.

Wenn Rancé auch wenig oder keine Wahl beim Schreiben an die bis jetzt erwähnten Partner hatte, so stand es doch weitgehend in seiner Entscheidung, wie er mit der Flut von Briefen fertig wurde, die von Ratsuchenden aller Art geschrieben wurden, von Freunden bis zu wildfremden Personen, von Herzögen bis zu unbekannten Nonnen. Seine Reputation für ungewöhnliche Strenge ließ viele Leute ihn als Heiligen ansehen, für noch mehr war er ein Orakel, das man vielleicht neben anderen befragt. Die interessantesten seiner brieflichen Ratschläge sind die zu ganz bestimmten Fragen an Ordensleute, besonders an Obere. Die Schwäche von *„De La Sainteté.....“* ist die Starrheit der allgemein gehaltenen Regeln; die große Stärke seines privaten Rates ist die Weise, wie er unbeugsam im Grundsatz, aber im Detail pragmatisch und spezifisch bleibt. Viele der Anfragen betreffen Ausnahmen zu einer gegebenen Regel, und Rancé gab keinesfalls stereotype kompromisslose Antworten. Zum Beispiel wurden Gesundheitsfragen sehr stark in Bezug auf die konkrete Situation beantwortet; keine Ausnahme gab es zu der Regel, das Kloster nicht zu verlassen, nicht einmal um in ein Bad zu reisen, aber Erleichterung der Diät, so dass Eier und Fleisch (für Zisterzienser) erlaubt waren, wurden frei empfohlen. Ebenso der angemessene Einsatz von Naturheilmitteln, Massage, Wärme mit Feuer und dergleichen. Mitgliedern anderer Orden, wie Simon Gourdan, ein Regular Kanoniker von St.-Victor in Paris, der seine Berufung in La Trappe erfolglos versucht hatte, wurde abgeraten, strenger zu leben, als es ihre eigene Regel forderte. Im Fall der Visitationsnonnen, wo körperliche Entbehrungen gar nicht vorgesehen sind, erinnerte Rancé häufig an die in ihrer

moderation implicit in their rule. His invariable reply to queries about physical mortification was to urge moderation, and to strive for greater spiritual mortification. Even as regards silence he told members of Orders whose rule did not demand it not to make themselves conspicuous by behaving differently in this from their fellows.

Naturally he was less supple with Cistercians. Whatever custom might permit, he told his fellow abbots at Orval and Tamie that they were wrong to allow frequent conferences and that study would dry up the fervour of their monks. A long and detailed correspondence with the Cistercian abbess of the Common Observance house of Leyme started with the hard facts of *In suprema* and the limits within which she could advance her desired reform. If she chose abstinence from meat, as she eventually did, she had to persevere, but she could not force it on her nuns. In imposing general discipline, however, she was doing no more than her duty; recalcitrant religious were to be expelled if they did not heed warnings, and if confessors and visitors undermined her authority she was to appeal, right up to King and Pope if necessary. Although Rancé had no official connection with Leyme, let alone jurisdiction, and almost certainly never met the abbess, he went to great lengths to advise and help her in her very real difficulties.

At the Paris Cistercian abbey of Saint-Antoine, over which Rancé's aunt had once ruled, it was not the abbess but a group of nuns who turned to him for help. Their abbess, supported by the visitor, would not hear of implementing the reforms requested by these nuns and permitted by the Brief.

Regel eingebaute Mäßigung. Seine immer gleiche Antwort auf Fragen zur körperlichen Abtötung war, auf Mäßigung zu drängen, und größere geistliche Askese anzustreben. Selbst zum Schweigen erklärt er Mitgliedern von Orden, deren Regel es nicht vorsieht, dass sie sich nicht auffallend verhalten sollten, indem sie sich in diesem Punkt abweichend zu ihren Gefährten verhalten.

Natürlich war er mit Zisterziensern weniger nachgiebig. Was immer durch Gewohnheit vielleicht erlaubt war, seinen Abtkollegen von Orval und Tamie erklärt er, es sei falsch, häufige Konferenzen zu erlauben. Das Studieren würde die Begeisterung ihrer Mönche austrocknen. Eine lange und ausführliche Korrespondenz mit der Zisterzienser Äbtissin der allgemeinen Observanz im Haus von Leyme begann mit den harten Tatsachen von *„In suprema"* und die Grenzen, in denen sie ihre gewünschte Reform voranbringen könnte. Wenn sie Fleisch-Abstinenz wählte, wie sie schließlich tat, musste sie dabei bleiben, aber sie könnte es ihren Nonnen nicht aufzwingen. Im Vorschreiben allgemeiner Disziplin tat sie jedoch nicht mehr als ihre Pflicht; unwillige Nonnen sollten weggeschickt werden, wenn sie Warnungen nicht beachteten, wenn Beichtväter und Besucher ihre Autorität untergruben, sollte sie gegebenenfalls bis hinauf zu König und Papst appellieren. Obgleich Rancé keine offizielle Verbindung mit Leyme hatte, ganz zu schweigen von Jurisdiktion und wohl ganz sicher die Äbtissin niemals traf, befasste er sich ausführlich mit Rat und Hilfe in ihren sehr realen Nöten.

Von der Pariser Zisterzienser-Abtei Saint-Antoine, die Rancés Tante einmal geleitet hatte, wandte sich nicht die Äbtissin sondern eine Gruppe Nonnen an ihn um Hilfe. Ihre Äbtissin, gestützt vom Visitator, wollte von Reformen nichts hören, die aber von diesen Nonnen gefordert wurden und durch das Breve erlaubt waren.

They were not rebels, but they continued to demand their rights, and in the end were transferred to other houses. Only part of Rancé's correspondence with them survives, and part of a formal letter to the abbess, but he can be seen to be scrupulously careful to advise them of their rights, quoting St. Bernard in support, without directly challenging the abbess' authority.

At Maubuisson, another large, prosperous, Cistercian house not far from Paris, the abbess was a royal princess with decided views on discipline and strictness. Rancé wrote to her with fraternal respect, but did not hesitate to disagree with her proposal to move her abbatial throne, apparently to a less exalted position. He counseled her, and others, also against resignation after many years in office, reminding her of her pastoral responsibility to her nuns, more important than weariness. Clearly with the approval, and probably at the request, of the abbess one of the nuns, the sub-prioress, also wrote to Rancé about her spiritual problems. He gave what advice he could (telling her to change her current employment in which contacts with the outside were creating a distraction) but told the abbess that her nun was over scrupulous.

With the Abbot of Chatillon and particularly the Prior of Perseigne, Rancé went into minute details of day to day administration and treatment of individuals such as the superior would normally decide. Perseigne was so close, and Rancé's own stay in the novitiate so intimate a connexion, that he probably knew most of the monks referred to by the prior. The firm precise instructions he gave concerned specific individuals and situations, and were above all practical.

Sie waren keine Rebellen, aber sie bestanden darauf, ihre Rechte zu verlangen. Schliesslich wurden sie auf andere Häuser übertragen. Nur ein Teil von Rancés Korrespondenz mit ihnen und eines formellen Briefs an die Äbtissin sind erhalten, aber man sieht ihn, wie er skrupulös darauf achtet, einerseits ihnen bei ihren Rechten zu raten und St. Bernhard zur Unterstützung zitiert, ohne anderseits die Autorität der Äbtissin direkt anzufechten.

In Maubuisson, einem anderen großen, wohlhabenden Zisterzienser Haus unweit von Paris, war die Äbtissin eine königliche Prinzessin mit entschiedenen Ansichten über Disziplin und Strenge. Rancé schrieb ihr mit brüderlichem Respekt, aber zögerte nicht, zu ihrem Antrag auf einen weniger herausgehobenen Platz für ihren Äbtissinen-Thron anderer Meinung zu sein. Er beriet sie und andere auch gegen Rücktritt nach vielen Amtsjahren und erinnerte sie, dass ihre Hirtenverantwortung für ihre Nonnen wichtiger sei als Amtsmüdigkeit. Sicher mit Zustimmung, vermutlich auf Bitte der Äbtissin schrieb eine der Nonnen, die Sub-Priorin, Rancé auch über ihre geistlichen Probleme. Er riet was er konnte (sagte, sie solle ihre gegenwärtige Beschäftigung, in der Aussenkontakte für Ablenkung sorgten, ändern), erklärte aber der Äbtissin, dass ihre Nonne zu skrupulös war.

Mit dem Abt von Chatillon und besonders dem Prior von Perseigne, stieg Rancé in kleinste Details der alltäglichen Verwaltung und die Behandlung einzelner Personen ein, wie ein Oberer normalerweise entscheiden würde. Perseigne stand so nahe und Rancés eigenes Noviziat dort gab ihm eine so intime Verbindung, dass er vermutlich die meisten Mönche kannte, auf die sich der Prior bezog. Seine festen und genauen Anweisungen betrafen spezielle Personen und Situationen und waren vor allem praxisnah. Zwar

Capable of legislation in the abstract, as his books show, Rancé was infinitely more valuable as a practitioner, dealing with individual men and women with compassion and common sense.

Sometimes a troubled conscience drove some monk or nun to write to Rancé with what must have amounted to a confession of serious sin. Only Rancé's answers survive, but when he tells such correspondents that their entry into religion was a 'profanation,' that they are living in a state of mortal sin, that there is not a moment to lose if they are to repent in time to escape eternal damnation, one must assume that their situation was critical. One or two letters were to ordinands troubled by scruples, and to them, as to all those contemplating the religious life, he counseled long and careful self-examination and firm personal decision. When his niece, Mme de La Barge, had made the final arrangements for putting her daughters into convents with no evidence of true vocation, indeed with strong evidence to the contrary, Rancé sent her a blistering rebuke which threw her into turmoil. It is not known what happened to the girls, pushed into religion no doubt because their parents could not afford the dowry for a rich marriage, but Rancé certainly gave their mother something to think about.

Very often a correspondent, old or young, man or woman, has evidently had some kind of conversion, and resolved henceforth 'to belong to God alone' in religion or 'to serve God more faithfully.' Without ever being discouraging, except to those plainly indulging their fantasy, Rancé invariably advised time and caution, consulting a good confessor, trying a formal rule of life, and generally making progress by stages.

konnte er, wie seine Bücher zeigen, Regelwerke abstrakt aufbauen, doch war Rancé als Praktiker unendlich wertvoller, wenn er mit Männern und Frauen einzeln mitfühlend und nach gesundem Menschenverstand umging.

Manchmal brachte das unruhige Gewissen einen Mönch oder eine Nonne dazu, ihm zu schreiben, was auf das Bekennen schwerer Schuld aussehen konnte. Nur Rancés Antworten sind erhalten, aber wenn er solchen Briefschreibern sagt, dass ihr Eintritt in einen Orden eine 'Entweihung‘ sei, dass sie im Stand der Todsünde leben, dass es keinen Moment zu verlieren gilt, Busse zu tun, um der ewigen Verdammnis zu entgehen, dann ist anzunehmen, dass ihre Situation kritisch war. Ein oder zwei Briefe waren an skrupelgeplagte Ordinanden, und ihnen riet er, wie allen, die ein Ordensleben erwogen, dass sie ihr Gewissen lange und sorgfältig prüfen und dann eine feste persönliche Entscheidung treffen sollten. Als seine Nichte, Frau de La Barge, endgültige Vorkehrungen für die Übergabe ihrer Töchter an Klöster ohne dass echte Berufung, sondern eher das eindeutige Gegenteil klar war, schickte Rancé ihr eine scharfe Rüge, die sie aufstörte. Es ist nicht bekannt, was den Mädchen geschah, die von den Eltern ins Kloster zweifellos wegen für eine reiche Heirat mangelnder Mitgift bestimmt wurden, aber Rancé gab ihrer Mutter zweifellos eine harte Nuss zu knacken.

Sehr häufig hat ein Schreiber, alt oder jung, Mann oder Frau, offenbar eine Art Bekehrung erlebt und beschlossen, künftig in einem Orden ‚Gott allein zu gehören‘ oder ‚Gott treuer zu dienen‘. Ohne je zu entmutigen, ausgenommen die, welche sich einfach ihrer Fantasie hingeben, riet Rancé unveränderlich Zeit und Vorsicht, einen guten Beichtvater zu Rate zu ziehen, eine formale Lebensregel zu versuchen und ganz allgemein den Fortschritt in Stufen zu

Not infrequently such persons were already in religion, but feeling a renewed impetus, and these he usually advised to pay more attention to their rule. If the house in which they lived seemed actually to prevent further spiritual development, he approved a move, but in most cases, religious or lay, his advice was to make the best of an existing situation.

This comes out most clearly in his dealings with society men and women, especially women, whose enthusiasm for a more devout life not only outran prudence but could rapidly prove counter-productive. One such lady (possibly Mme de Saint-Loup, an old friend) proposed withdrawing to a lonely forest, and in view of Rancé's devotion to the Desert Fathers, his answer is notable:

> Nothing is more agreeable than to imagine some dreadfully lonely place, a dark forest, a cave, a grotto, a rock, a cell. I am speaking of those who want to withdraw from the world; such ideas are striking and attractive.

Despite his own dramatic conversion Rancé had no illusions and encouraged none; religious life is a long march, not a spectacular charge to salvation.

The marquise d'Alegre was only one of many society ladies whose feet he tried to put back on the ground. Full of wildly romantic notions of a missionary life after one spent in worldly frivolity, she ran away from husband and children, but fortunately got no further than the port of Rouen. He kept telling her that her new-found piety cannot exempt her from her duties as wife and

erreichen. Nicht selten waren solche Personen bereits in Orden, fühlten aber einen neuen Antrieb, und diesen riet er gewöhnlich, noch mehr Beachtung für ihre Regel aufzubringen. Wenn das Haus, wo sie lebten, die weitere geistliche Entwicklung wirklich zu verhindern schien, stimmte er einem Wechsel zu, aber in den meisten Fällen bei Geistlichen oder Laien war sein Rat, das Beste aus der jeweiligen Situation machen.

Dies tritt am klarsten zutage in seinem Umgang mit Personen der Gesellschaft, besonders bei Frauen, deren Begeisterung für ein frommeres Leben nicht nur die Besonnenheit übertraf, sondern leicht das Gegenteil bewirken konnte. Eine solche Dame (vielleicht Frau de Saint Loup, ein alte Freundin) hatte vor, sich in einen einsamen Wald zurückzuziehen. Rancés Antwort ist, besonders wegen seiner Verehrung der Wüsten-Väter, bemerkenswert:

> Nichts ist angenehmer als sich einen schrecklich einsamen Ort vorzustellen, einen dunklen Wald, eine Höhle, eine Grotte, einen Felsen, eine Zelle. Ich spreche von denen, die sich aus der Welt zurückziehen möchten; solche Vorstellungen beeindrucken und sind attraktiv.

Trotz seiner eigenen drastischen Bekehrung hatte Rancé keine Illusionen und regte auch keine an; Ordensleben ist ein langer Marsch, keine großartige Erlösungsaufgabe.

Die Marquise d'Alegre war nur eine von vielen Damen der Gesellschaft, deren Füße er versuchte, zurück auf den Boden zu ziehen. Nach einem in weltlicher Frivolität verbrachten Leben verliess sie voll wild romantischer Begriffe für die Mission Ehemann und Kinder, gelangte aber zum Glück nur bis zum Hafen von Rouen. Er sagte ihr immer wieder, dass ihre neu entdeckte Frömmigkeit sie von ihren Aufgaben als Frau und Mutter nicht entbinden kann,

mother, that spiritual life must be built on solid and lasting foundations. To all such persons he constantly repeated that he refused to act as director, and effective as he was as adviser, he explicitly disclaimed the oracular role so readily attributed to him. The kind of conversion of which he fully approved was that of Mme de La Valliere, who after being a royal mistress (like his old friend RM Louise) gave up Louis XIV and their three children for a life of total reclusion as a Carmelite. To use conversion, piety, or austerity to attract attention was for Rancé proof that love of self, pride, and glory, not love of God, was the true motive.

Only very exceptionally did Rancé accede to requests to send a detailed rule of life. Once or twice, to an unidentified nobleman and to a Knight of Malta, for example, he did send a daily timetable, but only after pressing requests. In the latter case he protested that he was unwilling to give further advice lest people accuse him of interfering and going into matters outside his profession. As far as one can judge Rancé always answered genuine pleas for advice, even from strangers, but quite often by politely saying that he felt incompetent to offer advice. The considerable range of advice to be found in extant letters consists of reminding individuals of their specific commitments and duty, to religious rule, priestly ministry, or family obligations, strong warnings against hasty or capricious behaviour, and positive suggestions for action both feasible and constructive. Monastic life had taught Rancé the down-to-earth reality of lifelong service to God, and he knew there were no short cuts. At the same time he recognized the infinite variety

dass geistliches Leben auf festem und beständigen Grundlagen errichtet werden muss. All diesen Personen wiederholte er ständig, dass er nicht als Seelenführer auftreten möchte, und so wirksam als Berater er auch war, dementierte er doch ausdrücklich die Orakelrolle die man ihm bereitwillig zugeschrieben hatte. Die Art der Bekehrung, die er ganz guthiess, war die von Frau de La Valliere, die nachdem sie königliche Geliebte (wie seine alte Freundin RM Louise)war, Louis XIV. und ihre drei Kinder verließ, um als Karmelitin ein ganz zurückgezogenes Leben zu führen. Wenn jemand mit Bekehrung, Frömmigkeit oder Enthaltsamkeit Aufmerksamkeit erregen wollte, war dies für Rancé der Beweis, dass statt Gottesliebe Eigenliebe, Stolz und Ruhm die wahren Motive waren.

Nur sehr ausnahmsweise erfüllte Rancé ein Ersuchen um eine detaillierte Lebensregel. Ein- oder zweimal zum Beispiel sandte er einem unbekannten Adligen und einem Malteserritter einen täglichen Zeitplan, aber erst nach drängenden Bitten. Im letzteren Fall wehrte er sich, weiteren Rat zu geben, weil sonst Leute ihn der Störung und Einmischung in Angelegenheiten außerhalb seines Berufs bezichtigen könnten. Soweit man sehen kann, beantwortete Rancé immer echte Ratsuche, sogar von Fremden, doch sehr häufig sagt er höflich, dass er sich dazu nicht kompetent fühle. Die beträchtliche Spannweite der Ratschläge in den vorhandenen Briefen besteht darin, Einzelpersonen an ihre spezifischen Verpflichtungen und Aufgaben zu erinnern, an ihre Ordensregel, an priesterlichen Dienst oder Familienpflichten, starke Warnungen vor hastigem oder launischem Verhalten, positive Vorschläge für praktikables und konstruktives Handeln. Das Ordensleben hatte Rancé die nüchterne Wirklichkeit des lebenslangen Gottesdienstes gelehrt, und er wusste, es gibt keine Abkürzungen. Gleichzeitig erkannte er die unbegrenzte Verschiedenheit

of human beings, and never sought to force individuals into a predetermined mold for which they were not suited.

The final category of letter is largely negative where the rest have been positive, and occurs with all types of correspondent: criticism of others. Any picture of Rancé would be incomplete without this often unattractive element, but too often, up to our own day, that element has been unduly emphasized or isolated so as to present a wholly antipathetic caricature. The most obvious targets for criticism were the Jansenists and Molinists, but the former were treated with remarkable gentleness by Rancé except when they accused him of favoring the latter. A key phrase comes in a letter to the Jansenist sympathizer, Mme de Saint-Loup: 'I will always remain inviolably faithful to my friends [sc. Jansenists] but there are some things to which friendship should not extend.' In fact his criticism of Jansenists is nearly always muted, and a rather dismissive epitaph on Antoine Arnauld which caused a great outcry among Jansenists is by normal standards very mild: 'So M. Arnauld is finally dead. . . . Say what they will, that puts an end to a lot of questions, his erudition and authority carried great weight for his party. Happy the man who has none other than that of Christ' (Letter 940902). His criticism of Jansenists collectively and individually was usually limited to their partisan excesses. The Molinists came off much worse, and Rancé's abhorrence of permissive teaching combined with his resentment at the unscrupulous tactics used by Jesuits and their allies to discredit not only enemies but neutrals like himself. Even so, he never went as far as Bossuet in his famous outburst against 'the ordures of the casuists.'

der Menschen, und versuchte nie, einzelne Personen in eine vorbestimmte Form zu zwingen, wozu sie nicht geeignet wären.

Die letzte Kategorie der Briefe ist weitgehend negativ, während die anderen positiv waren, und das betrifft alle Arten der Korrespondenz: Kritik an anderen. Jedes Bild von Rancé wäre unvollständig ohne dieses häufig unfreundliche Element. Aber bis in unsere Tage ist dieser Aspekt zu häufig unangemessen betont oder als einzig dargestellt worden, so dass eine insgesamt unsympathische Karikatur dargestellt wird. Die offensichtlichsten Ziele der Kritik waren Jansenisten und Molinisten, aber Rancé behandelt die ersten mit auffallender Schonung, wenn sie ihn der Bevorzugung der letzteren beschuldigten. Ein Schlüsselsatz in einem Brief an die Jansenisten-Sympathisantin Frau de Saint Loup sagt: 'Ich werde immer unverbrüchlich treu zu meinen Freunden [d.h. Jansenisten] stehen, aber es gibt Dinge, auf die man Freundschaft nicht ausdehnen sollte.' Tatsächlich ist seine Kritik an Jansenisten fast immer gedämpft, und ein ziemlich abträglicher Nachruf auf Antoine Arnauld, der großen Protest unter Jansenisten verursachte, ist nach normalen Massstäben sehr mild: 'So ist M. Arnauld schließlich tot.... Egal was sie sagen, damit werden viele Fragen beendet, seine Gelehrsamkeit und Autorität war seiner Partei eine große Last. Glücklich der Mann, der keine andere hat als Christus‘ (Brief 940902). Seine Kritik an Jansenisten insgesamt und einzeln war normalerweise auf ihre parteilichen Exzesse begrenzt. Die Molinisten kam viel schlechter weg und Rancés Abscheu der verweichlichten Lehre verband sich mit seinem Groll über skrupellose Taktiken von Jesuiten und ihren Verbündeten, die nicht nur Feinde sondern auch neutrale Personen wie ihn selbst diskreditierten. Allerdings ging er nie so weit wie Bossuet in seinem berühmten Ausbruch gegen 'den Mist der Kasuisten.'

Around the time of the Revocation of the Edict of Nantes (1685) Rancé quite often mentioned Huguenots, and deplored their defiance of legitimate authority, but he spoke with disapproval of official attempts to coerce them into attending Mass, and in general adopted a humane and compassionate attitude to these, as he saw them, misguided people. The only occasions on which Rancé launched into the sort of tirade which his detractors regard as typical are those when large groups, like the Cistercian Order, or monks in general, were being censured for corruption, decadence, and unworthiness. Indeed *De la Sainteté* goes further in that direction than most of Rancé's letters.

Where one does wince is at Rancé's remarks about individuals. It is regrettable that he should have described his fellow abbot, Dominique Georges of Val-Richer, as 'a most ignorant and prejudiced man, small-minded, banal and crude' even if he adds 'but still a kindly man of good conduct' (751100a). True, Rancé suspected Abbot Georges of turning Bellefonds against him, but to say such things in a letter to Bellefonds' Carmelite aunt was neither edifying nor charitable.

More substantial quarrels arose with two formerly close friends, Le Roy and Abbot Beaufort of Septfons. In letters addressed to Le Roy during the dispute over humiliations Rancé was never less than courteous, and it is all the more regrettable that he attacked Le Roy in letters to others. Incidentally he never deviated from politeness and even cordiality in the several extant letters to Abbot Georges. Beaufort was a special case, and unfortunately we only have Rancé's side from which to judge their quarrel, whereas Le Roy's dossier is copious on both sides. Beaufort had been one of the first, if not the first, regular abbot

Um die Zeit der Rücknahme des Edikts von Nantes (1685) erwähnte Rancé ziemlich häufig die Hugenotten und bedauerte ihren Trotz gegen die legitime Autorität, aber er sprach missbilligend von offiziellen Versuchen, sie zur Teilnahme an der hl. Messe zu zwingen und nahm im Allgemeinen eine menschliche und mitfühlende Haltung zu diesen in seinen Augen irregeleiteten Menschen ein. Die einzigen Fälle, wo Rancé in die Art von Tiraden verfiel, die seine Verleumder als typisch betrachten, sind die, wo große Gruppen wie der Zisterzienserorden oder ganz allgemein Mönche wegen Korruption, Dekadenz und Unnützigkeit kritisiert wurden. Hier geht *„De La Sainteté....“* weiter als die meisten seiner Briefe.

Wo man zuckt, ist bei Rancés Bemerkungen über Einzelpersonen. Es ist bedauerlich, dass er seinen Mit-Abt, Dominique Georges von Val-Richer als 'sehr ignorant, befangen und engstirnig, banal und roh‘ beschrieben haben soll, selbst wenn er hinzufügt 'aber doch ein freundlicher Mann mit guter Führung' (751100a). Zwar vermutete Rancé, dass Abt Georges Bellefonds gegen ihn aufwiegelte, aber solche Dinge in einem Brief an Bellefonds‘ Tante, eine Karmelitin zu erwähnen, war weder erbauend noch liebevoll.

Wesentlicher ist der Streit mit zwei früher engen Freunden, Le Roy und Abt Beaufort von Septfons. In den Briefen, die er an Le Roy während der Debatte über Demütigungen gerichtet hatte, war Rancé immer mindestens höflich, und es ist bedauerlich, dass er Le Roy in Briefen an andere angriff. Übrigens liess er nie Höflichkeit und sogar Herzlichkeit in den vorhandenen Briefen an Abt Georges vermissen. Beaufort war ein Sonderfall und leider haben wir nur Rancés Seite um ihren Streit zu beurteilen, während die Unterlagen zu Le Roy auf beiden Seiten reichlich vorhanden sind. Beaufort war einer der ersten, wenn nicht der erste regelmäßige Abt,

to follow Rancé's example of reform, and in the early days of his own reform at Septfons depended heavily on him. They fell out seriously in 1676, when Beaufort, surely from indiscretion rather than malice, divulged Rancé's supposedly confidential answer to Le Roy to some nuns in Paris, as a result of which Rancé for a time faced suspicions of Jansenism. One thing led to another, and other examples of Beaufort's careless tongue came back to Rancé. Long letters to the Abbess of Leyme and RM Agnes de Bellefonds indignantly refute Beaufort's alleged slurs on Rancé's conduct and orthodoxy, and are full of charges of trust betrayed and friendship exploited. For about three years Rancé's letters to a number of correspondents are full of his anger and pain at Beaufort's conduct, all the baser in Rancé's eyes because his own treatment of Beaufort had been unfailingly helpful, despite all Beaufort's shortcomings (listed in full) as a superior. Finally, in 1679, Beaufort came to see Rancé and they were reconciled. Friendship resumed, and if Rancé was more careful thereafter about imparting secrets, in other respects their relations became close and warm for the next twenty years. No doubt Rancé, like most contemporaries, found it necessary to safeguard his reputation, and unlike others had to do so by letter rather than direct confrontation, no doubt Beaufort was indiscreet, but it seems a pity that so many outsiders had to be dragged into a personal quarrel.

At the same time charity won in the end, as it did with the Abbot of Tamie and dom Mabillon, once the disputants met face to face. From being over-trusting Rancé too easily became over-suspicious, and far from turning the other cheek indulged, to put it plainly

der Rancés Reformbeispiel folgte und zu Beginn seiner eigenen Reform in Septfons stark von ihm abhing. Sie überwarfen sich ernstlich 1676, als Beaufort, sicher eher durch Indiskretion als aus Bosheit, Rancés vermutlich vertrauliche Antwort an Le Roy einigen Nonnen in Paris weitergab. Daher wurde Rancé für einige Zeit des Jansenismus verdächtigt. Eins gab das andere und weitere Beispiele von Beauforts leichtsinniger Zunge erreichten Rancé. Lange Briefe an die Äbtissin von Leyme und an RM Agnes de Bellefonds widersprachen empört den angeblichen Verleumdungen Beauforts über Rancés Führung und Rechtgläubigkeit. Sie sind voller Vorwürfe des Vertrauensbruchs und ausgenutzter Freundschaft. Rancés Briefe an einige Adressaten sprechen etwa drei Jahre lang von seinem Ärger und Schmerz über Beauforts Betragen. Es war in Rancés Augen umso niedriger, weil sein eigenes Verhalten zu Beaufort absolut hilfreich gewesen war, trotz aller (vollständig aufgelisteten) Mängel Beauforts als Oberer. Schließlich besuchte Beaufort 1679 Rancé und sie versöhnten sich. Die Freundschaft begann erneut, und auch als Rancé danach bei der Mitteilung von Geheimnissen achtgab, wurden ihre Beziehungen in anderer Hinsicht während der folgenden zwanzig Jahre eng und warm. Zweifellos fand Rancé, wie die meisten Zeitgenossen, es notwendig, sein Ansehen zu schützen und anders als andere musste er dies brieflich tun, statt in direkter Konfrontation, zweifellos war Beaufort indiskret, aber es ist schade, dass so viele Außenstehende in einen persönlichen Streit hineingezogen werden mussten.

Gleichzeitig gewann am Ende die Nächstenliebe, wie auch bei dem Abt von Tamie und dom Mabillon, sobald man sich persönlich begegnete. Rancé wechselte leicht von zu grossem Vertrauen zu grossem Misstrauen, und war weit davon, die andere Wange hinzuhalten, platt ausgedrückt, nutzte verletzenden Klatsch, um seinen

in wounding gossip to soothe his own wounded pride. Many more examples could be quoted, but there is no need to do so. Passionately defensive when it came to his own interests and those of la Trappe, Rancé seems really not to have appreciated how hurtful and undeserved his sweeping attacks on other Orders and superiors appeared to the victims. They naturally tended to reply with new recriminations, supported often by learned quotations, and so it went on. With all that, Rancé knew that charity was the only way, and in a revealing remark about his recent quarrel with Beaufort wrote (in letter 790817):

> It is very difficult to be estranged from men . . . without being estranged from God. ... Of all the precepts given to men by Christ, there is surely none which is harder to observe than to love one's enemies. Yet anyone who does not keep it, and is content merely to love his friends, has kept only half the law, and God will look on him with no less indignation than if he had broken it entirely.

Such words, written to his close friend the Abbot of Chatillon, come from the heart, and should make us wary of facile judgements on Rancé, who lacked wisdom at times, but not self-knowledge or Christian charity when he had had time for reflection.

To sum up such a vast correspondence as Rancé's in a few pages is clearly impossible, but the overriding impression is of a man of powerful passions trying always, not invariably with success, to channel them towards love of God and neighbor and away from love of self.

eigenen verletzten Stolz zu beruhigen. Viele weitere Beispiele kann man dafür bringen, aber das ist nicht nötig. Leidenschaftlich im Verteidigen seiner eigenen Interessen und derer von La Trappe, scheint Rancé nicht wirklich erkannt zu haben, wie verletzend und unberechtigt seine stürmischen Angriffe auf andere Orden und Obere den Opfern erschienen. Natürlich neigten diese dazu, mit neuen Beschuldigungen zu antworten, stützten sich häufig auf gelehrte Zitate und so ging es weiter. Bei alle dem wusste Rancé, dass Liebe der einzige Weg war, und in einer aufschlussreichen Anmerkung über seinen frischen Streit mit Beaufort schrieb er (Brief 790817):

> Von Menschen entfremdet zu sein ist sehr schwierig,…, ohne auch von Gott entfremdet zu werden. … Von allen Geboten, die Christus den Menschen gab, ist sicher keines schwieriger als seine Feinde zu lieben. Doch jeder, der es nicht hält und sich begnügt, bloß seine Freunde zu lieben, hält nur das halbe Gesetz, und Gott schaut auf ihn mit nicht weniger Zorn als hätte er es ganz gebrochen.

Solche Worte an seinen engen Freund, den Abt von Chatillon kommen vom Herzen und sollte uns vor leichtfertigen Urteilen über Rancé bewahren. Er entbehrte manchmal der Klugheit, aber nicht der Selbsterkenntnis oder der Christlichen Liebe, wenn er Zeit zum Nachdenken hatte.

Die beträchtliche Korrespondenz von Rancé auf einigen Seiten zusammenzufassen ist offensichtlich unmöglich, aber der überwiegende Eindruck ist der eines Mannes mit starken Leidenschaften, der immer, wenn auch nicht mit gleichem Erfolg versucht, sie auf die Liebe zu Gott und dem Nächsten und weg von der Selbstliebe auszurichten.

His acute awareness of duty, his and that of others, sometimes gives an impression of rigidity, his over-reaction to criticism one of pettiness and pride,but the letters show overall a deeply compassionate man struggling towards perfection and sharing generously in the similar struggles of others, friends and strangers alike. Only a love centered on eternity could inspire the letters he wrote to the chronic and terminally ill, like Mile de Vertus and Mme de La Sabliere. Human suffering and death are real, like human sin, but fall into perspective when seen as stages on the way to a life with God, free of sin and death.

Sein akutes Pflichtbewusstsein, das eigene und das anderer, zeigt manchmal etwas von Starrheit, seine Überreaktion bei Kritik etwas von Kleinlichkeit und Stolz, aber die Briefe zeigen insgesamt einen tief mitfühlenden Menschen, der sich um Vollkommenheit müht und großzügig teilnimmt an ähnlichen Kämpfen anderer, Freunde und Fremder. Nur eine Liebe, die auf Ewigkeit ausgerichtet ist, konnte die Briefe inspirieren, die er chronisch und unheilbar Kranken wie Mlle de Vertus und Frau de La Sablière schrieb. Menschliches Leiden und Tod sind, wie menschliche Sünde, eine Realität, verlieren aber an Gewicht, wenn sie als Stufen auf dem Weg zu einem Leben mit Gott ohne Sünde und Tod gesehen werden.

LA TRAPPE; SURVIVAL AND REVIVAL

BETWEEN RANCÉ'S DEATH and the destruction of French monasticism by the French Revolution almost a century elapsed. The full history of la Trappe in the eighteenth century is still to be written, and nothing like a complete record at present exists even in manuscript, but there are enough reliable facts to enable some conclusions to be drawn.

On the material plane these facts speak for themselves. In 1766 a royal commission was set up under the Archbishop of Toulouse, Lomenie de Brienne, charged with the reform of religious Orders, and thanks to the far-reaching enquiries instituted by the commission very detailed statistics on the population and resources of monastic houses is available. Again in 1790 very detailed figures were compiled by the revolutionary authorities as a prelude to their work of destruction. Thus comparative statistics covering the years 1768-1790 offer a basis for assessing the position of la Trappe relative to other abbeys. Excluding priories and colleges there were two hundred twenty-five Cistercian houses at the time, of which only thirty-five were governed by regular abbots. In 1768 la Trappe came twenty-ninth in annual revenue, with 17,000 livres, compared with the 79,000 of Clairvaux and the 70,000 of Citeaux. Three abbeys had revenues between 34,000 and 41,000, and fourteen between 20,000 and 30,000, so that la Trappe was by no means wealthy. However, in 1768, 1770, and 1790 it came first in total population, followed by Citeaux, Clairvaux, and Morimond in 1768 and 1770, with Septfons overtaking Morimond well before 1790. Between 1770 and 1790 some smaller houses had been closed,

LA TRAPPE; ÜBERLEBEN UND WIEDERBELEBUNG

ZWISCHEN RANCÉS TOD und der Zerstörung des französischen Ordenslebens durch die Französische Revolution liegt fast ein Jahrhundert. Eine vollständige Geschichte von La Trappe im 18. Jahrhundert muss noch geschrieben werden, und zur Zeit existiert nicht einmal eine Art Manuskript zu solch einem umfassenden Bericht. Es gibt aber genügend belastbare Fakten, zum einige Schlussfolgerungen zu ziehen.

Auf der materiellen Ebene sprechen diese Tatsachen für sich. Im Jahre 1766 wurde eine königliche Kommission unter dem Erzbischof von Toulouse, Lomenie de Brienne mit der Reform der Ordensgemeinschaften betraut, und dank der weit reichenden Untersuchungen sind ausführliche Statistiken über die Insassen und Vermögen der Ordenshäuser verfügbar. Im Jahre 1790 wurden durch die Behörden der Revolution erneut sehr ausführliche Zahlen als Vorbereitung ihrer Zerstörungsarbeit zusammengestellt. So bieten vergleichbare Statistiken für die Jahre 1768-1790 eine Basis zum Beurteilen von La Trappe im Verhältnis zu anderen Abteien. Ausser Prioraten und Kollegien gab es zu der Zeit 252 Zisterzienser-Häuser, von denen nur fünfunddreißig durch reguläre Äbte geleitet wurden. 1768 war La Trappe nach dem Jahresertrag (17.000 Livres) auf der 29. Position, verglichen mit den 79.000 von Clairvaux und den 70.000 von Citeaux. Drei Abteien hatten Einkommen zwischen 34.000 und 41.000 und vierzehn zwischen 20.000 und 30.000, so dass La Trappe damit keinesfalls wohlhabend war. Dennoch stand es 1768, 1770 und 1790 an der Spitze, was die Zahl der Bewohner anging, gefolgt von Citeaux, Clairvaux und Morimond im Jahre 1768 und 1770, wo Septfons Morimond lange vor 1790 überholte. Zwischen 1770 und 1790 wurden einige kleinere Häuser

and some Orders suppressed, perhaps accounting in part for redistribution of their religious, but the figures for choir monks in 1790 are plain: la Trappe sixty-three, Citeaux forty-four (including twenty-eight monks from other houses living there), Septfons thirty-one, Clairvaux twenty. A peculiarity of this last census is the quite disproportionate number of conversi at la Trappe (forty) and Septfons (thirty-nine) out of a French total of one hundred seventy. The nearest comparable figure is for Orval (though not in France) which in 1757 had forty-nine choir monks and twenty-eight conversi. Septfons, incidentally, was even less rich than la Trappe, with an annual revenue of 10,000 livres in 1768. The final total at la Trappe in 1790 is, at one-hundred-three religious, half as much again as that of the next most populous house, Septfons, with seventy, and nearly double that of Citeaux, with fifty-five.

Further research is needed to discover when and why Rancé's policy of restricting numbers of conversi was changed, but the conclusion from all the available statistics is beyond dispute: without anything like a proportionate share of wealth la Trappe remained from Rancé's death in 1700 until the exodus in 1791 a large community, and from 1768 onwards actually the largest Cistercian house in France. Size, of course, proves nothing about quality, but such a consistently high population does certainly prove that la Trappe's drawing-power remained at a very high level. At a time when the average population of Cistercian houses was seven or eight, it can be no coincidence that the two houses best known for austerity, la Trappe and Septfons, were many times fuller and not rivalled by even the vastly richer Citeaux and Clairvaux.

geschlossen und einige Orden unterdrückt, was vielleicht teilweise zur Verteilung ihrer Ordensleute führte, aber die Zahlen der Chormönche 1790 sind klar: La Trappe dreiundsechzig, Citeaux vierundvierzig (einschließlich achtundzwanzig Mönche von anderen Häusern), Septfons einunddreissig, Clairvaux zwanzig. Eine Eigenheit dieser letzten Zählung ist die unverhältnismäßig hohe Zahl von Konversbrüdern in La Trappe (vierzig) und Septfons (neununddreißig) von der französischen Gesamtzahl von hundertsiebzig. Die nächstvergleichbare Zahl gibt es für Orval (zwar nicht in Frankreich) das 1757 neunundvierzig Chormönche und achtundzwanzig Konversbrüder hatte. Septfons war übrigens weniger reich als La Trappe, es hatte 1768 einen Jahresertrag von 10.000 Livres. Die Gesamtzahl in La Trappe 1790 ist mit einhundertdrei Mönchen, anderthalb so hoch wie mit siebzig im nächst bewohnerstärksten Haus Septfons, und fast doppelt so hoch wie in Citeaux mit fünfundfünfzig.

Um herauszufinden, wann und warum Rancés Begrenzungspolitik bei der Zahl von Konversbrüdern sich änderte, ist weitere Forschung erforderlich, aber folgender Schluss aufgrund aller verfügbaren Statistiken ist unbestreitbar: auch ohne proportional am Reichtum teilzuhaben, blieb La Trappe von Rancés Tod 1700 bis zum Exodus 1791 eine große Gemeinschaft und war ab 1768 tatsächlich das größte Zisterzienserhaus in Frankreich. Größe sagt selbstverständlich nichts über Qualität, aber solch eine beständig hohe Belegung beweist klar, dass La Trappes Anziehungskraft auf sehr hohen Niveau blieb. Zu einer Zeit als in Zisterzienserhäusern im Mittel sieben oder acht Mönche oder Nonnen waren, kann es kein Zufall sein, dass die für Strenge bekanntesten zwei Häuser, La Trappe und Septfons vielfach stärker belegt waren und dem nicht mal die wesentlich begüterteren Citeaux und Clairvaux

Far from discouraging recruitment the austerity quite clearly attracted candidates throughout the period.

The only available statistic relevant to austerity is that of mortality, and there again more work needs to be done to evaluate the raw data. In just fourteen years after Rancé's death a further hundred monks died, and although this number includes a few veterans, like dom Le Nain with more than forty years service, the great majority died within five years or less of arriving. The most chilling entry of all in the obituary list is that for 18 October 1710. On that day, between six and nine o'clock in the morning, three monks died, two of whom had been professed in 1708 and one in 1707. This strongly suggests the persistence of endemic infection, but it also seems highly probable that the debilitating regime of austerity remained unchanged. Indeed, such few documents as are at present available do not suggest that the rules laid down by Rancé were ever modified.

The continuing rate of mortality was part of the somewhat approximate mythology of la Trappe, but obviously did not deter postulants. Contributions of a literary nature to this mythology included a sentimental novel by Madame de Tencin, *Memoires du comte de Comminge,* published in 1735, several times reedited and translated, and the verse drama drawn from it in 1764 by Baculard d'Arnaud, *Les amans malheureux ou le comte de Comminge.*

gleichkamen. Weit davon abzuschrecken, zog die Strenge in dieser Zeit ganz offensichtlich Kandidaten an.

Die einzige zur Strenge relevante verfügbare Statistik, ist die über die Sterblichkeit und auch dort wieder ist noch viel Arbeit zu tun, um die Rohdaten auszuwerten. In gerade einmal vierzehn Jahren nach Rancés Tod starben weitere hundert Mönche, und obgleich diese Zahl einige Veteranen umfasst, wie dom Le Nain mit mehr als vierzig Dienstjahren, starb die große Mehrheit innerhalb fünf Jahren oder weniger nach ihrem Eintritt. Der Eintrag für den 18. Oktober 1710 in der Todesliste macht besonders schaudern. An diesem Tag starben zwischen sechs und neun Uhr morgens, drei Mönche, zwei von ihnen hatten 1708 und einer 1707 das Gelübde abgelegt. Dies deutet nachdrücklich auf andauernde infektuöse Endemie hin, aber es zeigt auch sehr wahrscheinlich, dass das schwächende Enthaltsamkeits-Regime unverändert blieb. Tatsächlich deuten die wenigen gegenwärtig verfügbaren Dokumente nicht darauf hin, dass die durch Rancé festgelegten Regeln jemals geändert wurden.

Die andauernde Sterblichkeitsrate war Teil der etwas unklaren Mythologie von La Trappe, aber offensichtlich hielt sie niemand ab, sich zu bewerben. Zu den Beiträgen literarischer Natur zu dieser Mythologie zählte ein sentimentaler Roman von Madame de Tencin, *„Erinnerungen des Grafen de Comminge"*, veröffentlicht 1735, mehrmals aufgelegt und übersetzt, und das 1764 davon abgeleitete Versdrama von Baculard-d'Arnaud, *„Die unglücklichen Liebhaber oder der Graf von Comminge"*. Die unglücklichen Liebhaber schliessen sich jeder für sich der Gemeinschaft von La Trappe an, aber erst bei ihrem Tod wird die Heldin als Frau unter dem verkleidenden Habit identifiziert.

The unfortunate lovers of the title each separately joins the community of la Trappe, but it is only at her death that the heroine is identified as a woman beneath the disguising habit. The considerable popularity of both novel and play no doubt kept la Trappe in the public eye, but perhaps more to the point strongly suggests that the abbey was already so well-known that the public knew what to expect when it was mentioned.

Another illustration of the proverbial austerity of la Trappe comes in a chance remark by that fervent opponent of monastic life, Denis Diderot, author of the scurrilous novel La Religieuse (The Nun). In his satirical dialogue composed in the 1760's but published more than half a century later, Le Neveu de Rameau, Diderot says of the nephew that he is always changing, so that at times he looks as lean and haggard as if he had just come from la Trappe, and at other times as sleek and well-fed as if he had been shut up in a Bernardine (that is, Cistercian) monastery. The absolute distinction implied between la Trappe and the rest of the Order (or at least the Common Observance) was most probably taken for granted by the general public, and coming from the irreligious Diderot is doubly interesting as a confirmation that as an Order Cistercians were associated with a life of ease, while la Trappe was recognized as being unique in its austerity.

It is possible to fill in some of the facts behind this legend. General Chapters met infrequently in the eighteenth century, and following that of 1699 the next was in 1738. At this chapter and at those held from 1765-1786 la Trappe was represented by its abbot for the first time since 1667, and he took his turn in the various tasks allotted. As had been the case under Rancé's rule, canonical visitations were regularly carried out on behalf of the Order,

Die beträchtliche Popularität des Romans und des Stückes hielten zweifellos La Trappe im öffentlichen Bewusstsein, legt aber vielleicht treffender nahe, dass die Abtei bereits so weithin bekannt war, dass die Öffentlichkeit wusste, was bei ihrer Erwähnung zu erwarten war.

Eine andere Illustration der sprichwörtlichen Strenge von La Trappe begegnet uns in einer Nebenbemerkung durch Denis Diderot, den glühenden Gegner des Ordenslebens, Autor der skurrilen Novelle „Die Nonne". In seinem satirischen Dialog „Der Neffe von Rameau", verfasst in den 1760-ern, aber erst über ein halbes Jahrhundert später veröffentlicht, sagt Diderot von dem Neffen, dass sein Aussehen ständig wechselt, so dass er manchmal so mager und abgespannt ausschaue, als käme er gerade von La Trappe, und zu anderen Zeiten so glatt und wohlgenährt, als sei er in einem Bernhardiner (das heißt Zisterzienser) Kloster eingeschlossen gewesen. Die absolute Unterscheidung, angedeutet zwischen La Trappe und dem Rest der Orden (oder wenigstens der allgemeinen Observanz) wurde wohl von der Öffentlichkeit als gegeben angesehen, und dass sie vom irreligösen Diderot kommt, ist als Bestätigung doppelt interessant, weil sie bestätigt, dass der Zisterzienser Orden mit einem Leben in Leichtigkeit assoziiert wird, während La Trappe als einzigartig in seiner Strenge bekannt war.

Man kann einige Fakten zu dieser Legende anführen. Generalkapitel waren im 18. Jahrhundert selten, und nach dem von 1699 kam das nächste erst im Jahre 1738. Bei diesem Kapitel und denen von 1765-1786 wurde La Trappe von seinem Abt zum ersten Mal seit 1667 vertreten, und er übernahm das Seine in den verschiedenen zugeteilten Aufgaben. Wie unter Rancés Leitung wurden kanonische Visitationen regelmäßig im Namen der Orden

and from the juridical point of view la Trappe neither claimed nor enjoyed any independence. Rancé's regulations, however, remained in force, and no attempt was made to change them, either by the authorities of the Order or by the monks of la Trappe. By seeing to the succession while he was still alive, and securing royal approval for three successive nominees, Rancé had made sure that his abbey would not fall back into commend, probably the only case of its kind in the Order. Since the continued observance of his regulations had been made a condition of this privilege (by Rancé himself), it was very much in the interest of abbot and monks to preserve the status quo. Perhaps only at Septfons, which had never been in commend, did the spirit of a reformer live on so strongly after his death.

There is an interesting piece of evidence to support the belief that la Trappe stayed faithful to Rancé in all essentials. Dom Jacques de La Cour, last of the abbots nominated by Rancé, took office in 1698 in succession to Gervaise but had not been Rancé's first choice and was at first opposed by one or two supporters of Gervaise. Despite this rather inauspicious beginning he seems to have asserted his authority and ruled with apparent success for some years. At some time before 1712 he gave permission for the industrial exploitation of iron deposits near la Trappe, something which Rancé had always refused, and by 1712 the abbey was in serious financial difficulties as a result of this expensive industrial involvement. Forests had had to be cut down for fuel, and water courses diverted for power. At this stage dom Le Nain wrote to the visitor, the Abbot of Prieres, among others, complaining that he, sub-prior for many years and by far the

durchgeführt, und vom rechtlichen Gesichtspunkt verlangte oder genoß La Trappe keinerlei Unabhängigkeit. Rancés Regelungen blieben jedoch in Kraft, und es gab keinen Versuch, sie zu ändern, weder von den Oberen des Ordens noch von den Mönchen von La Trappe. Indem er zu Lebzeiten auf die Nachfolge achtete und die Zustimmung des Königs für drei aufeinander folgende Kandidaten sicherte, hatte Rancé sichergestellt, dass seine Abtei nicht zurück in die Kommende fiel, wohl der einzige Fall dieser Art im ganzen Orden. Da die ununterbrochene Einhaltung seiner Regel zur Bedingung für dieses Privileg (durch Rancé selbst) gemacht worden war, lag es sehr im Interesse des Abts und Mönche, um den status.quo zu erhalten. Vielleicht lebte nur in Septfons, das nie in Kommende war der Geist eines Reformers so stark nach seinem Tod weiter.

Es gibt einen interessanten Beweis für den Glauben, dass La Trappe in allem Wesentlichen Rancé treu blieb. Dom Jacques de La Cour, der letzte von Rancé ernannte Abt, trat sein Amt als Nachfolger von Gervaise 1698 an, war aber nicht Rancés erste Wahl gewesen und erfuhr zunächst die Gegnerschaft von ein oder zwei Anhängern Gervaises. Trotz dieses ziemlich ungünstigen Anfanges scheint er seine Autorität gefestigt zu haben und regierte mit offensichtlichem Erfolg für einige Jahre. Irgendwann vor 1712 erlaubte er die industrielle Verwertung von Eisenerz nahe La Trappe, etwas, das Rancé immer abgelehnt hatte, und 1712 war dann die Abtei in ernsten finanziellen Schwierigkeiten infolge dieser teuren industriellen Beteiligung. Wälder mussten als Brennmaterial herhalten und die Wasserläufe mussten zur Energiegewinnung umgeleitet werden. In dieser Lage schrieb dom Le Nain dem Visitator Abt von Prieres. Unter anderem beschwerte er sich, dass er als langjähriger Subprior und bei weitem ältester Mönch nicht beachtet worden

senior religious, had been ignored, that as a result of the unsuccessful business venture the abbot had no time to see to the spiritual guidance of his monks, and that in general Rancé's legacy, material and spiritual, was being squandered. After resigning, and then withdrawing his resignation, allegedly by popular demand, dom Jacques resigned definitively in 1713, but did not die until 1720, after seeing dom Isidore Dannetiere (a former Canon Regular) elected in his place.

Professed in 1698, dom Isidore was the last of the abbots to have known Rancé at all. He put things right, and ruled as abbot until his death in 1727. The fact that things had got bad enough to make the usually timid dom Le Nain complain seems to indicate that the situation was soon fully restored, and remained satisfactory thereafter.

It was dom Jacques also who finally consented to another project which Rancé had managed to defer, namely the foundation of Buonsolazzo, La Trappe's only colony. Rancé first met the reigning Grand Duke of Tuscany in 1664 on his way to the mission in Rome, and kept up the contact. The Grand Duke's successor, Cosmo III, married Mme de Guise's sister, and she was a regular visitor to la Trappe. For a long time the Grand Duke had wanted a foundation made in his territory, and finally in 1705 dom Jacques acceded to his request. A dozen monks were sent to an empty monastery at Buonsolazzo, near Florence, under dom Malachie Garneyrin as abbot, the Savoyard who had been Rancé's first choice when dom Jacques was appointed. Despite every effort the community did not prosper, remaining half French and failing to attract Italian recruits of suitable quality.

war, dass der Abt wegen des erfolglosen Unternehmens keine Zeit für die geistliche Führung seiner Mönche hatte und dass das materielle und spirituelle Vermächtnis Rancés verschwendet würden. Nach einem Rücktritt, dessen Widerruf, angeblich auf allgemeine Bitten trat dom Jacques dann 1713 endgültig zurück, starb aber erst 1720, nachdem er dom Isidore Dannetiere (ein früherer Regularkanoniker) an seiner Stelle gewählt sah.

Dom Isidore hatte 1698 die Gelübde abgelegt und war der letzte Abt, der Rancé überhaupt noch gekannt hatte. Er brachte die Dinge ins Lot und regierte als Abt bis zu seinem Tod 1727. Die Tatsache, dass die Dinge so schlecht gelaufen waren, dass sogar der sonst furchtsame dom Le Nain sich beschwerte, scheint zu zeigen, dass die Lage bald völlig wiederhergestellt war und danach zufriedenstellend blieb.

Dom Jacques hatte auch schließlich zu einem anderen Projekt ja geagt, das Rancé aufzuschieben gewusst hatte, nämlich die Gründung von Buonsolazzo, La Trappes einziger Filiale. Rancé hatte den regierenden Großherzog der Toskana zuerst 1664 auf seiner Reise als Entsandter nach Rom getroffen und hielt den Kontakt aufrecht. Der Nachfolger des Großherzogs, Cosmo III., heiratete die Schwester von Frau de Guise und sie war eine regelmäßige Besucherin in La Trappe. Lange Zeit hatte der Großherzog eine Gründung in seinem Gebiet gewünscht, und 1705 schließlich gab dom Jacques seinem Verlangen nach. Ein dutzend Mönche wurden unter dom Malachie Garneyrin als Abt, in ein leeres Kloster bei Buonsolazzo, nahe Florenz gesandt. Er war der Savoyer, die erste Wahl Rancés, als aber dom Jacques ernannt wurde. Trotz aller Bemühungen gedieh die Gemeinschaft nicht, blieb halb Französisch und zog keine italienischen Novizen von passender Qualität an.

In 1723 the surviving French monks returned to la Trappe and formal links came to an end. Dom Jacques cannot be blamed either for taking the risk of sending monks to Italy, since unlike Rancé he was not in a position to resist royal pressure, or for the failure of the foundation, due to local conditions and the perennial difficulty of transplanting a community and its spirit to an alien land, but he seems to have been too keen to expand rather than consolidate.

Five more abbots came between dom Isidore and dom Pierre Olivier, last abbot of la Trappe under the Ancien Regime, and except for one tenure of only seven years, ruled for between twelve and nineteen years, thus affording reasonable stability and continuity. To judge from the statistics quoted earlier, the community settled down in numbers and spiritual prosperity with no further crises. None of these abbots has left much mark on history, but it is hardly credible that they were anything but good monks and wise superiors in view of the state of the community up to the time of its expulsion.

Meanwhile Rancé's death had by no means erased his memory. As we noted in an earlier chapter, the biographies by Maupeou and Marsollier were followed by the two rather different versions of dom Le Nain's work published in 1715 and 1719, held up until after his death in 1713 by concern about possible Jansenist implications. In 1745 Gervaise managed to have the last word by publishing his Jugement critique of his three predecessors, but died in 1751 with his own biography of Rancé still in manuscript form.

1723 kehrten die überlebenden französischen Mönche nach La Trappe zurück und die formelle Beziehung fand ihr Ende. Dom Jacques kann man wegen des eingegangenen Risikos der Mönchentsendung nach Italien nicht tadeln, da er, anders als Rancé, er nicht in einer Position war, königlichem Druck zu widerstehen. Auch für die misslungene Gründung kann er nicht getadelt werden, die wegen der örtlichen Umstände und der immer gegebenen Schwierigkeit bei der Verpflanzung einer Gemeinschaft und ihres Geistes in ein fremdes Land gegeben ist, aber er scheint zu mutig gewesen zu sein, als er erweitern wollte statt zu festigen.

Fünf weitere Äbte kamen zwischen dom Isidore und dom Pierre Olivier, dem letzten Abt von La Trappe unter dem Ancien-Regime und außer einer Amtszeit von nur sieben Jahren, regierten sie zwischen zwölf und neunzehn Jahren und schufen damit eine angemessene Stabilität und Kontinuität. Nach den früher zitierten Statistiken zu urteilen, hielt sich die Gemeinschaft bei verminderten Zahlen und geistlichem Fortschritt ohne weitere Krisen. Keiner dieser Äbte hat geschichtliche Bedeutung erlangt, aber man muss annehmen, dass sie gute Mönche und kluge Obere waren, wenn man den Zustand der Gemeinschaft bis zur Vertreibung betrachtet.

Unterdessen hatte Rancés Tod keinesfalls sein Andenken ausgelöscht. Wie in einem früheren Kapitel bemerkt, folgten den Biografien von Maupeou und Marsollier zwei sehr verschiedene Versionen der Arbeit von dom Le Nain im Jahre 1715 und 1719, die bis nach seinem Tod 1713 zurückgehalten wurden, um mögliche Verwicklungen mit den Jansenisten zu vermeiden. 1745 sicherte sich Gervaise das letzte Wort, indem er die „Kritische Beurteilung" seiner drei Vorgänger veröffentlichte, aber 1751 starb, als seine eigene Biografie von Rancé erst als Manuskript vorlag.

The last chapter of direct recollection was closed in 1755 with the death of the duc de Saint-Simon, a faithful benefactor of la Trappe who had known Rancé well and as a young man submitted the first draft of the famous Memoirs for his approval. Symbolically, but fortuitously, the same year, 1755, saw the publication of the definitive edition in five volumes of the *Relations,* including a very long one on Rancé himself and nearly sixty religious, a number of whom died after Rancé. This, the fullest, was also the last collection (reedited in 1758) and if later *relations* were composed they were never published. These volumes constitute a double memorial to Rancé, containing as they do so many Relations composed by him as well as the account of his own death.

Fidelity to Rancé - 'our holy reformer' as he is habitually called - was thus accompanied in the first half of the eighteenth century by periodic tangible reminders of his life and work. The rather excessive publicity which followed immediately after his death, together with canonization plans, died down quietly and gradually, but the reality of his work lived on at la Trappe, where in death, as in life, his spirit animated the community. It is fair to add that the survival of la Trappe and its peculiar way of life owed little or nothing to the Cistercian Order as such, even if relations between la Trappe and higher authority were always correct and somewhat closer than in Rancé's lifetime. It seems that the converse was also true; the high regard in which la Trappe was held did not extend to the Cistercians in general, and was indeed often enjoyed at the expense of the rest of the Order.

Das letzte Kapitel direkter Erinnerung wurde 1755 mit dem Tod des Herzogs de Saint-Simon abgeschlossen, der ein zuverlässiger Wohltäter von La Trappe war, Rancé gut gekannt hatte und ihm als junger Mann den ersten Entwurf der berühmten Memoiren zur Zustimmung sandte. Symbolisch, aber zufällig, sah das selbe Jahr 1755 die Veröffentlichung der endgültigen Ausgabe der *„Relations"* in fünf Bänden, die ausser einer sehr langen zu Rancé fast sechzig zu Brüdern umfasste, von denen einige nach Rancé starben. Diese, die vollständigste, Sammlung war auch die letzte (neu herausgegeben 1758) und wenn neuere *„Relations"* verfasst worden sein sollten, so wurden sie nie veröffentlicht. Diese Bände setzen Rancé ein zweifaches Denkmal, weil sie so viele von ihm selbst verfasste „Relationen" enthalten, wie auch die über seinen eigenen Tod.

Treue zu Rancé - 'unserem heiligen Reformator' wie er gewöhnlich genannt wird - wurde in der ersten Hälfte des 18. Jahrhunderts folglich begleitet von wiederkehrenden greifbaren Erinnerungen an sein Leben und seine Arbeit. Die ziemlich übertriebene Öffentlichkeit, die gleich nach seinem Tod zusammen mit Kanonisierungsplänen folgte, erstarb ruhig und schrittweise, aber die Wirklichkeit seiner Arbeit lebte in La Trappe fort, wo sein Geist im Tod wie im Leben die Gemeinschaft belebte. Man darf hinzufügen, dass der Weiterbestand von La Trappe und der ihm eigenen Lebensweise dem Zisterzienserorden als solchem wenig oder nichts schuldeten, auch wenn das Verhältnis zwischen La Trappe und den höheren Oberen immer korrekt und ein wenig enger war als zu Rancés Lebenszeit. Es scheint, dass das Gegenteil auch zutrifft; die Hochachtung, die La Trappe genoss, wurde nicht auf die Zisterzienser im Allgemeinen bezogen. Manchmal ging sie sogar auf Kosten des restlichen Ordens.

If the story had ended in 1790 it would still redound very much to the credit of Rancé and la Trappe. Few, if any, Cistercian monasteries were equally flourishing, and on any overall assessment La Trappe must have ranked with such houses as the Grande Chartreuse or the larger Maurist houses as a living witness to monastic excellence. Rancé had succeeded in transmitting the spiritual resources built up in his lifetime to his successors nearly a century later. The story, however, did not end there. It is what happened next that affected monks and nuns still living now and makes it difficult, if not impossible, to resist the temptation of reading history backwards.

By the end of 1790 the last-minute pleas on behalf of one or two abbeys, notably la Trappe and Septfons, had been rejected by the leaders of the French Revolution, and all the signs were that religious life in France was going to be extinguished forever. Religious of all Orders were confronted with the choice of either returning to civil life as best they could or holding out, in which case they were certain to be imprisoned and deported to a penal colony if they were not killed. Individuals fled abroad if they could, but as the French armies swept inexorably through Europe one refuge after another was invaded and destroyed. In this crisis, comparable to that faced by English religious under Henry VIII, but more extensive in geographical area and more concentrated in time, the only community of any Order, one out of literally hundreds of monasteries, to take a positive step as a community was that of la Trappe.

Hätte die Geschichte 1790 geendet, hätte es immer noch sehr zum Ansehen von Rancé und La Trappe gereicht. Nur wenige Zisterzienserklöster, wenn überhaupt, blühten ähnlich. Und bei jeder denkbaren Gesamtbewertung muss La Trappe mit Häusern verglichen werden wie der Grande Chartreuse oder den größeren Mauristenhäusern als lebendigem Beweis herausragenden Ordenslebens. Rancé hatte erreicht, dass die zu seinen Lebzeiten aufgebauten geistlichen Kräfte seinen Nachfolgern fast ein Jahrhundert lang weitergegeben wurden. Die Geschichte endete jedoch nicht hier. Was danach geschah, betrifft Mönche und Nonnen bis heute und es ist schwierig, wenn nicht unmöglich, der Versuchung zu widerstehen, Geschichte rückwärts zu lesen.

Bis Ende 1790 waren die letzten Ersuche zugunsten einer oder zwei Abteien, vornehmlich La Trappe und Septfons, von den Führern der Französischen Revolution zurückgewiesen worden, und alle Zeichen wiesen darauf, dass das Ordensleben in Frankreich für immer ausgelöscht würde. Mitglieder aller Orden mussten sich entscheiden, soweit möglich in zivile Berufe zurückzukehren oder auszuhalten, was unweigerlich bedeutete, ins Gefängnis gesperrt oder eine Strafkolonie verbannt zu werden, wenn man nicht getötet wurde. Einzelne flohen wenn möglich ins Ausland, aber als die französischen Armeen unerbittlich durch Europa fegten, wurde eine Zuflucht nach der anderen besetzt und zerstört. In dieser Krise, die mit der der englischem Orden unter Heinrich VIII. vergleichbar ist, aber geographisch viel ausgedehnter und zeitlich konzentrierter, war die einzige Gemeinschaft aus allen Orden, eine von Hunderten von Klöstern, die einen positiven Schritt als Gemeinschaft zu tun in der Lage war, die von La Trappe.

The abbot, Pierre Olivier, died in February 1790 and a natural leader revealed himself in dom Augustin de Lestrange, the novice-master, then in his mid-thirties, who had been at la Trappe since 1780. With permission from the Abbot of Clairvaux, the immediate superior, and the Bishop of Seez, the diocesan, he led a first party of twenty-one to Val-Sainte, a former Charterhouse in the canton of Fribourg, Switzerland. There the cantonal authorities were willing to offer refuge to a maximum of twenty-four monks. They left in April 1791, and a few more were able to follow when some of the original band moved on. Under dom Augustin's leadership monastic life continued with regular offices each day, though the lack of food and shelter imposed hardships far exceeding anything laid down by Rancé or perhaps even imagined in popular Trappist mythology to date. Three years later it had become clear that the flow of postulants was not going to dry up in the exceptional circumstances of the time, and papal authority was given for the election in due form of an abbot, who was, of course, dom Augustin. The terms of the papal document express the realities of the situation; Val-Sainte was made an abbey 'of the Order of Citeaux and the Congregation of la Trappe.' From that moment 'Trappist' became the name by which Cistercians of the dispersion were more and more widely known.

Reference to a 'Congregation' was made necessary by dom Augustin's tireless dispatch of small groups of monks to different countries in which it appeared that monastic life might be possible. Thus by 1794 colonies of Trappists existed at Westmalle, near Antwerp, in Belgium (moved to Darfeld in Westphalia, Germany, in 1795) and at Lulworth, Dorset, England.

Der Abt, Pierre Olivier, starb im Februar 1790 und als natürlicher Leiter erstand dom Augustin de Lestrange, der Novizenmeister, damals Mitte Dreissig, der seit 1780 in La Trappe war. Mit Erlaubnis des Abts von Clairvaux, des unmittelbaren Oberen und des Diözesanbischofs von Seez, führte er eine erste Gruppe von einundzwanzig Brüdern nach Val-Sainte, einem ehemaligen Stiftshaus im Schweizer Kanton Freiburg. Dort waren die Kantonsbehörden bereit, maximal 24 Mönchen Schutz zu bieten. Man brach im April 1791 auf und einige weitere konnten folgen, als aus der ursprünglichen Gruppe einige weitergingen. Unter dom Augustins Leitung ging das Ordensleben weiter mit regelmäßigen täglichen Offizien, obgleich Mangel an Lebensmitteln und Unterkunft Härten brachten, die alles weit überstiegen, was Rancé niedergelegt hatte oder was man sich wohl bis heute in populären Trappistengeschichten vorstellt. Drei Jahre später wurde klar, dass der Zustrom von Postulanten unter den außergewöhnlichen Umständen der Zeit nicht austrocknete und die päpstliche Erlaubnis zur formgerechten Wahl eines Abts wurde erteilt, die selbstverständlich auf dom Augustin fiel. Die Formulierung des päpstlichen Dokuments drückt die Realitäten der Lage aus; Val-Sainte wurde eine Abtei 'des Ordens von Citeaux und der Kongregation von La Trappe.' Von diesem Moment an wurde 'Trappist' der Name, durch den die Zisterzienser in der Diaspora mehr und mehr bekannt wurden.

Der Bezug auf eine 'Kongregation' wurde notwendig wegen dom Augustins unermüdlichen Aussendungen kleiner Gruppen Mönche in verschiedene Länder, wo es schien, dass dort Ordensleben vielleicht möglich wäre. So existierten bis 1794 Trappisten Kolonien bei Westmalle, nahe Antwerpen, Belgien (1795 verlegt nach Darfeld in Westfalen (Deutschland) und bei Lulworth, Dorset, England. Nach angemessener Zeit waren einige der Kolonien

In due course some of the colonies became stable enough to be made into abbeys, but all were founded by and most remained subject to dom Augustin. Despite the constant moves imposed by the onward march of French armies bringing with them the ban on monastic life to almost every country in Europe, dom Augustin continued to attract recruits, many of them refugees from other Orders, and to organise innumerable projects in Europe and even in North America for saving what the Revolution ruthlessly sought to destroy. Nuns too flocked to Switzerland, and dom Augustin accepted responsibility for refugee children who had to be educated, and who with their teachers became a 'Third Order.'

His most astonishing feat began in 1798 when, driven at last from their Swiss refuge by a French army, the whole group of some two hundred fifty men, women, and children set out on a trek, which was to take them through Austria and Poland into Russia, whence they managed to return, battered but undaunted, in 1800. A brief peace on the religious front allowed resettlement of Val-Sainte and other monasteries, but in 1809 the break between Napoleon and the Pope sent dom Augustin on his travels again, this time to America. But for Napoleon's final defeat it seems certain that Cistercian life would have been revived principally in America, but as it was dom Augustin was able to return to France. In December 1815 he led his community back to la Trappe, to ruins and desolation, but still home. It was the only community in the whole of France, of any Order, to survive in unbroken continuity.

stabil genug, um zu Abteien gewandelt zu werden, aber alle wurden gegründet und die meisten blieben abhängig von dom Augustin. Trotz der ständigen Bewegungen, die durch den Vormarsch der französischen Armeen erzwungen wurden, die in fast jedem Land Europas das klösterliche Leben verbannten, zog dom Augustin Novizen an, viele davon Flüchtlinge aus anderen Orden. Auch organisierte er unzählige Projekte in Europa und sogar in Nordamerika, um zu retten, was die Revolution rücksichtslos zu zerstören suchte. Auch Nonnen scharten sich in der Schweiz dazu und dom Augustin übernahm Verantwortung für Flüchtlingskinder, die unterrichtet werden mussten und mit ihren Lehrern einen 'dritten Orden' bildeten.

Sein erstaunlichstes Meisterstück begann 1798, als schließlich die ganze Gruppe von ca. zweihundertfünfzig Männern, Frauen, und Kindern, durch eine französische Armee aus ihrer Schweizer Zuflucht vertrieben, zu einem Treck durch Österreich und Polen bis nach Russland aufbrachen, von wo sie im Jahre 1800 dann zerschlagen, aber unerschrocken zurückkehrten. Ein kurzer Frieden an der religiösen Front erlaubte die Wiederbesiedlung von Val-Sainte und anderen Klöstern, aber 1809 sandte der Bruch zwischen Napoleon und dem Papst dom Augustin wieder auf Reisen, dieses Mal nach Amerika. Wäre es nur auf Napoleons abschließende Niederlage angekommen, so scheint es sicher, dass Zisterzienserleben hauptsächlich in Amerika wieder belebt worden wäre, aber tatsächlich konnte dom Augustin nach Frankreich zurück. Im Dezember 1815 führte er seine Gemeinschaft zurück zu La Trappe, zu Ruinen und Verwüstung, aber noch Hause. **Es war die einzige Gemeinschaft von allen Orden im ganzen Frankreich, die in unversehrter Kontinuität überlebt hat.**

Already in February of 1815 a colony from Darfeld (which had in 1808 been made an independent abbey under dom Eugene de Laprade, in 1789 a novice at la Trappe) occupied Port-du-Salut, near Mayenne, in Western France, and in 1816 this too became an abbey in its own right. As one abbey after another was set up in France, Germany, Belgium, Canada (1825), Ireland (1832), England (1835) and America (1848) the seeds sown almost at random by dom Augustin fructified beyond anything that could have seemed feasible in the dark days of exile and flight. The nuns too flourished again, with Stapehill, not far from Lulworth, England, founded as early as 1802 and still thriving.

A substantial book has been written on the full details of the la monastic odyssey[25], and makes fascinating reading, but it is with the implications of dom Augustin's initiative that we are here concerned. The leading historian of the Order, Father Louis F. Lekai of the Common Observance, seems to have missed the point completely when he writes: 'Strangely enough, the unprecedented asceticism at Val-Sainte failed to deter vocations.[26] The exceptional rule was formulated by dom Augustin but imposed by material necessity in a situation of desperate poverty. That they made a virtue of necessity

[25] L'Odyssee monastique, by an anonymous religious (la Trappe, 1898). Recent scholars of the Order have queried many details, but not the broad lines of this record. It is fair to add that many individual religious, and small groups from particular houses, notably SeptFons, behaved with conspicuous heroism, though without such visible institutional consequences as the followers of dom Augustin. Research currently being conducted at la Trappe by P. Gerard Guerout shows that more than fifty members of the community of one hundred three remained faithful to the religious life until their death, an unequalled record.

[26] In The Cistercians - Ideals and Reality (Kent, Ohio: Kent State University Press, 1977), p. 181.

Bereits im Februar 1815 besetzte eine Kolonie von Darfeld (die 1808 als unabhängige Abtei unter dom Eugene de Laprade errichtet worden war, der 1789 als Novize nach La Trappe kam) Port-du-Salut nahe Mayenne in West-Frankreich und 1816 wurde auch diese eine Abtei aus eigenem Recht. Da nun eine Abtei nach der anderen in Frankreich, Deutschland, Belgien, Kanada (1825), Irland (1832), England (1835) und Amerika (1848) gegründet wurde trugen die Samen, die fast ziellos durch dom Augustin gesät waren, eine Frucht, die alles überstieg, was in den düsteren Tagen von Exil und Flucht möglich geschienen hatte. Auch die Nonnengemeinschaft blühte mit Stapehill wieder auf, das unweit von Lulworth in England bereits 1802 gegründet wurde und noch heute gedeiht.

Ein wesentliches Buch über die gesamten Einzelheiten der Ordens-Odyssee[27] wurde geschrieben und ist eine faszinierende Lektüre, aber wir befassen uns hier Auswirkungen der Initiative von dom Augustin. Der führende Historiker der Orden, Pater Louis F. Lekai von der allgemeinen Observanz, scheint den Punkt völlig verfehlt zu haben, wenn er schreibt: 'Merkwürdigerweise konnte die beispiellose Askese von Val-Sainte Berufungen nicht abschrecken.[28]. Die außergewöhnliche Regel war durch dom Augustin formuliert, aber erzwungen durch materielle Not in einer Situation hoffnungsloser Armut. Dass sie aus der Not eine Tugend machten,

[27] Die Odyssee der Mönche, von einem anonymen Mönch (La Trappe, 1898). Neue Ordensgelehrte haben viele Details hinterfragt, aber nicht die große Linie dieser Aufzeichnung. Man muss hinzuzufügen, dass viele einzelnen Ordensleute und kleine Gruppen aus bestimmten Häusern, vornehmlich SeptFons, auffallend heldenhaft waren, wenn auch ohne solch sichtbare Folgen der Institution wie die Nachfolger dom Augustins. Die Forschung, die z.Z. in La Trappe durch P. Gerard Guerout geleitet wird, zeigt, dass mehr als 50 von 103 Mitgliedern der Gemeinschaft ihrem Gelübde bis zum Tod treu blieben, ein Rekord ohne Parallele.

[28] In Die Zisterzienser - Ideale und Wirklichkeit (Kent, Ohio: Kent State University Press, 1977), P. 181

by offering their hardships to God and praying fervently and long for strength to continue their heroic witness is entirely natural at a moment when it seemed that the light of monasticism in Europe was about to be snuffed out forever. As for the vocations, in time of war there is never a shortage of volunteers for the hardest tasks, and the armies which ravaged Europe materially were dedicated to spiritual destruction as well. No one joined dom Augustin for an easy life, any more than they had joined Rancé, but the stake from 1791-1815 was the survival of monasticism, not the life or death of individuals. In their tenacious defense of a way of life and divine service more than a thousand years old, dom Augustin and his followers showed a heroism, but also a faith, to which few in any generation are called; it was not the first time, and will certainly not be the last, that a multitude has relied on a tiny band of men and women to save them and what they hold dear from extermination.

Under normal circumstances twenty-five years would have seen a turnover of much the greater number of the community of la Trappe, and those who returned to France in 1815 included only two or three of those who had been driven out in 1791. In their strength lay a real weakness. The rule evolved by dom Augustin to meet the emergency of the moment at Val-Sainte had had to serve much longer than anyone could have imagined, and it was natural that he should explain the survival of the Trappists, and then their amazing revival once peace came, as a result of his rule, which he was unwilling to modify. It is likely that experience of more normal conditions would eventually have led to some changes even without external pressure, but as it happened that pressure existed from an early date. Dom Eugene de Laprade had chosen at Darfeld to resume the rules laid down by Rancé under which he had

indem sie ihre Härten Gott anboten, lange und inbrünstig um die Kraft beteten, ihr heroisches Zeugnis fortzusetzen, ist völlig natürlich in einer Zeit, als es schien, dass das Licht des Klosterlebens in Europa im Begriff war, für immer ausgeblasen zu werden. Was die Berufungen anbetrifft, in Kriegszeiten ist nie Mangel an Freiwilligen für härteste Aufgaben, und die Armeen, die Europa materiell verwüsteten, waren auch der geistlichen Zerstörung gewidmet. Niemand kam zu dom Augustin wegen einfachen Lebens, ebenso wenig wie zu Rancé, aber auf dem Spiel von 1791-1815 stand die Rettung des Klosterlebens, nicht Leben oder Tod Einzelner. In ihrer hartnäckigen Verteidigung von über 1000jähriger Lebensweise und Gottesdienst zeigten dom Augustin und seine Nachfolger ein Heldentum und auch einen Glauben, zu dem in jeder Generation nur wenige berufen werden; es war nicht das erste Mal, und wird sicher nicht das letzte sein, dass eine große Menge sich auf eine kleine Schar Männer und Frauen stützt, um sich und was ihnen lieb ist, vor der Ausrottung zu retten.

Unter normalen Umständen hätte es in 25 Jahren eine viel größere Fluktuation als in La Trappe gegeben, und unter denen, die 1815 nach Frankreich zurückgingen, waren nur zwei oder drei der im Jahre 1791 verjagten Mönche. In ihrer Stärke lag eine echte Schwäche. Die durch dom Augustin entwickelte Regel für den akuten Notstand bei Val-Sainte, musste viel länger dienen, als irgendwer sich hatte vorstellen können. Es war klar, dass er das Überleben der Trappisten und dann auch die erstaunliche Wiederbelebung im Frieden als Erfolg seiner Regel erklären sollte, die er nicht ändern mochte. Wahrscheinlich hätte die Erfahrung in normaleren Umständen schließlich zu einigen Änderungen selbst ohne äusseren Druck geführt, aber dieser Druck kam nun schon sehr früh. Dom Eugene de Laprade hatte in Darfeld beschlossen, die

made his novitiate just before catastrophe struck, and had been authorized to do so when he was elected abbot and put under diocesan jurisdiction precisely to remove him from that of dom Augustin. It is true that conditions at Darfeld were never as appalling as at Val-Sainte, and dom Eugene was a less extreme character than dom Augustin, but apart from those contingent factors, Rancé's rule had repeatedly won papal approval, it had stood the test of time and there seemed to be no justification for departing from it except in emergency and for a limited time. Westmalle, Port-du-Salut, and other houses followed dom Eugene and Rancé, rather more followed dom Augustin. Yet again a quarrel of observances had broken out, though without the acrimony of the seventeenth century and, of course, with no one defending the Common Observance, effectively extinct in Western Europe, although surviving in Italy and Central Europe. All parties were Trappist, and to that extent united.

Dom Augustin died in 1827, on his way back from a visit to Rome, and had somewhat tarnished his reputation by disputes over jurisdiction (for many years monastic houses were under the diocesan, but Cistercian exemption was granted finally in 1892). His death did not put an end to the dispute, though his regulations were considerably modified. Three Trappist Congregations evolved: the Belgian houses formed an independent Congregation under Westmalle; Sept-Fons took over from Port-du-Salut as head of one French Congregation, while la Trappe remained the head of the others. Only in 1894 were new Constitutions adopted by all three Congregations, who had united the previous year as an

ursprüngliche Regel Rancés wieder einzuführen, unter der er Novize war, kurz bevor die Katastrophe eintrat. Er war dazu berechtigt, als er zum Abt gewählt wurde und unter die Diözesanjurisdiktion gestellt war, eben um ihn der des dom Augustin zu entziehen. Zwar waren die Bedingungen in Darfeld nie so entsetzlich wie in Val-Sainte und dom Eugene waren ein weniger extremer Charakter als dom Augustin, aber abgesehen von diesen abhängigen Faktoren, hatte Rancés Regel wiederholt päpstliche Zustimmung erhalten, hatte die Erprobung durch die Zeit bestanden und es schien ausgenommen im Notfall und für begrenzte Zeit kein Recht zu bestehen, von ihr abzuweichen. Westmalle, Port-du-Salut und andere Häuser folgten dom Eugene und Rancé, doch mehr folgten dom Augustin. So war wieder war ein Streit der Observanzen ausgebrochen wenn auch ohne die Schärfe des 17. Jahrhunderts und selbstverständlich ohne jemand der die allgemeine Observanz verteidigte, die in Westeuropa effektiv ausgestorben war, obgleich sie in Italien und Mitteleuropa überlebt. Alle Parteien waren Trappisten und insoweit einig.

Dom Augustin starb 1827 auf dem Rückweg eines Rombesuches und sein Ansehen war durch Debatten über die Jurisdiktion getrübt (jahrelang unterstanden Klöster dem Bischof, den Zisterziensern wurde die Unabhängigkeit schließlich 1892 gewährt). Sein Tod beendete nicht die Debatte, obwohl seine Regel deutlich geändert wurde. Drei Trappisten-Kongregationen entstanden daraus: die belgischen Häuser bildeten eine unabhängige Kongregation unter Westmalle; SeptFons übernahm den Vorsitz einer französischen Kongregation von Port-du-Salut, während La Trappe der Kopf aller anderen blieb. Erst 1894 wurden die neuen Konstitutionen von allen drei Kongregationen angenommen, die sich im Jahr zuvor als ein von der allgemeinen Observanz völlig unabhängiger

Order wholly independent of the Common Observance, whose successive Generals in Rome, Vienna, and elsewhere tried to the last to assert at least their nominal authority. These new Constitutions were firmly based on Rancé's regulations, and the fact that no one seriously challenged them except in details, and that more than two hundred years after he had composed them they were adopted by the Trappist Order, now worldwide, is sufficient vindication of his interpretation of the Cistercian tradition. If la Trappe was the only house of the Strict Observance to survive the Revolution it was not because the rules of that Observance were defective in themselves, but because they had been devised for actual monks already living in actual communities, and were intended to win over the whole Order in the course of time. They thus lacked the distinctive element which made la Trappe so uncompromisingly independent and different. La Trappe never tried to cater for the vested interests of monks already professed, the reform there was carried out against skepticism and disapproval from most of the Strict Observance superiors, whose own reform was based on different criteria, it survived its first decades by ignoring the rest of the Order and it asserted its unique strength when universal disaster engulfed the rest of monasticism.

Manifestly, whatever specific vocation the Common Observance had represented before the Revolution was met after it in Western Europe by other Orders. In Austria-Hungary, Italy, and elsewhere the Common Observance survived precariously at first, but then flourished, especially as a teaching Order responsible for schools and colleges of high academic distinction. The way of life followed by the Common Observance

Orden vereinigt hatten. Die aufeinander folgende Generäle der allgemeinen Observanz in Rom, Wien und anderswo versuchten aufs Äusserste, wenigstens ihre nominale Autorität zu sichern. Diese neuen Konstitutionen basierten fest auf Rancés Regelungen und der Tatsache, dass niemand sie ernsthaft anfocht ausser in Details. Und dass sie über zweihundert Jahre, nachdem er sie verfasst hatte, jetzt weltweit vom Trappistenorden angenommen wurden, ist genügend Rechtfertigung für seine Interpretation der Zisterzienser Tradition. Wenn La Trappe das einzige Haus der strengen Observanz war, das die Revolution überlebte, war dies nicht weil die Regeln dieser Observanz in sich selbst ungut waren, sondern weil sie für aktuelle Mönche in konkreten Kommunitäten vorgesehen waren und im Lauf der Zeit den ganzen Orden für sich gewinnen sollten. Daher fehlte ihnen das entscheidende Element, das La Trappe so kompromisslos unabhängig und anders machte. La Trappe versuchte nie, erworbene Ansprüche von Mönchen zu sichern, die ihre Gelübde abgelegt hatten. Die Reform dort wurde gegen Skepsis und Missbilligung der meisten Oberen der strengen Observanz durchgeführt, deren eigene Reform auf anderen Kriterien basierte. Sie überlebte ihre ersten Jahrzehnte, indem sie den Rest des Ordens ignorierte und bestätigte ihre einzigartige Stärke, als die Katastrophe das ganz übrige Ordensleben untergehen liess.

Offenkundig wurde jede spezifische Berufung, die die allgemeine Observanz vor der Revolution dargestellt hatte, nachher in Westeuropa von anderen Orden befolgt. In Österreich-Ungarn, Italien und anderswo überlebte die allgemeine Observanz zuerst prekär, dann aber blühend, besonders als Bildungs-Orden, verantwortlich für Schulen und Kollegien hohen akademischen Niveaus. Die Lebensweise der allgemeinen Observanz unterscheidet sich heute

has now become so different from that of the Trappists (or, since 1902, the newly-designated Strict Observance) that the two Orders which bear the name Cistercian are in fact further apart than are Trappists and the stricter Benedictine congregations. In a few Common Observance houses (in Canada, France, and Belgium among others) a somewhat milder form of the Strict Observance is followed, and a few Strict Observance houses still run schools, but the fundamental split of functions and spirit shows no signs of diminishing. An important fact is that the original Strict Observance was confined to France, mainly for political reasons, up to the Revolution, but in its strictest, Trappist, form spread throughout the world (except Eastern and Central Europe), thus proving, if proof were needed, that the strict interpretation of the Cistercian rule has the same appeal today as when the Order was first founded. Such a specific vocation is clearly not met by other Orders, and is no less clearly still felt at the end of the twentieth century as intensely, if not as widely, as it was in the early nineteenth.

For all that there have been major developments in the past hundred years which have promoted a reaction against Rancé and, more recently, even against all that the word 'Trappist' is popularly supposed to connote. It is neither possible nor really desirable to attempt any conclusions about Rancé and his legacy without taking these developments into account. The union of the Trappist Congregations in 1893 was followed in 1898 by the reacquisition of Citeaux, which once more became chief abbey of the Order and whose abbot became General (because the general lived in Rome

von der trappistischen (oder der 1902 neu-konzipierten strengen Observanz) so sehr, dass die zwei Orden, die den Namen „Zisterzienser“ führen, de facto weiter auseinander sind, als die Trappisten von den strengeren Benediktiner-Kongregationen. In einigen Häusern der allgemeinen Observanz (unter anderem in Kanada, Frankreich und Belgien) übt man eine geringfügig mildere Form der strengen Observanz, und einige Häuser der strengen Observanz betreiben noch Schulen, aber die grundlegende Spaltung in Funktionen und Geist zeigt kein Anzeichen einer Verminderung. Wichtig ist, dass die ursprüngliche strenge Observanz, hauptsächlich aus politischen Gründen bis zur Revolution auf Frankreich begrenzt war. In ihrer strengsten, der Trappistischen Form breitete sie sich weltweit aus (ausgenommen Ost- und Mitteleuropa). Das beweist, wenn Beweise nötig wären, dass die strenge Interpretation der Zisterzienser Regel heute die gleiche Anziehungskraft hat, wie zur Zeit der Ordensgründung. Diese spezifische Berufung wird offenbar nicht durch andere Orden gesehen, und wird zum Ende des 20. Jahrhunderts noch ebenso intensiv, wenn auch nicht so verbreitet, begriffen, wie es im frühen 19. Jh. der Fall war.

Zu all diesem gab es bedeutende Entwicklungen in den letzten 100 Jahren, die eine Reaktion gegen Rancé und in jüngerer Zeit selbst gegen alles gefördert haben, was mit dem Wort 'Trappist' normalerweise bezeichnet wird. Es ist weder möglich noch wirklich wünschenswert, dass man irgend Schlüsse über Rancé und sein Vermächtnis zu ziehen versucht, ohne diese Entwicklungen zu berücksichtigen. Auf die Union der Trappistenkongregationen im Jahre 1893 folgte im Jahre 1898 der Wiedererwerb von Citeaux, das erneut die Hauptabtei des Ordens wurde und dessen Abt der General wurde (weil der General in Rom wohnte, wurde dem wirklichen Oberen von Citeaux der Titel einer ehemaligen Abtei nahe

the actual superior of Citeaux was given the title of a former abbey near Citeaux, La Bussiere, but for many years, the Abbot General has ceased to bear the title, Abbot of Citeaux and is now known as Archabbot). This renewal with ancient tradition was given papal recognition in 1902, when all reference to la Trappe was dropped from the Order's official designation, thenceforth to be known as 'Order of Cistercians of the Strict Observance.' General Chapters were once more held in the ancient cradle of the Order under the presidency of the Abbot of Citeaux as General, though la Trappe traditionally took second place. Though the Order extended world wide, the predominance of France and the French tradition was confirmed by this return to historical precedent. Well within living memory inability to speak French was a disadvantage for those attending General Chapter.

For the first half of the present century uniformity of practice was a feature of Trappist houses, but the dramatic increase in numbers and houses in the United States after the Second World War, the climate of opinion which eventually found expression in Vatican II, and sharply changed economic, educational, and social factors all precipitated far reaching changes. French hegemony came to an end, in recent years Chapters have been held away from Citeaux (in 1984 for the first time in the United States) and considerable regional variations have been encouraged within a broad framework of Cistercian tradition. In addition the extreme conservatism in spirituality which had marked the Order throughout the nineteenth century (in many respects an archaizing period) was profoundly changed by the new Spiritual Directory published in 1910 by Abbot Vital Lehodey of Bric-quebec. The deficiencies

Citeaux, La Bussiere, gegeben, aber seit vielen Jahren trägt der Generalabt den Titel „Abt von Citeaux“ nicht mehr und wird jetzt Erzabt genannt). Diese Erneuerung in alter Tradition wurde 1902 päpstlich anerkannt, als sämtliche Bezüge auf La Trappe aus der offiziellen Ordensbezeichnung fallen gelassen wurden, die hinfort lautete ‚Zisterzienserorden der strengen Observanz“. Generalkapitel wurden noch einmal in der alten Wiege des Ordens unter dem Vorsitz des Abts von Citeaux als General gehalten, obwohl La Trappe traditionsgemäß den zweiten Platz belegte. Obwohl der Orden sich weltweit ausbreitete, wurde die Vorherrschaft Frankreichs und der französischen Tradition durch diese Rückkehr zur historischen Präzedenz bestätigt. Obgleich im lebendigen Gedächtnis, war die Unkenntnis der französischen Sprache ein Nachteil für die Teilnehmer an Generalkapiteln.

In der ersten Hälfte unseres Jahrhunderts war die einheitliche Praxis eine Eigenschaft von Trappistenhäusern, aber die dramatische Zunahme an Zahl und Häusern in den Vereinigten Staaten nach dem zweiten Weltkrieg, das Meinungsklima, das schließlich in Vatikan II Ausdruck fand, und die abrupt geänderten wirtschaftlichen, pädagogischen und sozialen Faktoren führten allesamt weit reichende Änderungen herbei. Die französische Hegemonie fand ein Ende, in den letzten Jahren wurden Kapitel weitab von Citeaux (1984 zum ersten Mal in den USA) gehalten und beträchtliche regionale Unterschiede sind innerhalb eines weitgesteckten Rahmens der Zisterziensertradition angeregt worden. Darüber hinaus wurde der extreme geistliche Konservatismus, der den Orden während des 19. Jahrhunderts kennzeichnete (in vieler Hinsicht eine archaisierende Zeit) profund geändert durch das neue Spirituelle Leitbuch, das 1910 durch Abt Vital Lehodey von Bric-Quebec veröffentlicht wurde. Mängel in Rancés Lehre wurden betont durch die, welche

of Rancé's teaching were emphasized by those who quite understandably felt the need for something more in tune with the times. For better or worse Rancé became identified with a set of external observances of a notably old-fashioned kind (on clothing, for example) imposed with no adequate spirituality to support them. Lack of suitable translation from the French of Trappist books did not help, and in America and Ireland, but also in France, feeling against Rancé hardened. Prejudice has since been reinforced by ignorance, and even misrepresentation, of his character and work, and it is hardly going too far to say that many, if not most, Cistercians have effectively disowned their reformer. The uncompromising refusal of Irish superiors to be described as Trappists is only the most obvious expression of this attitude. Prudence as well as charity may suggest that a closer look at the evidence might be beneficial.

There is certainly an intimate connexion between Rancé and the Trappist life of the nineteenth and early twentieth centuries. There is consequently no cause for surprise that the general movement for change within the Roman Catholic Church inspired, or perhaps more exactly, articulated by Vatican II, should be reflected in the Cistercian Order in a desire to break visibly with the recent past symbolized by the word and concept 'Trappist.' In place of nineteenth or seventeenth, century notions of monastic life, those of the twelfth century have been preferred as being closer to the ideals of the Cistercian founders. A recurrent theme of Father Lekai's distinguished historical work is that the bias towards gloom of the seventeenth century was perpetuated in the nineteenth-century Trappist revival and is a deformation of the positive spirit of St. Bernard and the founding fathers.

verständlicherweise den Bedarf an Zeitnäherem fühlten. Wie auch immer, Rancé wurde gleichgesetzt mit einer Reihe äusserer Gebräuche, die vornehmlich altmodisch waren (z.B. Kleidung) und kein ausreichendes spirituelles Fundament hätten. Das Fehlen brauchbarer Übersetzungen der französischen Trappistenliteratur gab dem Vorschub, in Amerika, Irland, aber auch in Frankreich verhärtete sich das Empfinden gegen Rancé. Vorurteile wurden seit dem durch Ignoranz und sogar Verbiegung seines Charakters und seiner Arbeit verstärkt, und man geht kaum zu weit, wenn man sagt, dass viele, vielleicht die meisten Zisterzienser ihren Reformator faktisch enteignet haben. Die kompromisslose Ablehnung der irischen Oberen, sich Trappisten nennen zu lassen, ist nur der offensichtlichste Ausdruck dieser Haltung. Besonnenheit und Nächstenliebe legen daher nahe, dass ein näherer Blick auf die Beweislage wohl nützlich wäre.

Es gibt zweifellos eine vertraute Verbindung zwischen Rancé und trappistischem Leben im 19. und frühen 20. Jahrhundert. Deswegen überrascht es nicht, dass der allgemeine Aufbruch zu Änderungen in der Römisch Katholischen Kirche, der durch Vatikan II angespornt oder, genauer „artikuliert“ wird, im Zisterzienserorden mit dem Bestreben überdacht werden sollte, die jüngere Vergangenheit sichtbar hinter sich zu lassen, die durch das Wort und Konzept 'Trappist' symbolisiert wird. Anstelle der Begriffe des 19. oder 17. Jahrhunderts vom Ordenslebens wurden die des 12. Jahrhunderts als näher an den Idealen der Zisterziensergründer bevorzugt. Ein wiederkehrendes Thema in P. Lekais hervorragender historischer Arbeit ist, dass die Neigung zu Trübsinn des 17. Jahrhunderts in der Trappisten-Erneuerung des 19. Jahrhunderts fortgesetzt wurde. Diese aber ist eine Deformation des positiven Geistes des hl. Bernhard und der Gründerväter.

By that criterion Rancé appears to represent a deviation from the true Cistercian spirit, and he and la Trappe offer little more than historical interest since the Order as a whole was so little influenced by him. It is undeniable that Cistercian scholarship is overwhelmingly directed to the Middle Ages, to the sources, and in that respect goes much further than, for example, Benedictine scholarship, which has good reason to dwell with pride on the achievements of Mabillon, Martene and all the other great Maurist scholars. The last thing this book is intended to do is to engage in polemic over the rival claims of different views of Cistercian authenticity. Nevertheless such wholesale repudiation of a major figure and decisive movement within the Order is not a self-evident good. The evidence presented in this chapter needs to be taken together with that of all the preceding chapters, so that questions can be formulated regarding the nature and importance of Rancé's influence as it might affect people today. Such is the aim of the next and final chapter.

Nach diesem Masstab scheint Rancé ein Abweichler vom wahren Zisterziensergeist. Er und La Trappe bieten wenig mehr als historisches Interesse, da der Orden als Ganzes so wenig von ihm beeinflusst wurde. Unleugbar konzentriert sich Zisterzienser Gelehrsamkeit überwiegend auf das Mittelalter, auf die Quellen, und geht da viel weiter als zum Beispiel die Benediktinerforschung, die einen triftigen Grund darin hat, mit Stolz bei den Leistungen von Mabillon, Martene und all den anderen großen Mauristen-Gelehrten zu bleiben. Das Letzte, was dieses Buch erreichen will, ist, sich in der Polemik über rivalisierende Ansprüche zu den verschiedenen Sichten der zisterziensischen Autorität zu engagieren. Dennoch ist solche pauschale Ablehnung einer bedeutenden Person und der entschiedenen Bewegung innerhalb des Ordens kein selbstverständliches Gut. Die Beweise in diesem Kapitel müssen zusammen mit denen aller vorherigen Kapitel aufgefasst werden, damit Fragen zu Art und Bedeutung von Rancés Einfluss auf die heutigen Menschen formuliert werden können. Das ist das Ziel des folgenden, letzten Kapitels.

FROM MYTH TO REALITY: RANCÉ'S ROLE TODAY

SOMEWHERE NOT LONG AGO an article on St. Bernard invited the reader to imagine how the facts known about him would be interpreted if he had never been canonised. An official halo can so easily cause optical illusions. Perhaps the same question might be asked in reverse about Rancé; if, like his contemporaries Vincent de Paul, Jean Eudes, Jean-Baptiste de La Salle, all founders of active Orders, Rancé had been canonised, is it conceivable that his reputation would be what it is? Of course, canonisation is about sanctity measured by strict formal criteria, including miracles, and dom Le Nain's *Life of Rancé* shows exactly what image would have received official sanction if his cause had ever been successfully promoted. All the same, absence of any official recognition has made it much easier for Rancé's critics to play down the value of his life and work, and even to represent his monastic views as aberrant. This is not for a moment to claim that he ought to have been canonized, but simply to point out how many faults are overlooked or explained away when people are. Somewhere between the naive hero-worship of dom Le Nain and the zestful iconoclasm of Henri Bremond[29] lie the truths about Rancé from which we may all learn something of value. Inseparable from judgements on Rancé are

[29] His brilliantly malicious L'abbé tempete (1929), translated into English in 1930 as The Thundering Abbot, remains the best-known study of Rancé in this century. Like the even better-known romantic Vie de Rancé by Chateaubriand (1844), it is grossly one-sided, but splendidly written.

MYTHOS und WIRKLICHKEIT: RANCÉ HEUTE

IRGENDWO VOR EINIGER ZEIT lud ein Artikel über den hl. Bernhard den Leser ein, sich vorzustellen, wie die über ihn bekannten Tatsachen interpretiert würden, wäre er nie heiliggesprochen worden. Ein offizieller Heiligenschein kann so leicht zu optischen Täuschungen führen. Vielleicht könnte man die gleiche Frage umgekehrt zu Rancé stellen; wenn er, wie seine Zeitgenossen Vincent von Paul, Jean Eudes, Jean-Baptiste de La Salle, alles Gründer aktiver Orden, kanonisiert worden wäre, wäre es denkbar, dass sein Ansehen ebenso wäre wie jetzt? Natürlich bedeutet die Kanonisierung eine Heiligkeit, die genau durch strenge formale Kriterien, einschließlich Wunder gemessen wird, und dom Le Nain's *„Leben von Rancé"* zeigt, welches Bild offiziell anerkannt worden wäre, wenn sein Kasus überhaupt erfolgreich betrieben worden wäre. Ganz gleich, das Fehlen jeder offiziellen Anerkennung hat es den Kritikern sehr viel einfacher gemacht, den Wert seines Lebens und seiner Arbeit abzuwerten, und sogar seine Ordensansichten als abwegig darzustellen. Dies soll nicht im mindesten fordern, dass er hätte kanonisiert werden sollen, sondern einfach unterstreichen, wie viele Fehler übersehen oder weg erklärt werden, wenn jemand heiliggesprochen wird. Die Wahrheiten über Rancé liegen irgendwo zwischen der naiven Heldenverehrung des dom Le Nain und der eifrigen Bilderstürmerei des Henri Bremonds[30] und wir alle können davon vielleicht Wertvolles lernen. Mit den Urteilen über Rancé sind untrennbar verbunden die

[30] Sein brillant boshaftes „Ein Sturm von Abt" (1929), 1930 ins Englische übersetzt als „der Donnerabt," die bekannteste Studie von Rancé in diesem Jahrhundert. Wie das noch bekanntere romantische „Leben des de Rancé" von Chateaubriand (1844), ist es grob einseitig, aber herrlich geschrieben.

those to be made on the Trappist phenomenon, that is the original la Trappe and later Trappists in general as actual communities in a historical context, and on what may be called the Trappist spirit, that is, the particular monastic spirituality of those communities.

Rancé himself frequently made the distinction between points of principle in monastic life, which can on no account be changed, and those of practice, which may be changed in response to special circumstances as an exception or modified permanently. Some such distinction is useful in attempting a reasoned assessment of the man Rancé and his work. As a Frenchman living in the reign of Louis XIV, Rancé was inevitably conditioned in such a way as to seem remote from us. The commend system, for example, radically affected relations between superiors and their community. As a regular abbot, appointed (not elected) for life, Rancé was one of a tiny minority, able to follow ancient tradition in his monastery in a way that a claustral prior, designated for a few years and then moved on according to the practice of the Strict Observance, could not. Similarly at the General Chapter of the Order, relations between individual abbots, and between the proto-abbots and the others, were peculiar to the age. In so many ways Rancé's monastic experience closed options which are today taken for granted. His family connexions, his education, his membership of a small, very influential social elite, comprising leading figures in Church and State, all stamped his attitudes and enabled him to achieve what a less privileged background would have rendered impossible. The monastic vocation by definition involves renunciation of the world and worldly values—fame, power, wealth—in every age, but that renunciation has to be seen in the context

Urteile über das Trappistenphänomen, das heisst La Trappe als Ursprung und allgemein die neueren Trappisten als tatsächliche Gemeinschaften im historischen Kontext. Dazu gehört auch, was man den Trappistengeist nennen kann, d.h. eine bestimmte Ordensspiritualität dieser Gemeinschaften.

Rancé selbst unterschied häufig zwischen Prinzipien des Ordenslebens, die unter keinen Umständen geändert werden können, und der Praxis, die in Beachtung spezieller Umstände ausnahmsweise oder auch dauerhaft angepasst wird. Eine solche Unterscheidung ist nützlich beim Versuch, eine begründete Einschätzung des Menschen Rancé und seiner Arbeit zu erreichen. Als Franzose unter der Herrschaft Louis‘ XIV. war Rancé unvermeidlich derart konditioniert, dass er uns weit entfernt scheint. Das Kommendatarsystem beeinflusste beispielsweise die Beziehungen zwischen Oberen und ihrer Gemeinschaft radikal. Als regelrechter Abt auf Lebenszeit ernannt (nicht gewählt), gehörte Rancé einer kleinen Minderheit an und konnte in seinem Kloster alten Traditionen in einer Weise folgen, wie kein Klosterprior, der für einige Jahre bestimmt und dann gemäß der Praxis der strengen Observanz versetzt wurde,. Ebenso waren beim Generalkapitel des Ordens die Beziehungen zwischen den einzelnen Äbten, den Protoäbten und den anderen typisch für die Zeit. Auf so vielen Arten schloss Rancés Ordenserfahrung Möglichkeiten aus, die man heute als gegeben ansieht. Seine Familienbande, seine Bildung, Mitgliedschaft in einer kleinen, sehr einflussreichen Eliteschicht, die führende Persönlichkeiten aus Kirche und Staat einschloss, das alles prägte seine Haltung und ermöglichte ihm, Dinge zu erreichen, die ein weniger privilegierter Hintergrund unmöglich gemacht hätte. Die Ordensberufung bringt per definitionem die Ablehnung der Welt und ihrer Werte – Ruhm, Macht, Reichtum - in jedem Zeitalter mit sich,

of the live, real options thereby abandoned, not just in general terms. The world Rancé gave up was one in which he had every expectation of rising rapidly to the top, and even at the end of his life it was royal favour for Rancé personally that preserved la Trappe from relapsing into commend. The first chapter of this book tried to draw the bare outline of the world in which Rancé lived, and it must be once more repeated that another country or another age would have shaped him quite differently and confronted him with quite different problems.

It seems therefore that the first of several questions to be asked is about Rancé as a historical figure: what special contribution did he make in his own time? Like so many of his friends and contemporaries (Mother Louise Rogier and Louise de La Valliere, for example) Rancé underwent a conversion experience and by the rest of his life set an example of permanent commitment to God's service. As a counsellor to men and women of all kinds he devoted a vast correspondence to helping others find their way to God. In an age torn by doctrinal dispute between Jesuits and Jansenists on the one hand and by philosophical assaults on the faith by free-thinkers and rationalists on the other, he remained true to his beliefs without being drawn into ultimately destructive polemic. In all these respects he was a good man and a good Christian, like many others unknown or now forgotten, but because of his reputation in society before his conversion his witness was more widely recognized than most.

aber diese Ablehnung muss gesehen werden im Rahmen der lebendigen, tatsächlich dadurch verzichteten Möglichkeiten, nicht nur in allgemeinen Begriffen. Die Welt, die Rancé aufgab, war eine, wo er alle Erwartungen eines schnellen Aufstiegs an die Spitze hegen konnte. Sogar noch an seinem Lebensende war es eine persönliche Gunst des Königs für Rancé, die La Trappe vom Rückfall zur Kommende bewahrte. Das erste Kapitel dieses Buches versuchte, die rohen Umrisse der Lebenswelt Rancés zu zeichnen und wir müssen nochmals wiederholen, dass ein anderes Land oder Zeitalter ihn wohl ganz anders geformt und mit ganz anderen Problemen konfrontiert hätte.

Deshalb scheint es, dass die erste einiger Fragen eine über Rancé als historische Persönlichkeit ist: welchen besonderen Beitrag lieferte er zu seiner eigenen Zeit? Wie so viele seiner Freunde und Zeitgenossen (zum Beispiel Mutter Louise Rogier und Louise de La Valliere) erfuhr Rancé eine Bekehrung und gab für den Rest seines Lebens ein Beispiel der beständigen Pflicht im Dienst für Gott. Als Berater für Männer und Frauen aller Art widmete er eine umfangreiche Korrespondenz der Hilfe für andere, ihren Weg zu Gott zu finden. In einer Zeit, zerrissen durch die Lehrdebatte zwischen Jesuiten und Jansenisten einerseits, durch philosophische Angriffe von Freidenkern und Rationalisten auf den Glauben anderseits, blieb er seinem Glauben treu, ohne in eine letztlich destruktive Polemik hineingezogen zu werden. Unter all diesen Rücksichten war er ein guter Mensch und ein guter Christ wie viele andere Unbekannte oder jetzt Vergessene. Wegen seines Ansehens in der Gesellschaft vor seiner Bekehrung wurde sein Zeugnis aber weithin, mehr als bei Anderen anerkannt.

Was he a good monk? Although his novitiate was the only time until his resignation that he was not abbot, it is possible to distinguish the two roles. He became a monk to atone for his own grievous sins, not to rule others, and he was faithful to this vocation of penitence throughout his life, seeking neither alleviation of the burden voluntarily assumed nor distraction in outside affairs. He allowed nothing to be preferred to the service of God, and he saw monastic life as an intensification of the life to which every Christian is called; sharing Christ's suffering here in order to come to eternal joy hereafter. If all monks had taken their duties as seriously as Rancé did monasteries could only have been the better for it. It goes without saying that in his external observances Rancé was obedient in all things to the Rule, but much more significantly he saw the inner *'holiness and duties of monastic life'* as being incomparably more important than external practices.

Was he a good abbot? He set an example to his monks, he shared their lives at worship and at work, he accepted responsibility for each individual from profession to death in the abbey. He was unsparing of himself on behalf of his community, he literally shut himself up in his enclosure for twenty-five years so that no other business could divert him from his duty to la Trappe. He instructed his own monks, and used that instruction as a basis for publishing general instructions for the guidance of all religious. Having accepted the responsibilities of his birth and contacts by using all his talents and influence with Pope and King on behalf of the Strict Observance, he firmly refused the leadership which others would have been so glad to thrust upon him. Far from having any ambitions to found a new Order, he refused pressing invitations even to make a daughter foundation from la Trappe.

War er ein guter Mönch? Obgleich er nach dem Noviziat ununterbrochen Abt bis zu seinem Rücktritt war, kann man die beiden Rollen unterscheiden. Er wurde Mönch, um für seine eigenen schweren Sünden zu büßen, nicht um andere zu leiten, und er war dieser Buß-Berufung lebenslang treu, suchte weder Erleichterung der freiwillig übernommenen Last noch Ablenkung in äußeren Dingen. Er erlaubte nicht, dass irgendetwas dem Dienst an Gott vorgezogen wird. Er sah das Ordensleben als eine Intensivierung des Lebens, zu dem jeder Christ gerufen ist; Christi Leiden hier zu teilen, um später zur ewigen Freude zu gelangen. Hätten alle Mönche ihre Aufgaben so ernsthaft wie Rancé getan, wäre es für die Klöster nur besser gewesen. Selbstverständlich war Rancé in seinen äusseren Observanzen in allen Dingen der Regel ergeben. Viel wichtiger war ihm, dass die innere *'Heiligkeit und die Pflichten des Ordenslebens'* ungleich wichtiger sei als die äusserliche Praxis.

War er ein guter Abt? Er gab seinen Mönchen ein Beispiel, teilte ihr Leben beim Beten und Arbeiten, übernahm die Verantwortung für jeden Einzelnen von der Profess bis zum Tod in der Abtei. Er schonte sich nicht, wenn es um seine Gemeinschaft ging, er schloss sich buchstäblich für fünfundzwanzig Jahre in seiner Klausur ein, damit kein anderes Geschäft ihn von seiner Pflicht für La Trappe ablenken konnte. Er unterwies seine eigenen Mönche und nutzte diese Weisungen als Grundlage für die Publikation allgemeiner Richtlinien zur Führung aller Ordensleute. Nachdem er die Verantwortung aufgrund seiner Geburt und Verbindungen übernommen hatte, und alle seiner Gaben und den Einfluss bei Papst und König im Interesse der strengen Observanz einsetzte, lehnte er standhaft die Führerschaft ab, die andere ihm so gern aufgeladen hätten. Jeder Ehrgeiz einer neuen Ordensgründung lag ihm fern und er lehnte auch drängende Einladungen zu einer

The testimony of visitors over the years leaves no room for doubt that he was a loving and beloved father to his monks. The sometimes grotesque pictures of his inhumanity painted by his detractors may seem to receive some support from the stern tone he himself so often adopted, but those who fail to see the love behind the sternness fail to explain how la Trappe grew, prospered, and endured. This is not to deny that some of his conduct may well seem misguided, even repellent, to many today, but in serving the Lord according to deep convictions many a saint has behaved in ways which people today would not approve. Does everyone feel comfortable at St. Bernard's treatment of Abelard or the superiors of Cluny? The only possible verdict on Rancé as abbot is that he was quite outstanding in his own age, and worthy to be compared with the great abbots of history.

Much has been made of Rancé's many loud disputes, his bellicosity and injustice to those with whom he disagreed. The question has been discussed in an earlier chapter, but it may be worth repeating that Rancé was not defending himself in these often unedifying quarrels, but those authorities, notably St. John Climacus and the other Desert Fathers, who inspired him. St. Benedict and St. Bernard were his masters; he was only their interpreter. He errs more often in assuming others to be wrong than he does in claiming to be right himself, because in line with authority. His treatment of the Carthusians and Maurists, and their respective defenders dom Le Masson and Mabillon, does him no credit, and far too often he gave credence to reports he did not, and could not, check. If it was pride that led him into sterile argument, it was prompted not so much

Tochtergründung von La Trappe ab. Das Zeugnis von Besuchern lässt über viele Jahre keinen Raum zu zweifeln, dass er seinen Mönchen ein liebevoller und geliebter Vater war. Die manchmal grotesken von seinen Verleumdern gemalten Bilder seiner Unmenschlichkeit scheinen wohl etwas begründet durch den strengernsten Ton, den er oft verwendet. Aber wer hinter dieser Strenge die Liebe nicht sehen kann, kann auch nicht erklären, wieso La Trappe wuchs, gedieh und überdauerte. Wir wollen nicht leugnen, dass für viele Heutige manches in seiner Führung fehl, oder gar abstoßend scheint, aber manch ein Heiliger hat sich im tiefüberzeugten Dienst an Gott benommen, wie man es heute nicht hinnehmen würde. Kann jeder damit leben, wie der hl. Bernhard Peter Abaelard behandelt hat oder die Oberen von Cluny? Das einzig denkbare Urteil über den Abt Rancé besagt, dass er zu seiner Zeit sehr herausragte und mit den großen Äbten der Geschichte verglichen werden kann.

Viel Lärm machte man wegen Rancés häufigen lauten Debatten, seiner Streitlust und Ungerechtigkeit gegenüber Meinungsabweichlern. Das wurde in einem vorherigen Kapitel besprochen, aber es ist vielleicht zu wiederholen, dass Rancé in diesen oft wenig erbaulichen Streitfällen nicht sich verteidigte, sondern die Autoritäten, die ihn anspornten, vornehmlich den hl. Johannes Klimakus und die anderen Wüstenväter. Die hhl. Benedikt und Bernhard waren seine Meister; er war nur ihr Interpret. Er irrt sich häufiger, wenn er bei anderen Fehler unterstellt, als bei der Annahme, selbst im Recht zu sein, weil er sich auf Autoritäten beruft. Wie er die Kartäuser und Mauristen und ihre jeweiligen Verteidiger dom Le Masson und Mabillon behandelt, schadet ihm selbst, und viel zu häufig schenkte er Berichten Glauben, die er weder prüfte noch dies konnte. Wenn er sich aus Stolz in sterile Argumente verfing,

by self-satisfaction as by stubborn refusal to admit that his chosen authorities (or his reading of them) were open to question. The strength of his convictions was also his great weakness.

Once more it is useful to distinguish between the aims which he was convinced were right and the means whereby he believed those aims should be achieved. In an age where more and more importance was being attributed to human dignity and potential, when the claims of human reason did not stop far short of the first tempter's promise in Eden, 'you shall be like gods,' Rancé put God first and man very much second. In an age where self-love was acknowledged by observers of every kind to be the mainspring of natural human conduct, Rancé stood out for the supernatural love of God, expressed in love of neighbour and denial of self. It followed from this reaffirmation of perennial Christian priorities that all concessions made to human needs were suspect because needs so often turn out to be no more than desires. Rancé took the rigorist position regarding moral and spiritual austerity because he could not accept the prevalent view that monastic commitment should be tempered to indulge human weakness. Contemplating the heroic example of the Desert Fathers, he freely, if regretfully, admitted that this was now beyond the strength of modern man to follow, but interpreting the Rule of St. Benedict and the Usages of Citeaux he could find no reason for not following them to the letter. In itself the difference between the various rules regarding fasting and abstinence is hardly-more spiritually significant than the choice allowed between wine and beer or cider, but for Rancé the mere wish to modify a Rule hallowed by practice called priorities into question.

geschah dies nicht sosehr durch Selbstzufriedenheit, als durch störrische Ablehnung, einzuräumen, dass seine gewählten Autoritäten (oder seine Deutung dieser) fraglich waren. Die Stärke seiner Überzeugungen war auch seine große Schwäche.

Nochmals, es ist hilfreich, zu unterscheiden zwischen den nach seiner Überzeugung richtigen Zielen und den Mitteln, mit denen er glaubte sie zu erreichen. In einer Zeit, wo der Würde und den Fähigkeiten des Menschen mehr und mehr Bedeutung zugeschrieben wurde, wo die Ansprüche des Verstandes nur knapp vor dem Versprechen des Versuchers im Garten Eden innehielten: ‚ihr werdet sein wie Gott', setzte Rancé Gott an die erste Stelle und den Menschen sehr deutlich an die zweite. In einer Zeit, wo die Selbstliebe von allen Beobachtern als die Triebfeder des natürlichen menschlichen Verhaltens angesehen wurde, stand Rancé ein für die übernatürliche Liebe Gottes, ausgedrückt in der Nächstenliebe und der Selbstverleugnung. Aus dieser erneuten Bestätigung ewiger christlicher Rangordnung, folgte, dass alle Zugeständnisse an menschlichen Bedürfnisse verdächtig waren, weil diese häufig nichts anderes sind als Wünsche. Rancé bezog zur moralischen und geistlichen Strenge den rigorosen Standpunkt, weil er die herrschende Meinung nicht akzeptieren konnte, dass Ordenspflichten gemildert werden könnten, um menschlichen Schwächen nachzugeben. Er erwägt das heroische Beispiel der Wüstenväter, und gibt freimütig aber bedauernd zu, dass dieses jetzt die Kräfte moderner Menschen übersteigt. Wenn er aber die Regel des hl. Benedikt und den Usus von Citeaux deutet, findet er keinen Grund, von der buchstabengetreuen Umsetzung abzuweichen. An sich ist der Unterschied zwischen den verschiedenen Regeln zu Fasten und Abstinenz geistlich kaum wichtiger als die Wahl zwischen Wein, Bier oder Apfelwein, aber für Rancé gilt der bloße Wunsch, eine durch Praxis geheiligte

The broken and contrite heart is not concerned with negotiating concessions but with making amends.

All these considerations are necessary, but not sufficient, to earn respect for Rancé and to endure his place in history. The factor which distinguishes him from all his monastic contemporaries and thus entitles him to special treatment is the solidity of his work. There was no shortage of monastic reformers in seventeenth-century France, and an ample supply of disciples willing and eager to answer the call, but with rare exceptions, like Eustache de Beaufort at Septfons, the impetus died once the reformer was dead. Against all discouragement Rancé elaborated a programme for radical reform within the Cistercian Order, built up from ruins, material and spiritual, a large community in a properly ordered monastery, and after two cruel setbacks was able to hand over the conduct of la Trappe as a going concern to his successor. The momentary enthusiasm generated by a single remarkable personality was a phenomenon of which he was well aware and which he rightly mistrusted in other Orders or houses. Rancé saw to it that he built on rock, so that when the storm came la Trappe was battered but not destroyed.

Thirty years at the head of a growing and, because of high mortality, frequently renewed community sufficed to establish a detailed way of life into which new recruits were smoothly inducted and in which all recognized the very reason for their monastic existence. Codification of this way of life into a published book of *Reglements,* supplemented by commentaries on the Rule and a major work, *De la Sainteté,*

Regel zu ändern, als eine Frage nach den Prioritäten. Dem gebrochenen und zerknirschten Herz ist nicht nach Verhandeln und Zugeständnis zumute, sondern nach Reue und Buße.

Alle diese Erwägungen sind notwendig aber nicht hinreichend, um für Rancé Achtung zu erwerben und seinen Platz in der Geschichte zu festigen. Was ihn von all seinen monastischen Zeitgenossen unterscheidet und daher eine besondere Würdigung erlaubt, ist die Belastbarkeit seiner Arbeit. Im Frankreich des 17. Jahrhunderts war kein Mangel an Ordensreformatoren und einem reichlichen Reservoir an Jüngern, einem Ruf bereit und eifrig zu folgen. Mit seltenen Ausnahmen - wie Eustache de Beaufort in Septfons - erstarb aber der Schwung nach dem Tod des Reformators. Trotz aller Widerstände erarbeitete Rancé ein Programm zur radikalen Reform im Zisterzienserorden. Aufgebaut aus materiellen und spirituellen Ruinen, war eine große Gemeinschaft in einem sauber hergerichteten Kloster und nach zwei grausamen Rückschlägen in der Lage, die Führung von La Trappe als gut laufendes Unternehmen an seinen Nachfolger zu übergeben. Die momentane Begeisterung durch eine einzelne bemerkenswerte Persönlichkeit war ein Phänomen, das er sehr wohl wahrnahm und mit Recht in anderen Orden oder Häusern vermisste. Rancé achtete darauf, es auf Felsen zu errichten, damit Stürme La Trappe zerschlagen aber nicht zerstören könnten.

Dreißig Jahre an der Spitze einer wachsenden und wegen der hohen Sterblichkeit häufig erneuerter Gemeinschaft genügten, eine detaillierte Lebensweise zu entwickeln, in die Novizen sich leicht einpassten, und wo alle den tieferen Grund für ihre Ordensexistenz erkannten. Kodifizierung dieser Lebensweise in dem publizierten Buch „*Reglements*", ergänzt durch einschlägige Kommentare und

meant that there was something tangible to hand down, and a fixed point of reference firmly buttressed by appeal to ancient authority. Administratively, Rancé had taken every wise precaution to ensure that his work would survive his death. The authority of the Pope guaranteed the continuance of la Trappe and its way of life under a properly elected prior should the house fall back into commend; the authority of the King ensured nearly twenty years later that the threat had been finally averted. The economy of the monastery was on a sound footing, largely because the monks lived so frugally; buildings were in good order for worship and daily living. Adventures, such as dom Jacques de La Cour's ironworks, were avoided, and litigation, even when the abbey seemed sure to win, undertaken only in the last resort. Rancé's willingness to lend individual monks to help reforming superiors was balanced by his reluctance to undertake the responsibility for a permanent daughter house. Without such wise stewardship la Trappe would have remained vulnerable to temporal misfortune, as indeed, it briefly suffered under dom Jacques, which all too soon would have impaired spiritual life. Naturally the different monks who held office as prior, sub-prior, novice-master or procurator were always answerable to Rancé, and to that extent the ultimate credit for efficient running of the monastery must go to him, but unless he had felt able to delegate responsibility to suitable men he would never have had time for his own personal duties.

These are the outward and visible signs of a united and prospering community, but again are necessary, rather than sufficient, conditions for claiming that Rancé and la Trappe deserve special consideration.

das große Werk *„De la Sainteté...“* bedeuteten greifbare Dinge, die man übergeben konnte und einen festen Bezugspunkt, der durch Berufung auf alte Autoritäten gestützt war. In der Verwaltung hatte Rancé jede kluge Maßnahme getroffen, um das Überleben der Arbeit nach seinem Tod zu sichern. Die Autorität des Papstes garantierte die Fortsetzung von La Trappe und seiner Lebensweise bei Rückfall in Kommende unter einem ordnungsgemäss gewählten Prior; die Autorität des Königs sicherte fast zwanzig Jahre später, dass diese Bedrohung schließlich abgewendet wurde. Die Wirtschaft des Klosters stand auf soliden Füssen, hauptsächlich, weil die Mönche so sparsam lebten; Gebäude waren in gutem Zustand für die Anbetung und das tägliche Leben. Abenteuer wie die Eisengießerei von dom Jacques de La Cours, wurden vermieden und Rechtsstreite wurden nur im äussersten Fall betrieben, selbst wenn die Abtei sicher zu gewinnen schien. Rancés Bereitwilligkeit, einzelne Mönche zur Unterstützung reformwilliger Oberer auszuleihen, wurde ausgeglichen durch seine Abneigung gegen eine dauerhafte Tochtergründung. Ohne solch weise Verwaltung wäre La Trappe bei zeitweisem Missgeschick anfällig geblieben, wie es tatsächlich unter dom Jacques kurzfristig passierte, und das hätte nur allzu bald das geistliche Leben beeinträchtigt. Natürlich waren die verschiedenen Mönche mit Ämtern wie Prior, Subprior, Novizenmeister oder Prokurator immer Rancé verantwortlich und insoweit gebührt ihm der der entscheidende Anteil an dem effektiven Klosterbetrieb. Wenn er aber sich nicht fähig gefühlt hätte, geeigneten Männern Verantwortung zu übertragen, hätte er nie die Zeit für seine eigenen Aufgaben gefunden.

Dies sind die äußerlich sichtbaren Zeichen einer einigen, gedeihlichen Gemeinschaft. Wieder sind sie notwendige, doch nicht hinreichende Bedingungen für die Forderung nach besonderer

Behind and beneath all these signs of outward health is the spiritual rock on which all the rest is founded. La Trappe was not just a house built by hands but a living temple. In 1791 the literal truth of that statement was to be proved for all to see, but the truth was there from the first, from 1664.

Rancé's conversion had totally changed his life, and seven years later he accepted the task of conveying his new vision to others. The force and precision of his message persuaded hundreds of men from widely varying backgrounds, very different from his own, to share his vision and build the living temple. Most were unable to stay, and while some went away disgruntled and disapproving, many who can be identified endorsed Rancé's message but lacked the strength to live it out with him. The small proportion who did stay formed a community united behind their abbot by their vocation. The Trappist phenomenon thus constituted was essentially a repetition of that recurrent monastic phenomenon which nearly six hundred years before had led St. Robert and his companions from Molesmes to Citeaux, and still today leads men and women to the desert in New Mexico or an island off Hong-Kong. The first Trappists, like Rancé himself, were resolved to serve God in the way they believed to be right, without thought for themselves or the future. All were welcome to join them, but numbers mattered as little as creature comforts. The vital task was to live according to the vision, not to count the cost. For ten years Rancé fought for the cause of Cistercian reform, and thereafter would have rejoiced at any sign that it might be better achieved, but he came to see that beyond a

Betrachtung von Rancé und La Trappe. Hinter und unter allen diesen Zeichen äußerlicher Gesundheit liegt der geistliche Felsen, auf

dem alles gegründet ist. La Trappe war nicht nur ein mit der Hände Arbeit errichtetes Haus, sondern ein lebender Tempel. 1791 sollte diese wörtliche Wahrheit für alle sichtbar nachgewiesen werden, aber sie war schon dort 1664vom ersten Beginn an.

Rancés Bekehrung hatte sein Leben völlig geändert, und sieben Jahre später übernahm er die Aufgabe, seine neue Vision anderen zu vermitteln. Die Kraft und Präzision seiner Botschaft überzeugte Hunderte Menschen von ganz unterschiedlicher Herkunft, auch verschieden von ihm selbst, seine Vision zu teilen und den lebenden Tempel zu errichten. Die meisten konnten nicht bleiben, und während einige verärgert und missbilligend weggingen, stimmten viele, von denen man weiss, Rancés Botschaft zu, hatten aber nicht die Kraft, sie mit ihm zu leben. Der kleine Anteil aber, der blieb, bildete eine Gemeinschaft, die durch ihre Berufung unter ihrem Abt vereint war. Das derart entstandene Trappistenphänomen war im Wesentlichen eine Wiederholung dieses wiederkehrenden Ordensphänomens, das fast sechs hundert Jahre zuvor den hl. Robert und seine Begleiter von Molesmes nach Citeaux geführt hat und noch heute Männer und Frauen zur Wüste von New Mexiko oder auf eine Insel vor Hong Kong führt. Die ersten Trappisten, wie Rancé selbst, waren entschlossen, Gott auf die Art zu dienen, die sie für richtig hielten, ohne an sich selbst oder die Zukunft zu denken. Jeder war willkommen, mit zu machen, aber Zahlen spielten so wenig eine Rolle wie das leibliches Wohl. Die wesentliche Aufgabe war, nach der Vision zu leben, nicht auf die Kosten zu achten. Zehn Jahre kämpfte Rancé für die Sache der Zisterzienser Reform und danach wäre er froh über jedes Zeichen eines besseren Erfolges gewesen, aber er musste einsehen, dass ab einer

certain size and complexity any institution inexorably dominates and eventually stifles the spirit that gave it birth. His concern was then with his own abbey, and with his own vocation of penitence. Allies were encouraged, as at Septfons, Tamie, or Orval, but la Trappe remained independent, so that, for example, the Jansenist involvement at Orval in the early eighteenth century in no way affected la Trappe.

Dom Augustin Lestrange's work was the logical outcome of this attitude. In 1790 it was no longer the abstract hypothesis it had been in Rancé's day to say that even if the whole Cistercian Order were to perish life at la Trappe would go on until there was no monk left there. Dom Augustin's aim was to preserve his community, and it was solely because he succeeded beyond all expectation in his enterprise that the creation of a congregation, and then of a whole Order followed. The structures of the nineteenth century revival, based on the Carta Caritatis, largely contributed to its vigour and solidity, and offer a notable contrast with the much looser federal structures developed by the Common Observance. It was above all because of this centralised structure that nineteenth-century Trappists were so imbued with the spirit of Rancé and his original community.

The first lesson therefore to be drawn from the story of Rancé and la Trappe is that it constitutes a vital link in the chain of monastic continuity. When all the other links had snapped (some to be reforged many years later stronger than before) this one held. Unique as it is, that story is an essential and inspiring chapter of monastic history.

bestimmten Größe und Komplexität jede Institution unerbittlich herrscht und schließlich den Geist erstickt, der sie ins Leben rief. Von da ab galt sein Interesse seiner eigenen Abtei und der eigenen Berufung zur Busse. Verbündete wurden angeregt, wie in Septfons, Tamie oder Orval, aber La Trappe blieb unabhängig, so dass zum Beispiel der Einfluss von Jansenisten in Orval Anfang des 18. Jahrhunderts La Trappe in keiner Weise berührte.

Dom Augustin Lestranges Arbeit war das logische Ergebnis dieser Haltung. Im Jahre 1790 war es nicht länger die abstrakte Hypothese, die es zu Rancés Tagen gewesen war: zu sagen, dass, selbst wenn der ganze Zisterzienserorden untergegangen wäre, das Leben in La Trappe weitergehen würde, bis es dort keinen Mönch mehr gäbe. Dom Augustins Ziel war, seine Gemeinschaft zu erhalten, und nur weil er über alle Erwartung hinaus Erfolg mit seinem Unternehmen hatte, folgte dem Aufbau einer Kongregation dann ein ganzer Orden. Die auf der Carta Caritatis erbauten Strukturen der Wiederbelebung im 19. Jahrhundert trugen wesentlich zu seiner Stärke und Festigkeit bei und bieten einen bemerkenswerten Kontrast zu den viel loseren föderalen Strukturen der allgemeinen Observanz. Vor allem wegen der zentralisierten Struktur wurden die Trappisten des 19. Jahrhunderts so vom Geist Rancés und seiner ursprünglichen Gemeinschaft durchdrungen.

Die erste Lehre aus der Geschichte von Rancé und La Trappe ist daher, dass sie ein wesentliches Bindeglied in der Kette der Ordenskontinuität bildet. Als alle anderen Glieder gebrochen waren (einige wurden viele Jahre später neu und stärker geschmiedet), hatten diese gehalten. So einzigartig sie auch ist, diese Geschichte ist ein wesentliches und ermutigendes Kapitel der Ordensgeschichte.

Another lesson derives not so much from the fact of continuity as the no less remarkable facts of foundation and growth. Rancé's success in building up from ruins a flourishing community is something that happened long ago, but the way he achieved it is as instructive as the work of the Cistercian founding fathers, and just as relevant today; we are, after all, nearer to Rancé than he was to them.

Finally Rancé's life and teaching, his faults and his virtues, offer the lesson of total commitment to God. Now that so much more evidence is available than was the case a generation ago, a more balanced, more human, picture of the man can be seen. He was a man of powerful, even violent, emotions, and he still arouses strong emotions, positive as well as negative, in all who come to know him. If we can learn from his mistakes and excesses, there is far more to be learned from his positive example. Each individual will have his own reaction to the challenge of such a man, but it can hardly be ignored. It is hard to believe that monks and nuns in general, and Cistercians in particular, as well as ordinary Christians could fail to profit from knowing more about such a devoted servant of the Lord.

Eine andere Lehre leitet sich nicht sosehr von der Tatsache der Kontinuität als von der nicht weniger bemerkenswerten Tatsache der Gründung und des Wachstums ab. Rancés Erfolg aus den Ruinen eine blühende Gemeinschaft aufzubauen geschah zwar vor langer Zeit, aber die Weise, wie er ihn erzielte, ist so lehrreich wie die Arbeit der Zisterzienser Gründerväter, und heute noch ebenso gültig; schließlich leben wir näher an Rancé, als er zu ihnen.

Schließlich bieten Rancés Leben und Lehre, sein Versagen und seine Tugenden die Lektion der totalen Hingabe an Gott. Heute, wo soviel mehr Beweise vorliegen, als noch vor einer Generation, kann man ein ausgewogeneres, menschlicheres Bild des Mannes sehen. Er war ein Mann von starken, sogar heftigen Gefühlen, und er erregt immer noch starke Emotionen im Positiven wie im Negativen bei allen, die ihn kennenlernen. Wenn wir von seinen Fehlern und Auswüchsen lernen können, so können wir noch weit mehr von seinem positiven Beispiel lernen. Jeder Mensch erfährt seine eigene Reaktion auf die Herausforderung durch solch einen Menschen, aber man kann ihn kaum ignorieren. Es ist kaum anzunehmen, dass Mönche und Nonnen allgemein, Zisterzienser im Besonderen, wie auch gewöhnliche Christen keinen Gewinn aus dem Wissen über solch einen hingebungsvollen Diener des Herrn ziehen können.

The following tables show translations of the main work of Rancé into German.

Kap	**TOME I / Band I**	**ISBN**
I	Chapitre Premier / Erstes Kapitel	
II	De l'institution de la vie Monastique / Über die Institution des Ordenslebens	978-3-8416-0460-6
III	De l'origine de la vie Solitaire / Ursprung des Einsiedlerlebens	ca. 520 Seiten, zweisprachig
IV	Des differentes manières de vie qui se sont formées parmi les anciens Solitaires / Verschiedene Lebensweisen, die sich unter den frühen Einsiedlern bildeten	Als Privatdruck solange Vorrat reicht:
V	De l'Essence et de la perfection de la vie Coenobitique / Wesen und Vollkommenheit des Klosterlebens	ca. 520 Seiten, zweisprachig
VI	Des principaux moyens par lesquels les Religieux peuvent s'elever à la perfection de leur état / Die Hauptmittel für Ordensleute, sich in ihrem Stand zu vervollkommnen	
VII	De l'amour de Dieu / Liebe zu Gott	
VIII	De l'amour et de la confiance des Superieurs / Liebe und Vertrauen zu den Oberen	Folgt
IX	De la Charité et des devoirs des Superieurs / Von der Liebe und den Pflichten der Oberen	Frühjahr/Sommer 2015
X	De la Charité que les Religieux doivent avoir les uns pour les autres / Nächstenliebe der Ordensleute untereinander	als Teil zwei von
XI	De la Prière / Beten	Band I
XII	De la Penitence, Des Humiliations / Buße, Demütigung	
XIII	De la Meditation de la Mort / Betrachtung des Todes	
XIV	Des Jugements de Dieu / Gottesurteile	
XV	De la Componction / Zerknirschung	

Sammelbände / Auswahltexte		Seiten
Oraison / Über das Beten, 1.Aufl - frz-dt. synchr in Spalten	978-3-8416-0025-7	122
Oraison / Über das Beten, 2.Aufl -frz-dt.ggüberlg. Seiten	978-3-8416-0367-8	134
Über das Beten - nur deutsch	folgt	
Oraison - nur französisch	geplant	
80 Auswahltexte aus SDVM - französisch-deutsch	978-3-86417-009-5	281
80 Auswahltexte aus SDVM - nur deutsch	978-3-8416-0341-8	182
80 Auswahltexte aus SDVM - nur deutsch	Privatdr. ohne ISBN	182
80 Auswahltexte aus SDVM - nur französisch	geplant	

	TOME II / Band II		Seiten
XVI	La Retraite - nur französisch	978-3-8416-0028-8	158
XVI	Die Zurückgezogenheit - nur deutsch	978-3-8416-0029-5	174
XVI 1.Aufl	De la Retraite / Zurückgezogenheit - dt.-frz. hintereinander	978-3-8416-0030-1	316
XVI 2.Aufl	De la Retraite / Zurückgezogenheit - dt.-frz auf gegenüberl. Seiten	978-3-8416-0364-7	327
XVII - XVIII	Du Silence De l'abstinence et de l'austérité dans la nourriture / Stillschweigen - Enthaltsamkeit und Maß bei der Nahrung	978-3-8416-0112-4	210
XIX	Du travail des mains / Die körperliche Arbeit	978-3-8416-0211-4	190

XX - XXI	Des Veilles - De la Pauvreté / Die Nachtwachen - Die Armut	978-3-8416-0272-5	176
XXII-XXIII	De la Patience dans les infirmités et les maladies - Des Mitigations / Geduld in Krankheit - Milderungen	978-3-8416-0310-4	196

	Komplett-Ausgaben		**Seiten**
1. Aufl.	De la Sainteté…./ Über die Heiligkeit …. Band 2 Kapitel 16-23 komplett, Franz./Deutsch	geplant für 2016	
1. Aufl	Über die Heiligkeit und die Pflichten …. Band 2 Kapitel 16-23 kpl, nur Deutsch	978-3-8416-0111-7	544
1. Aufl	Über die Heiligkeit und die Pflichten …. Band 2 Kapitel 16-23, kpl, nur Deutsch	Privatdruck Ohne ISBN	544
1. Aufl	De la Sainteté et des Devoirs de la vie… Band 2 – alle Kap 16-23 komplett, nur Französisch	978-3-8416-9909-1	532
1. Aufl	De la Sainteté…./ Über die Heiligkeit …. Band 1 Kapitel 1-15 komplett, Franz./Deutsch	geplant für 2016	
1. Aufl	Über die Heiligkeit und die Pflichten …. Band 1 Kapitel 1-15 komplett, nur Deutsch	geplant für 2015	
1. Aufl	De la Sainteté et des Devoirs de la vie… Band 1 – alle Kap 1-15 komplett, nur Französisch	geplant für 2015	

Printed by Books on Demand GmbH, Norderstedt / Germany